대학행정총서 3

UNIVERSITY ADMINISTRATION

대학재정운영
이론과 실제

집필책임자 김경호
공동집필자 김영철 · 이대열 · 오석환

학지사

머리말

이 책은 대학의 경영관리에 대한 책으로 대학재정 운영과 관련된 이론과 대학재정 운영의 실무를 소개하기 위한 것이다. 서점에 가 보면 기업의 경영과 관리에 대한 서적은 수없이 많은 데 비해 대학의 경영과 관리에 대한 서적은 찾아보기 힘들다. 그만큼 우리나라에서 대학의 경영과 관리에 대한 관심과 인식은 낮은 수준에 머물러 있다고 할 수 있다.

'대학의 경쟁력이 곧 국가의 경쟁력이다.' 라는 말은 대학교육이 중요함을 강조하는 것이다. 교육열이 매우 높은 우리 사회에서 대학교육의 문제는 항상 중요한 쟁점이 되며 대다수 국민의 관심사다. 그러나 대학교육에 대한 이 같은 관심에 비해 재정운영 등 대학의 경영관리에 대한 관심은 상대적으로 높지 않다. 2005년 현재 우리나라 371개 대학(전문대 포함)의 총 재정규모는 GDP의 2.5%인 20조 885억 원으로, 한 대학의 평균 재정규모는 540억 원이며, 상당수 4년제 대학의 경우 연간 1,000억 원이 넘는 재정을 운용하고 있다. 또한 이러한 대학들의 경우 통상 만 명 이상의 재학생이 수학하고 있으며, 수백 명의 교수와 교직원을 고용하고 있다. 우리나라의 기업 부문에 있어 고용인원 300명, 자산규모 70~800억 원 정도를 기준으로 대기업과 중소기업을 분류하는 관행에 비추어 볼 때, 상당수 대학들은 대기업에 버금가는 규모를 가지고 있다. 대학은 비영리조직이라는 특성은 있으나 기업과 마찬가지로 인적 · 물적자원을 효율적으로 사용하여 경영의 효율성을 극대화하는 것이 조직의 성장과 발전을 위해 필요하다. 따라서 대학의 경영관리는 대기업을 경영하는 정도의 노하우가 필요하다고 해도 과언이 아니다.

이 책의 구성은 다음과 같다. 제1부는 대학재정 운영의 기저를 소개하는 부분으로 대학재정 운영의 기본 원칙, 국가재정제도 등을 다룬다(김영철). 제2부는 대학재정 현황 부분으로 교육재정, 국 · 사립대학 재정 구조, 재정지원정책으로 나누어 설명한다(이대열). 제3부는 대학재정운영 실무 부분으로 대학예산 회계 구조의 개요(오석환), 사립대학의 예산 · 회계제도(김경호), 국립대학 예산 과정(오석환), 일반회계 이외의 대학예산 관련 제도(오석환, 김경호), 정부계약제도(오석환)로 구성되어 있다.

이 책은 일차적으로 대학의 경영자와 행정관리자를 위한 대학재정 운영의 업무지침서의 역할을 하기 위한 것이나, 대학경영에 관심이 있는 일반인 및 교육행정가, 교육대학원, 교육경영관리대학원의 석 · 박사과정 학생이나 관련 분야 연구자들에게도 큰 도움이 될 것으로 생각된다.

마지막으로, 바쁘신 가운데서도 집필에 참여해 주신 김영철, 이대열, 오석환 선생님과 편집을 맡아 주신 학지사 여러분들께도 감사 드린다.

2009년 8월

집필책임자 김 경 호

차 례

■ 머리말 / 3

제1부 • 대학재정 운영의 기저

제1장 대학재정 운영의 기본 원칙 11

1. 대학재정 서론 11
2. 대학재정정책의 지향 이념 25
3. 대학재정 운영의 기본 원리 27
4. 국가 회계 및 예산의 종류 31

제2장 국가재정제도 35

1. 국가 재정개혁 방향 35
2. 국가예산의 주요 과정 38
3. 대학재정 관련 법령 및 지침 45

제2부 ∘ 대학재정 현황

제3장 교육재정 51

1. 교육재정의 구조 51
2. 고등교육재정의 규모 55
3. 고등교육재정의 배분 구조 62

제4장 국 · 사립대학 재정 구조 65

1. 국립대학의 재정 65
2. 사립대학의 재정 68

제5장 재정지원정책 75

1. 교육의 양적 팽창과 질적 문제 75
2. 대학교육에 대한 정부지원의 근거 77
3. 교육정책과 재정지원 83
4. 대학지원예산 구조 및 현황 86
5. 정책지원예산 89

제3부 ∘ 대학재정 운영 실무

제6장 대학예산 · 회계 구조의 개요 99

1. 예산회계의 구조 99
2. 예산 과정 100
3. 적용 법규 101

제7장 사립대학의 예산 · 회계제도 103

1. 사립대학 예산 · 회계제도의 특성 103
2. 사립대학 예산 · 회계 관련 법규 106
3. 예산 · 회계 과정 109
4. 주요 계정과목 및 회계처리 148

제8장 국립대학의 예산 과정 171

1. 들어가는 말 171
2. 정부예산회계제도의 이해 172
3. 국립대학 예산에 대한 이해 196

제9장 일반회계 이외의 대학예산 관련 제도 211

1. 기성회회계제도 211
2. 산학협력단 예산 · 회계제도 215

제10장 정부계약제도 219

1. 계약의 개념 및 특성 219
2. 정부계약 법령체계 및 집행기관 220
3. 계약의 종류 222
4. 계약제도의 내용 226
5. 사립대학에 적용되는 계약규정 234

■ 부 록: 대학재정 관련 법규 / 235

■ 참고문헌 / 287

■ 찾아보기 / 289

제1부
대학재정 운영의 기저

제1장 대학재정 운영의 기본 원칙
제2장 국가재정제도

제1장
대학재정 운영의 기본 원칙

1. 대학재정 서론

대학재정은 교육재정 중 대학교육 분야에 해당하는 재정을 말한다. 이런 의미에서 대학재정의 일반론은 교육재정의 개념에서 크게 벗어나지 않는다. 따라서 여기서는 대학재정의 개념을 교육재정의 개념을 중심으로 살펴보고, 대학재정의 특징에 대해 살펴보고자 한다.

1) 교육재정의 개념

교육재정(educational finance)은 국가 및 공공단체가 교육 욕구를 충족시키기 위하여 필요한 수단을 조달하고 관리 · 사용하는 경제활동이라고 할 수 있다. 이를 간단히 교육에 관한 정부의 경제라고 할 수 있다. 이런 의미에서 볼 때, 교육재정은 국 · 공립학교의 교육활동은 물론 사립학교의 교육활동이나 사회교육활동을 지원하는 활동까지 포함한다. 그리고 교육재정의 주체는 국가와 공공단체로 한정되어 있고, 교육재정의 성격은 교육활동 지원을 목적으로 하는 수단성과 공공성으로 규정되어 있으며, 교육재정의 영역에는 교육재원의 확보 · 배분 · 집행 등이 포함된다.

여기서 교육재정이 국가나 공공단체를 주체로 하는 경제활동이라 함은 교육재정이 가정 중심의 가계나 사기업체 중심의 기업회계와 같은 사경제(private economy)와 다른 공공경제(public economy)라는 것이다. 공공경제인 재정은 사경제활동과 다음과 같은 점에서 근본적인 차이가 있다(윤정일, 2004).

첫째, 재정은 사적 이익을 위해서가 아니라 국가활동과 정부의 시책을 효과적으로 달성할 수 있는 방향으로 사용되어야 하는 공공성을 지니고 있다. 즉, 사경제가 개인이나 기업의 이윤 추구를 목적으로 하는 영리활동인 데 비해 공경제로서의 재정은 국민 전체의 공공복지를 향상시키는 일반이익을 추구하게 된다.

둘째, 재정은 가계나 민간기업과 같은 민간 개별경제와는 달리 국민의 재산이나 소득의 일부를 조세에 의해 정부수입으로 이전시키는 강제성을 띠고 있다. 즉, 가계나 기업활동이 시장원리에 의한 상호 간의 자율적인 교환관계를 통해 이루어지는 데 비해 공경제로서의 재정은 국민으로부터 재산이나 소득의 일부를 강제성을 띤 조세를 통해 징수하게 된다.

셋째, 재정에서는 국가활동의 종류와 범위를 결정하여 필요한 경비를 산출한 후 이에 필요한 수입을 확보하게 된다. 즉, 사경제에서는 양입제출(量入制出)의 원칙에 따라 수입이 결정되면 그에 따라 지출관계를 규제하는 데 비해 재정에서는 양출제입(量出制入)의 원칙에 따라 지출을 결정하고 그에 따른 수입을 결정하게 된다.

넷째, 재정은 민간경제보다 존속기간이 길다고 하는 영속성을 특징으로 한다. 이는 재정의 존속기간이 일반적으로 민간경제인 가계와 기업보다 길 뿐만 아니라 거의 무한하다는 것이다.

2) 고등교육재정의 의의

고등교육의 의의는 대체로 고등교육이 수행하는 역할에서 찾을 수 있다. 역사적으로 보면, 고등교육은 중세, 근대, 현대의 시대적 변화에 따라 독특한 사회구조적 특성을 반영하여 다양한 역할을 담당하여 왔다. 예컨대, 중세의 대학들은 신학, 의학, 법학을 중심으로 한 전문적 교육을 본질적 기능으로 수행하면서 전통문화의 전승과 정치 엘리트 양성의 사회적 역할을 수행하였다. 그리고 산업혁명 이후 근대 대학에서는 교육뿐만 아니라 새로운 지식과 기술을 창출하기 위한 연구의 기능이 대학의 본질적 기능으로 대두되었고, 경제적 · 사회적 발전에 필요한 인재양성을 위한 대학의 역할이 보다 강조되었다.

한편, 19세기 후반 미국에서의 계몽주의적 합리주의와 경험주의에 바탕을 둔 실용주의적 이념은 대학이 사회 전체에 대하여 봉사해야 한다는 새로운 기능을 요구하였다. 즉, 대학은 스스로 규정한 목적과 활동을 위하여 노력할 뿐만 아니라 대학 외부 사회의 요구와 필요를 위하여 봉사해야 한다는 것이다.

전통적으로 인정되어 온 교육, 연구, 봉사라는 고등교육의 역할 이외에 고등교육의 의의는 고등교육이 지니는 가치에서도 찾을 수 있다. 특히, 고등교육재정과 관련하여 고등교육에 대한 경제적 가치탐색이 주로 이루어져 왔다. 초 · 중등교육의 경우 교육복지적 성격이 강한 반면 교육투자적 성격이 강한 고등교육의 경우 공적 재정지원에 대한 정당성을 찾기 위해서는 그 경제적 가치를 드러내는 것이 중요하다.

(1) 고등교육의 가치

고등교육의 가치는 교육의 가치와 큰 차이를 보이지 않는다. Weisbrod (1962)는 교육을 받음으로써 생기는 수익을 경제적 수익 외에도 비경제적 수익과 외부 수익 등을 포함하여 교육의 가치를 포괄적으로 설명하고 있다. 그는 우선 교육의 수익을 사회에 효용가능성함수(utility possibility function)를 증가시키는 것이라고 하였다. 이는 구체적으로 ① 노동생산성 향상과 같이 생산 가능성을 증대시키는 것, ② 비용을 경감시켜 고용기회를 증대시키고, 범죄율을 줄여 법 시행에 따른 비용을 절감케 하고, 자원의 생산적 활용이 가능하도록 하는 것, ③ 일반인의 공중정신이나 사회의식 함양 등으로 복지 가능성을 직접적으로 제고하는 것 등이다. 여기서는 교육의 가치를 Weisbrod가 분류하여 정의한 개인적 가치와 사회적 가치를 중심으로 나누어 살펴보고자 한다.

① 개인적 가치

교육의 개인적 가치로는 재정적 수익, 재정적 선택 수익, 비재정적 선택, 상황대응능력 선택, 비시장적 수익 등이 있다.

㉠ 재정적 수익(direct financial return)

사람들은 추가적인 교육을 받음으로써 소득이 향상되는 재정적 수익을 얻게 된다. 그래서 대학 졸업자와 고등학교 졸업자 간에는 상당한 임금격차가 나타난다. 이처럼 교육 수준에 따라 소득격차를 보이고 있고, 교육 수준과 소득 수준 간에는 높은 상관을 보이게 된다. 물론 소득격차에 영향을 줄 수 있는 요인으로는 교육 요인 외에도 지능, 성취욕구, 가정에서의 비형식 교육, 근무시간, 가정의 사회·경제적 배경, 사회적 유동성 등이 있다. 그러므로 엄밀하게 교육 수준에 따른 재정적 수익을 고려하려면 교육 수준별 소득격차에서 이들 요인들의 영향을 제외해야 한다. 그러나 실제 상황에서 이들 요인들은 교육 요인과 완전히 분리하여 생각할 수 없을 정도로 밀접하게 연관되어 있다.

㉡ 재정적 선택 수익(financial option return)

앞에서 살펴본 바와 같이 추가적인 교육을 받는 것은 추가적 소득을 가져온다. 그러나 추가적인 교육은 추가적인 소득 외에 또 다른 추가 교육을 선택할 수 있는 선택가치(option value)와 그에 따른 보상을 얻게 한다. 일반적으로 일정한 단계의 교육을 받기 위해서는 그 이전 단계의 교육을 받아야 한다. 한 단계의 교육을 받음으로써 다음 단계의 교육을 선택할 수 있는 자격을 갖게 된다면 그것이 바로 선택가치다. 대학원교육이 점차 일반화되는 추세인데, 대학원 진학을 위해서는 대학교육을 이수해야만 한다. 그리고 전문화된 직업훈련 프로그램을 받기 위해 대학교육을 이수해야 하는 경우도 있다.

ⓒ **비재정적 선택**(non-financial options)

추가적인 교육을 받는 것은 직업 선택, 소득-여가-안전 선택, 추가적인 교육-훈련 선택, 생활방식 선택 등과 같은 비재정적 선택을 할 수 있는 수익을 갖게 한다. 고등교육을 받음으로써 직업 선택의 폭을 넓히는 것은 물론이고 생활방식과 여가 활용 등에서도 선택의 폭을 넓히게 된다.

ⓓ **상황대응능력 선택**(hedging options)

교육을 받은 사람은 그렇지 않은 사람에 비해 새로운 상황에 보다 신속하게 그리고 적절히 대응할 수 있는 능력을 갖게 된다. 전직을 하는 경우 새로운 직장에 쉽게 적응하게 되고, 실직을 하는 경우에도 위기 상황에서 쉽게 헤어날 수 있는 능력을 갖게 된다. 특히, 전문교육을 담당하는 고등교육은 초등교육이나 중등교육 등에 비해 이러한 능력이 더욱 높게 나타날 수 있다.

ⓔ **비시장적 수익**(non-market returns)

지금까지의 수익은 주로 고용 관련 수익이라고 볼 수 있지만 추가적인 교육은 이 외에도 교육받은 사람에게 여러 가지 형태로 수익을 준다. 교육을 받은 사람은 민주사회 시민으로서 필요한 여러 가지 자질을 갖도록 한다. 정치적 과정을 더 잘 이해하고 자신의 의견을 표현하는 능력을 갖게 하여, 민주주의 과정에의 참여의식을 높이고 준법정신과 질서의식을 높인다. 미국사회에서 많이 인용되는 교육수익으로는 국민들이 교육을 통해 문자를 해득할 수 있는 능력을 높임으로써 개인적으로 세제혜택을 받을 수 있게 된다는 것이다. 그러나 우리 사회에서는 고등교육을 받음으로써 가정, 직장, 사회에서 인정을 받게 되고 배우자를 선택하는 경우에도 상당히 유리한 조건으로 고려되어 교육의 비시장적 수익이 다른 나라들에 비해 월등히 높다고 볼 수 있다.

② 사회적 가치

교육을 받음으로써 얻게 되는 사회적 가치로는 거주 관련 혜택, 고용 관련 혜택, 사회 일반 혜택 등이 있다.

㉠ 거주 관련 혜택

교육받은 사람들이 부모가 되면 그들의 자녀는 가정에서 비형식 교육을 받을 수 있는 수익을 갖게 된다. 이는 세대간 효과(inter-generation effects)라고 볼 수 있다. 일반적으로 부모의 학력 수준이 높은 가정의 자녀들이 학업성취 수준도 높다는 사실이 이를 뒷받침한다. 그리고 교육받은 사람들은 지역사회에 건전한 사회적 가치와 행동규범을 보이게 된다. 또한 교육받은 사람은 납세자로서 세금을 납부하게 되어 결과적으로 지역사회와 이웃사람들에게 여러 가지 도움을 주게 된다.

㉡ 고용 관련 혜택

교육받은 사람은 직장 내에서 협동적인 작업이 가능하게 되고 융통성과 적응성 등을 통해 생산성을 높이게 된다. 또한 직장 내에서 교육받은 사람의 이러한 행동은 다른 동료에게도 생산성을 향상하도록 자극을 주게 된다.

㉢ 사회 일반 혜택

교육을 통한 문자해득은 여러 가지 사회적 비용을 감소시킨다. 국민들의 전반적인 교육 수준이 향상됨으로써 국방 분야에서는 신병훈련비를 절감할 수 있고, 범죄율을 낮춰 교도비용을 절감케 한다. 그리고 교육 기회 확대는 사회 전반에 소득재분배효과를 가져온다. 또한 고등교육은 연구·개발역량을 제고시켜 기술진보를 가져오고 이를 통해 사회발전에 기여하게 된다. 고등교육은 이러한 외부효과(externality, spillover effect)가 상당히 크다.

(2) 고등교육의 투자효과

고등교육의 투자효과를 분석하는 방법으로는 비용-수익분석(cost-benefit analysis), 비용-효과분석(cost-effectiveness analysis), 비용-효용분석(cost-utility analysis) 등이 있다. 이 중 일반적으로는 교육비용과 교육수익을 비교·분석하는 방법의 하나인 교육투자수익률 방법을 많이 사용하고 있다. 고등교육투자수익률은 고등교육 비용과 고등교육 수익을 비교하여 산출한 수익률이다. 교육투자수익률은 교육투자문제를 개인과 사회 중 어느 관점에서 보느냐에 따라 구분된다. 즉, 개인적 관점에서 개인적으로 투자된 교육비용과 개인적으로 얻게 되는 교육수익을 비교하여 산출하게 되는 사적 수익률과, 사회적 관점에서 사회 전체가 투자한 교육비용과 사회 전체가 얻게 되는 교육수익을 비교하여 산출하게 되는 사회적 수익률로 구분된다.

고등교육 투자에 대한 사회적 수익률을 산출하는 경우를 예로 들면, 고등교육 비용에는 등록금, 교재구입비, 하숙비, 교통비 등과 같은 학생부담 교육비와 정부와 학교재단 등이 부담하는 재정보조 및 고등교육 취학으로 간접적으로 지불하게 되는 기회비용 등이 모두 포함된다. 고등교육 수익은 고등교육을 받은 후 취업하여 직장을 그단둘 때까지 받게 될 평생 동안의 고졸자 소득을 초과하는 소득차이를 고려하게 된다. 그러나 평생소득은 미래에 발생할 것이기 때문에 이를 현재가로 할인할 수 있는 이자율을 사용하게 되는데, 이것이 내적 수익률(internal rate of return)이다.

교육투자에 대한 수익은 경제적 가치로 환산이 가능한 경제적 수익과 경제적 가치로 환산은 불가능하지만 개인적, 사회적으로 수익을 가져오게 하는 비경제적 수익으로 구분할 수 있다. 경제적 수익이란 개인적 입장에서는 노동임금, 사업수익, 자본시장투자수익 등의 증가를 의미하며 사회적 측면에서는 국민총생산(GNP) 규모의 증가를 의미한다. 비경제적 수익이란 개인적 측면에서는 교육을 받음으로써 얻어지는 개인의 성취감, 만족도, 개인의 건강 유지 및 증진, 직업 선택의 재량권 확대, 자녀교육 · 출산 · 소비 행태 등에서의 보다 합리적이고 효율적인 생활 영위 등을 말하며, 사회적 차원에서는 사회 구성원의 교육 수준 향상에 따른 질서의식이나 정치의식의 향상, 범죄율의 감소 등을 의미한다.

Psacharopoulos(1973)의 수익률에 대한 연구 결과에 의하면, 교육의 경제성장에 대한 영향은 국가의 경제발전 수준에 따라 차이가 있으며 노동력의 개발 수준에 따라 다르다. 그가 30개 국가를 비교 · 분석하여 얻은 주요 연구 결과는 다음과 같다.

- 일반적으로 개인적 수익률이 사회적 수익률보다 높다.
- 고등교육수익률은 초 · 중등교육수익률보다 낮다.
- 일반적으로 개발도상국의 교육투자수익률이 선진국보다 높다.
- 개발도상국에서는 인적자본에 대한 투자수익률이 물적자본에 대한 투자수익률보다 높지만 선진국에서는 비슷하다.

우리나라에서 수행된 고등교육투자수익률 분석 결과를 살펴보면 〈표 1-1〉과 같다.

표 1-1 우리나라 고등교육투자수익률 변화 추세

연구자	기준년도	수익률(%)
김광석	1967	5.0
인력개발연구소	1969	8.5
남우현과 정창영	1971	1.9
배종근	1977	13.8
박세일	1980	11.7
한국교육개발원	1982	13.0
한국교육개발원	1985	14.5
한국교육개발원	1994	7.2

출처: 한국교육개발원(1994). 한국 교육투자의 실태와 수익률 분석에 관한 연구.

표에 의하면, 1970년대 후반과 1980년대에 이르기까지 고등교육에 대한 투자수익률은 계속 상승세를 나타내고 있는데, 이것은 우리나라 경제가 고도성장을 지속하고 있음에도 불구하고 대학 정원이 억제되면서 나타난 현상이다. 그러나 1990년대 중반에 이르러 고등교육투자수익률은 다소 그 추세가 떨어지고 있다. 이는 1980년대 이후 대학교육 기회가 대폭 확대되면서 나타난 현상이라고 볼 수 있다. 이러한 결과는 고등교육 기회가 수요에 비해 과다하게 제공되고 있다는 점을 시사해 주는 것이다.

3) 고등교육에 대한 재정지원 논리

국가나 공공단체가 고등교육에 대하여 재정지원을 하는 논리는 무엇

인가? 고등교육에 대한 공적 지원의 근거는 다음과 같이 몇 가지로 나누어 볼 수 있다(윤정일, 2001).

첫째, 고등교육이 지닌 외부효과 때문이다. 외부효과란 어느 한 경제주체의 소비, 생산 또는 분배행위가 시장교환 과정에 참여하지 않고 있는 다른 소비자 또는 생산자에게 유리 혹은 불리한 영향을 끼치게 하는 효과를 유발하는 것을 말한다. 대학교육은 일반적으로 교육의 수혜자에게 개인의 자아실현, 신분상승, 고소득 보장 등을 가능하게 한다.

그러나 이러한 개인적인 기여 이외에도 대학교육은 문화의 창조 · 보급, 사회 구성원의 질서 및 정치의식 향상, 국가경제 성장, 사회통합 등 그 효과가 지역사회, 국가, 인류에까지 미치는 사회적 외부효과를 지니고 있으므로 그 부분에 해당하는 만큼의 국가지원은 당위성을 가진다. 이렇듯 고등교육이 개인에 귀속되지 않는 사회적 수익을 제공한다면 교육에 대한 사적 수요는 사회적 수요에 비해 낮아진다. 즉, 고등교육에 대한 개인들의 수요는 사회적으로 바람직한 수준까지 도달하지 않게 된다. 따라서 고등교육이 창출하는 사회적 수익만큼 공적 지원이 이루어져야 한다.

둘째, 고등교육이 지닌 투자재적 성격 때문이다. 교육이 투자재일 경우 국가 개입의 필요성은 순수한 민간기업의 투자를 촉진하기 위하여 정부가 시장에 개입하는 정책이 정당화되는 이유와 유사하다. 투자재의 투자효과는 투자 후 상당한 기간이 지난 다음에 나타난다. 일반적으로 각 개별 경제주체는 불확실한 미래의 소득 또는 투자의 효과에 대해 정확하게 측정하지 못하며, 투자의 위험성에 대해 각 개인이 느끼는 불확실성은 사회적 불확실성보다 큰 것이 일반적이다. 이러한 이유로 인해서 순수한 민간의 결정에 의해 투자 규모가 결정될 경우 회임기간이 길며, 투자자와 수혜자가 다를 뿐만 아니라, 투자의 효과가 수혜자의 특성에 따라 다르게 나타나기 때문에 이러한 경향이 더 크게 나타난다. 그러므로 사회적 적정 투자가 이루어지도록 정부가 개입할 필요성이 생기는 것이다.

셋째, 대학교육의 가치재적 성격을 들 수 있다. 정부가 보기에 국민들이 어떤 것을 소비하는 것은 그 자체로서 바람직하기 때문에 직접 생산하여 공급하는 재화나 서비스를 가치재라 부른다. 배제의 원리가 적용되지 않는 공공재나 외부성을 지닌 사용재를 논의할 때의 기본 가정은 시장체제가 항상 사람들의 기호와 선호를 효과적으로 반영하지 않을지라도 소비자의 기호와 선호가 시장을 지배한다는 것이다.

그러나 가치재의 경우 소비자들은 자신의 기호와 선호를 적절하게 판단하여 드러내기 어렵기 때문에 국가의 개입이 필요하게 된다. 예를 들어, 국가에서 국민에게 의무교육의 제공한다든지, 가난한 사람들에게 식품을 제공한다든지 하는 것도 이것들이 가치재적 성격을 지니고 있기 때문이다. 가치재 문제의 경우 국가의 가치판단을 국민에게 강요한다는 측면이 있기 때문에 온정적 간섭주의의 요소가 포함되어 있다.

이러한 논리에 의하면, 학문으로 발전시킬 필요성이 있는 분야에 대해서는 국가의 지원이 필요하며, 아울러 새로 시작하는 학문 분야를 보호・육성하기 위해서 정부의 재정지원이 필요하다. 미래에 높은 수익성을 보장하거나 인류의 복지 발전에 기여할 가능성이 큰 분야이나, 아직 이해 수준의 미흡, 투자 과소 등으로 민간투자가 없는 경우 국가는 정책적 차원에서 재정지원을 통하여 학문 발전을 장려할 수 있으며, 고등교육의 경우 이러한 기능을 수행하는 데 중요한 역할을 한다.

넷째, 대학교육 기회의 균등한 보장을 들 수 있다. 시장이 완전하다면 자원의 배분은 시장 기능에 의해 가장 효율적으로 이루어진다. 그러나 완전한 시장이라 할지라도 분배적 정의를 보장하지는 못한다. 고등교육이 일반화된 오늘날에는 상당히 완화되기는 하였지만 우리나라의 경우 고등교육은 높은 투자수익률과 노동시장에서의 취업 및 승진에서 유리한 영향력을 보장하는 투자대상이었다. 만약 고등교육기관에 대한 정부의 지원이 전혀 없다면 학생의 등록금이 비싸지게 될 것이며 가정의 경제력 차이에 따라 고등교육 기회가 결정될 것이다. 능력에 따라 모든 학생들에게 균등한 고등교육 기회를 보장하고, 결과적으로 개인 소득의 균등화를 기하며, 고등교육에 의한 경제적 재생산 구조로 인한 빈익빈 부익부 현상을 막기 위해서 정부가 고등교육기관에 재정적 지원을 하고 학생 개인에게 장학금이나 보조금을 지급하는 것은 정당성을 지니게 된다.

다섯째, 국가가 대학에 재정지원을 해야 하는 실질적인 제도장치로 법적인 근거를 들 수 있다. 헌법 제31조 제6항에 근거하여 「교육기본법」 제7조 제1항에서는 "국가 및 지방자치단체는 교육재정을 안정적으로 확보하기 위하여 필요한 시책을 수립 · 실시하여야 한다."라고 하여 교육재정에 관한 일차적인 책임주체를 국가와 지방자치단체로 규정하고 있으며, 「고등교육법」 제7조 제1항은 "국가 및 지방자치단체는 학교가 그 목적을 달성하는 데 필요한 재정을 지원 · 보조할 수 있다."라고 규정하여 고등교육기관에 대한 국가의 재정지원을 임의규정으로 마련해 놓고 있다. 「사립학교법」 제43조 제1항은 "국가 또는 지방자치단체는 교육의 진흥상 필요하다고 인정할 때에는 사립학교 교육의 지원을 위하여 대통령령 또는 당해 지방자치단체의 조례가 정하는 바에 따라 보조를 신청한 학교법인 또는 사학지원단체에 대하여 보조금을 교부하거나 기타의 지원을 할 수 있다."라고 규정하는 등 사학 지원의 제도적 장치를 마련하고 있다.

여섯째, 고등교육재정 운영의 현실적 여건을 들 수 있다. 그동안 우리나라 고등교육의 재원은 공적 지원보다는 수익자부담의 원칙에 의해 충당되어 왔다. 사립의 경우 고등교육재정 수입의 대부분이 학생등록금으로 충당되어 왔다. 그럼에도 지난 10년간 등록금의 인상률은 물가상승률을 훨씬 앞지르고 있다. 이 상황에서 학생등록금 인상에 의한 고등교육재정 마련책은 쉬운 일이 아니다. 더욱이 재정여건이 열악한 재단에 보조금을 기대하는 것 역시 힘들다. 결국 학생등록금, 재단, 사회적 기부 등 어느 것에도 대학재정을 기대하기 힘든 현 상황에서 국가지원의 필요성이 대두된 것이다.

4) 대학재정의 특징

우리나라의 대학재정은 다음과 같은 특징이 있다. 우선 교육과학기술부 재정의 대부분이 초·중등교육으로 배분됨에 따라 대학교육재정은 극히 일부만을 차지하고 있다. 그 결과, 우리나라 대학재정은 정부의 재정부담보다는 학생공납금에 의한 사부담 교육비에 크게 의존해 오고 있다.

지금까지 정부의 고등교육재정 지원 규모가 저조하게 된 원인은 여러 가지 측면에서 찾을 수 있겠지만, 제도적 측면에서 보면 고등교육재정을 안정적으로 확보하기 위한 재정제도가 마련되지 못한 데 있다고 볼 수 있다.

우리나라 교육재정제도는 교육인구가 급증하고 재정수요가 지속적으로 증가해 온 초·중등교육을 지원하기 위한 지방교육재정제도 위주로 발전되어 왔다. 이런 예로서, 지방교육재정 지원을 목적으로 법제화된 지방교육재정교부금제도, 교육세를 통한 지방교육양여금제도, 지방자치단체의 지방교육재정지원제도 등을 통해 안정적인 초·중등교육재정 확보가 가능하였다고 볼 수 있다.

하지만 고등교육재정은 이를 확보하기 위한 법제가 별도로 마련되지 못한 채 매년 국고예산 편성 과정을 통해 확보하게 되면서 안정적인 고등교육 예산 확보가 어렵게 되었다. 특히, 과거 교육재정 운영 방식에서 초·중등교육재정에 대해서는 공부담원칙을 적용하고 고등교육재정에는 수익자부담원칙을 적용하며 고등교육재정 투자 규모가 크게 증대되지 못하였다.

고등교육이 보편화되면서 고등교육의 성격도 변화됨에 따라 정부의 재정지원 방식에도 변화가 불가피하게 되었다. 과거의 수익자부담원칙 일변도에서 공부담이 증대되는 방향으로 전환되어야 할 것이다. 이와 관련하여 대학재정을 확충하기 위한 방안으로 중앙정부 수준에서의 대학재정 지원 규모가 우선적으로 확대되어야 하고, 이 외에도 지방자치단체 수준에서의 대학재정 지원 확대와 함께 대학 수준에서의 자체 수입원 확대 등과 같은 재원의 다원화를 통해 확충되어야 할 것이다.

이 경우 증대되는 고등교육재정을 안정적으로 확보하기 위해서는 고등교육재정으로만 사용하기 위한 새로운 재원을 발굴하거나, 아니면 기존 교육재정 확보체제에서 일정 규모를 고등교육재정으로 할애하는 방법 등이 검토되어야 한다. 특히, 고등교육 재원을 안정적으로 확보하려면 초 · 중등교육을 위한 지방교육재정제도와 같이 고등교육 재원을 법제화하는 방안이 검토되어야 할 것이다. 지방자치단체 수준에서의 대학재정 지원 확대 방안으로 재정자립도가 높은 시 · 도로 하여금 대학에 대한 투자를 확대토록 하는 방안이 검토되어야 할 것이다.

대학 수준에서도 민간투자 유치 등 재원의 다원화를 통해 대학재정을 확충하는 노력을 기울여야 한다. 우리나라 대학 재원의 조달 구조를 외국과 비교해 보면 지나치게 단순한 측면이 있다. 우리나라 국 · 공립대학의 재원은 정부 부담과 학생 부담 등록금이고 사립대학은 학생 등록금에 주로 의존하고 있다. 앞으로 사립대학은 물론이고 국 · 공립대학도 재원조달 구조를 다원화하는 방안이 검토되어야 할 것이다. 정부도 이와 관련하여 대학 기숙사, 식당, 주차장 등의 대학시설에 민간자본 유치(Build-Transfer-Lease: BTL)를 시도하고 있다.

2. 대학재정정책의 지향 이념

민주주의 국가의 교육정책에서는 기본적으로 자유와 평등의 이념이 중시된다. 이러한 교육정책의 지향 이념과 관련하여 대학재정정책에서도 지향해야 할 이념적 가치로서 효율성, 공평성, 자유성 등이 강조되고 있다.

1) 효율성

효율성(efficiency)은 최소비용으로 최대효과를 가져오는 것을 의미한다. 그래서 효율성을 다분히 물질적이고 공급 측면만을 강조하는 경우가 있는데, 이것은 효율성 개념을 지나치게 협의로 정의한 것이다. 효율성이란 공급 측면뿐만 아니라 소비(수요) 측면을 고려한, 다시 말하여 소비자들에게 최대의 만족을 줄 수 있는 방향으로 생산이 이루어지고 자원이 배분되는 것을 의미한다. 아무리 질 좋은 물건을 많이 생산한다고 하더라도 그것이 소비자들의 욕구에 부합되지 못하는 것이라면 자원이 효율적으로 사용되었다고 할 수 없을 것이다.

효율성은 국민들의 후생이라는 측면에서 규정되어야 한다. 그런 의미에서 자원이 가장 효율적으로 배분된 상태를 지향하게 된다. 이처럼 자원의 최적 배분 상태를 파레토 최적 상태(Pareto optimality)라고 한다. 파레토 최적 상태란 다른 사람의 후생을 감소시키지 않고서는 어느 한 사람의 후생을 증가시키는 것이 불가능하도록 자원이 배분되는 상태다.

2) 공평성

경제적인 입장에서의 공평성(equity)이란 일반적으로 소득분배상의 공평을 뜻하는 것이며 소득분배를 향상시키는 정책을 공평한 정책이라고 한다. 그런데 앞의 파레토 최적조건이 성립되면 자원배분의 효율성은 확보되지만 공평한 소득분배 상태가 확보된다는 보장은 없다. 이론상 경제활동의 성과에 대한 사회적 선호를 나타내는 사회후생함수(social welfare function)를 설정할 수만 있다면 사회적으로 가장 바람직한 소득분배 상태를 밝혀주는 파레토 최적점을 선택할 수 있다.

교육에서는 공평성의 기준으로 평등성(equality)을 논의하는 경우가 많다. 미국에서는 1954년 브라운 사건, 1960년대 연방정부의 교육 프로그램 확대 및 1970년대의 교육재정개혁 노력 이후 교육정책에서 평등성을 확대하려는 노력을 기울여 왔다. 교육의 평등성 또는 기회균등은 일반적으로 균등한 교육 기회를 보장하도록 하는 교육 기회 접근의 평등성(equal access to education), 학생들의 다양한 적성, 능력, 요구 등에 따라 적절한 교육 프로그램을 제공하도록 하는 교육과정의 평등성(equal educational treatment) 그리고 교육의 결과까지를 균등화하여 균등한 삶을 보장해야 한다는 교육 결과의 평등성(equality of educational outcomes)으로 설명하고 있다.

3) 자유성

자유(liberty)라는 개념을 경제적인 측면에서 정의하면 경제적 각종 선택행위가 타인으로부터 구속받음이 없이 자발적으로 이루어지는 것을 의미한다. 이러한 원칙에 따라 경쟁시장에서의 물품은 판매자와 구매자 간의 상호 합의에 의하여 매매가 이루어지며, 이때 각자의 의사를 자발적으로 표현함으로써 가장 적절한 상거래가 형성될 수 있다. 이를 시장경제원리라고 하며 이러한 과정에서 선의의 경쟁을 통해 질 향상도 가능하게 된다. 그러므로 자유원칙이 적용되는 정책에서는 개인의 자유를 최대한 존중하고 다양한 선택 기회가 부여되어야 한다. 이렇게 볼 때 정부의 정책이 개인의 자유를 얼마나 잘 보호해 주느냐가 중요한 기준이 된다. 정부가 징수하는 조세나 정부보조금정책 등은 결국 개인의 자유를 제한하는 정책이라는 점에서 신중한 판단이 필요한 영역들이다. 미국에서는 이러한 자유 이념의 확대 정신에 따라 학교의 선택 기회를 부여하는 교육비지불보증서(voucher)제도 등이 추진되고 있다.

4) 이념 간의 갈등

어느 한 정책이 이상과 같은 기준을 동시에 모두 만족시킨다는 것은 거의 불가능하다. 이것은 이들 기준 간에 상호 상충관계(trade-off)가 있기 때문이다. 공평성을 추구하다 보면 비효율적인 정책이 될 수 있고 효율성을 강조한 정책은 공평성을 잃을 수 있다.

다음과 같은 교육정책들은 이념 간에 갈등을 초래할 가능성이 높다. 예를 들면, 고교평준화정책, 고교 내신제, 지방대학 육성책 등은 공평성을 강조한 정책으로 효율성이나 자율성을 저하시킬 수 있고, 실업교육의 강화와 영재교육 차원에서 특수목적학교를 확대 · 설치하는 것은 효율성을 추구하지만 공평성을 저하시킬 가능성이 높으며, 학교 단계 간에 어느 특정 단계의 교육을 강조하거나 설립별로 국 · 공립학교 혹은 사립학교를 강조하는 것은 효율성은 높이지만 공평성을 낮출 가능성이 있다. 그리고 교육 기회를 확대하면서 사회적 수요를 반영하느냐 아니면 인력수요를 반영하느냐 하는 것도 자율성과 효율성 간에 가치선택을 해야 할 문제다.

3. 대학재정 운영의 기본 원리

대학재정 운영의 기본 원리는 대학 분야의 교육재정 운영으로서 지켜져야 할 기본 원리와 재정운영이 구체화된 예산제도 운영에서 지켜져야 할 기본 원칙 등이 있다.

1) 대학재정 운영의 기본 원리

대학재정 운영의 기본 원리는 교육재정 운영의 기본 원리와 크게 다르지 않다. 하지만 교육재정 운영의 기본 원리에 대해서도 학자에 따라 서로 다른 원리를 제시하고 있다. 예를 들면, Paul R. Mort와 Walter C. Reusser는 기회균등의 원리, 적응성의 원리, 융통성의 원리, 사려성의 원리 등을 제시하고 있으며, William E. Rosenstengel과 Jefferson N. Eastmond는 기회균등의 원리, 사려성의 원리, 적응성의 원리 및 민주성의 원리를 제시하고 있다.

Benjamin F. Pittenger는 교육재정 운영의 원리를 다음과 같이 제시하고 있다. 첫째, 교육재정 운영은 그 자체가 목적이 아니고 수단이다. 교육재정은 교육목적을 실현하기 위한 지원적 활동이다. 그러므로 교육활동을 위한 재정적 투입은 이윤 또는 이익을 추구하기 위한 것이 아니고 교육목적을 실현하기 위한 지원적 활동으로 이해되어야 한다.

둘째, 교육재정 운영에는 경제성이 고려되어야 한다. 교육재정 운영에서는 최소의 비용으로 최대의 효과를 얻으려고 하는 경제적 효율성이 고려되어야 한다. 그러나 여기서 교육활동의 성과가 단기간에 나타나는 것이 아니고 장기간에 걸쳐 나타나게 된다는 사실과 그 성과가 다른 경제 분야처럼 가시성 있게 나타나지 않는다는 점을 고려해야 한다. 또한 교육재정 운영에서는 가능한 수입의 한도 내에서 지출이 되어야 하고 수입은 입안된 교육활동계획을 추진하는 데 필요한 최소한의 경비를 확보할 수 있어야 한다. 이는 현명한 지출 방법과 함께 건전한 교육재정 운영에 있어서 필요불가결한 요건이다.

셋째, 교육재정은 교육의 기회와 부담이 공평하도록 운영되어야 한다. 이는 국민은 누구나 원하는 교육을 받을 수 있도록 하여야 한다는 것으로 빈부, 사회적 신분, 성별, 종교, 인종에 관계없이 각 개인의 능력에 알맞는 교육을 받도록 해야 한다. 인간으로서 사회생활을 영위하는 데 필요한 교양이나 직업교육 및 민주시민의 자질을 함양할 수 있도록 하는 최소한의 기본적인 교육 기회는 누구에게나 보장되어야 하고, 또 계속되는 교육도 여러 사람들의 요구에 부응할 수 있도록 마련되어야 한다. 그리고 이에 필요한 경비의 부담은 수입이나 재산과 같은 부의 정도를 고려하여 공평하게 부담되어야 한다.

넷째, 교육재정은 교육활동의 다양성과 안정성이 유지될 수 있도록 운영되어야 한다. 오늘날의 교육은 그 기능이나 목적이 개인의 다양한 능력을 최대한 신장・발전시키고, 지역사회의 다양한 요그에 부응하기 위해서는 교육활동이 다양성을 가져야 하고, 그러한 교육활동이 지속적으로 추진되기 위해서는 교육재정이 안정적으로 확보되어야 한다.

다섯째, 교육재정은 공명정대하게 운영되어야 한다. 교육비가 오용되거나 비경제적으로 지출되는 경우 결과적으로 교육목표 달성을 위한 교육활동에 악영향을 주게 된다.

2) 예산 운영의 기본 원칙

우리나라 예산제도 운영에 관한 기본 원칙은 공개성, 완전성, 단일성, 명료성, 정확성, 한정성, 사전의결의 원칙 등으로 헌법, 국가재정법 등에 명시되어 있다.

(1) 공개성의 원칙

예산제도 운영에 관한 모든 사항이 공개되어야 한다는 원칙이다. 이런 측면에서 볼 때 예산안의 편성, 심의, 집행, 결산에 관한 모든 사항은 국민에게 공개되어야 한다.

(2) 완전성의 원칙

국가재정의 모든 수입과 지출은 누락됨이 없이 예산에 계상되어야 한다. 이는 국가재정법 제17조에서 규정한 예산총계주의원칙에 따른 것이라고 볼 수 있고, 이를 총괄성의 원칙이라고도 한다. 이런 측면에서 예산은 조세징수비까지 포함된 총계예산으로 편성되어야 한다.

(3) 단일성의 원칙

예산의 형식이 단일해야 한다는 것으로 통일성의 원칙이라고도 한다. 그러므로 본예산의 규모나 구조를 대폭 수정하는 추가경정예산은 이 원칙에 위배된다고 할 수 있으며 일반회계와 구분하여 별도로 설치 · 운영되는 특별회계는 이 원칙에 대한 예외로 인정되고 있다.

(4) 명료성의 원칙

예산은 국민이 이해할 수 있도록 명료하게 편성되어야 한다. 예산안의 세입과 세출을 합리적으로 분류하고 수입의 출처와 지출의 용도를 명확하게 표시해야 한다.

(5) 정확성의 원칙

예산의 세입 · 세출 산정을 정확히 해야 한다는 것으로 엄밀성의 원칙이라고도 한다.

(6) 한정성의 원칙

세출예산의 지출은 예산에서 정한 사용 목적, 계상된 금액 및 경비 지출이 승인된 회계연도에 한정되어야 한다. 이를 개별성의 원칙이라고도 한다.

(7) 사전의결의 원칙

예산은 회계연도 개시 전 적기에 국회의 의결을 거쳐야 한다. "정부는 회계연도마다 예산안을 편성하여 회계연도 개시 90일 전까지 국회에 제출하고, 국회는 회계연도 개시 30일 전까지 이를 의결하여야 한다."(헌법 제54조 제2항) 그러나 "새로운 회계연도가 개시될 때까지 예산안이 의결되지 못한 때에는 정부는 국회에서 예산안이 의결될 때까지 다음의 목적을 위한 경비(헌법이나 법률에 의하여 설치된 기관 또는 시설의 유지 · 운영, 법률상 지불의무의 이행, 이미 예산으로 승인된 사업의 계속)를 전년도 예산에 준하여 집행할 수 있다."고 하여 예외로서 준예산을 인정하고 있다(헌법 제54조 제3항).

4. 국가 회계 및 예산의 종류

1) 국가 회계의 종류

국가 회계의 종류에는 일반회계와 특별회계가 있다. 국가의 회계는 국민들의 이해를 돕기 위하여 일반적으로 단일회계의 원칙을 지키도록 하고 있다. 그러나 정부의 활동 범위가 국방, 사법, 행정의 범위를 넘어 경제 부문까지 개입하게 됨에 따라 단일회계의 원칙을 적용하기가 어렵게 되었다. 따라서 국가는 1회계연도의 주된 세입 · 세출인 일반회계를 근간으로 하고 이 밖의 특별한 필요에 의하여 별도로 취급하지 않으면 안 될 경우 여러 가지 특별회계를 설정하여 관리 · 운영하고 있다.

국가재정법에 의하면, 일반회계는 조세수입 등을 주요 세입으로 하여 국가의 일반적인 세출에 충당하기 위하여 설치하고, 특별회계는 국가에서 특정한 사업을 운영하고자 할 때, 특정한 자금을 보유하여 운용하고자 할 때, 특정한 세입으로 특정한 세출에 충당함으로써 일반회계와 구분하여 계리할 필요가 있을 때에 법률로써 설치하도록 하고 있다(국가재정법 제4조).

2) 국가 예산의 종류

국가 예산의 종류에는 본예산 · 수정예산 · 추가경정예산 · 준예산, 총계예산 · 순계예산 등이 있다.

(1) 본예산 · 수정예산 · 추가경정예산 · 준예산

본예산은 국회에서 의결 · 확정된 당초의 예산을 의미하며 당초예산 또는 성립예산이라고도 한다. 그러나 정부예산이 확정된 후 수정 · 보완해야 할 필요가 있는 경우 수정예산과 추가경정예산을 인정하고 있고, 회계연도 개시 전까지 예산안이 확정되지 못한 경우를 위하여 준예산제도 등을 두고 있다.

수정예산은 정부가 예산안을 국회에 제출한 후 부득이한 사유로 그 내용의 일부를 수정하고자 할 때에 수정예산안을 편성하도록 되어 있다(국가재정법 제35조).

추가경정예산은 예산안이 성립된 후 전쟁이나 대규모 자연재해가 발생한 경우, 경기침체 · 대량실업 등 대내외 여건에 중대한 변화가 발생하였거나 발생할 우려가 있는 경우, 법령에 따라 국가가 지급하여야 하는 지출이 발생하거나 증가하는 경우 등의 사유로 예산을 변경할 필요가 있는 경우에 편성한다(국가재정법 제89조). 보정예산은 수정예산이나 추가경정예산과 같이 본예산을 변경하는 것을 말한다.

준예산은 신 회계연도가 개시되기 전까지 예산의 성립을 보지 못했을 경우 전년도의 예산을 그대로 적용하거나 일정한 짧은 기간의 가예산을 의결하여 사용하는 것이다(헌법 제54조 제3항).

(2) 총계예산 · 순계예산

총계예산은 세입과 세출의 총액을 계상하는 것이고 순계예산은 경비를 차감한 순수익, 즉 징세비를 뺀 순 조세수입이나 경비를 차감한 순 정부 기업수익 등만을 계상한 것이다. 국가재정법에서는 "세입세출은 모두 예산에 계상하여야 한다."고 하여 총계예산원칙을 따르고 있다(국가재정법 제17조 제2항).

제2장

국가재정제도

1. 국가 재정개혁의 방향

최근 정부는 국가재정제도의 새로운 개혁을 시도하고 있다. 이들 방향은 2006년 10월 제정된 국가재정법에 국가재정운용계획의 수립, 성과 중심의 재정 운영 등 새로운 재정개혁 방안으로 구체화되고 있다. 다음에서는 국가재정법과 최근 재정정책에서 지향하고 있는 새로운 재정개혁 방안을 살펴본다.

1) 국가재정운용계획의 수립

국가는 재정개혁의 일환으로 국가재정계획을 수립하도록 하고 있다. 과거 예산 편성은 단년도 위주로 이루어져 예산과 정책의 연계가 어렵고 중장기적 시각에서 국가 비전과 발전 전략을 효과적으로 지원하고 재정 건정성을 견지하기가 곤란하였다. 또한 일반회계 이외에 특별회계와 기금이 증설되어 재원배분의 효율성이 떨어지고 재정 구조를 이해하기 어려워 투명성이 저하된다는 문제점이 지적되어 왔다. 이에 따라 정부는 중장기적 정책에 기초하여 국가 재원을 전략적으로 배분하고 재정

건전성을 유지하며 투명성을 제고해 나가기 위해 예산과 기금을 포괄하는 통합재정 기준으로 5년 단위의 국가재정운용계획을 수립하는 정책을 도입하게 되었다.

새로 제정된 국가재정법에서도 이런 취지를 반영하여 국가재정운용계획의 수립을 규정하고 있다. 즉, 국가재정법 제7조에서 정부는 재정운용의 효율화와 건전화를 위하여 매년 당해 회계연도부터 5회계연도 이상의 기간에 대한 국가재정운용계획을 수립하도록 하고 있다. 국가재정운용계획에는 ① 재정 운용의 기본 방향과 목표, ② 중 · 장기 재정전망, ③ 분야별 재원배분 계획 및 투자 방향, ④ 재정규모증가율, ⑤ 조세부담률 및 국민부담률 전망, ⑥ 통합재정수지 및 국가채무에 대한 전망, ⑦ 전년도에 수립한 국가재정운용계획에 대한 평가, ⑧ 그 밖에 대통령령이 정하는 사항 등을 포함하도록 규정하고 있다.

국가재정운용계획의 분야별 투자규모는 예산총액배분 · 자율편성제도(top-down)의 부처별 지출한도로 활용하여 단년도 예산 및 기금 운용계획과 연계하고, 예산편성 과정에서 부처의 자율성과 전문성이 제고될 수 있도록 하고 있다. 그리고 5년 단위로 수립된 국가재정운용계획은 경제, 사회여건 변화 등을 반영하여 매년 연동 · 보완하도록 하고 있다.

2) 성과 중심 재정 운용

재정개혁 과제의 하나인 재정성과관리제도는 기관의 비전과 사명으로부터 전략목표와 성과목표를 설정하고, 이를 측정할 수 있는 성과지표를 개발하여 성과지표에 의해 평가한 결과를 재정 운영에 반영하는 제도다. 재정성과관리제도는 종국적으로는 성과주의예산제도의 정착을 목표로 하는 것이다. 재정성과관리제도는 광의로 볼 때, 재정사업성과관리제도(performance monitoring) 외에 사업평가(program evaluation), 자율평가제도(program review)의 세 축으로 구성되어 있다.

국가재정법에서는 성과 중심의 재정 운영을 위해 각 중앙관서의 장과 법률에 따라 기금을 관리·운용하는 자는 재정활동의 성과관리체계를 구축하여야 한다고 규정하고 있다(제8조). 이를 위해 각 중앙관서의 장은 예산요구서를 제출할 때에 다음 연도 예산의 성과계획서 및 전년도 예산의 성과보고서를 기획재정부장관에게 함께 제출하여야 하며, 기금관리 주체는 기금운용계획안을 제출할 때에 다음 연도 기금의 성과계획서 및 전년도 기금의 성과보고서를 기획재정부장관에게 함께 제출하도록 하고 있다. 또한 각 중앙관서의 장과 기금관리 주체는 세입세출결산보고서 및 기금결산보고서를 제출할 때에도 예산 및 기금의 성과보고서를 기획재정부장관에게 함께 제출하도록 하고 있다. 또한 기획재정부장관은 성과 중심 재정 운영과 관련하여 주요 재정사업에 대한 평가를 실시하고 그 결과를 재정 운용에 반영할 수 있도록 하고 있다.

3) 재정정보의 공표 및 재정 운용에 대한 의견수렴

국가재정법에서는 재정정보의 공표와 재정 운영에 대한 의견수렴을 규정하고 있다. 즉, 국가재정법 제9조에서 정부는 예산, 기금, 결산, 국채, 차입금, 국유재산의 현재액 및 통합재정수지, 그 밖에 대통령령이 정하는 국가와 지방자치단체의 재정에 관한 중요한 사항을 매년 1회 이상 정보통신매체, 인쇄물 등 적당한 방법으로 알기 쉽고 투명하게 공표하여야 한다고 규정하고 있다. 그리고 이를 위해 기획재정부장관은 각 중앙관서의 장에게 재정정보의 공표를 위하여 필요한 자료의 제출을 요구할 수 있도록 하였다.

또한 제10조에서는 재정 운용에 대한 의견수렴에 관한 사항으로 기획재정부장관은 재정 운용에 대한 의견수렴을 위하여 각 부처의 공무원 및 민간전문가 등으로 구성된 자문기구를 운영하여야 한다고 규정하고, 기획재정부장관은 국가재정운용계획을 수립할 때, 매 회계연도의 예산안을 편성할 때와 기금운용계획안을 마련할 때에는 미리 자문기구와 광역지방자치단체의 장의 의견수렴을 거쳐야 한다고 규정하고 있다.

4) 성인지보고서의 작성

새로 제정된 국가재정법에서는 예산이 여성과 남성에게 미칠 영향을 중시하고 있다. 이런 차원에서 국가재정법 제26조에서 정부는 예산이 여성과 남성에게 미칠 영향을 미리 분석한 보고서(성인지예산서)를 작성하도록 하고 있고, 제57조에서 정부는 여성과 남성이 동등하게 예산의 수혜를 받고 예산이 성차별을 개선하는 방향으로 집행되었는지 평가하는 보고서(성인지결산서)를 작성하도록 하고 있다. 이와 관련하여 예산안 첨부서류의 하나로 성인지예산서를 규정하고 있고(제34조) 결산보고서에도 성인지결산서를 제출하도록 하고 있다(제58조).

2. 국가예산의 주요 과정

국가예산의 주요 과정은 예산의 편성 · 심의 · 집행 · 결산을 거치는 과정으로, 국가재정법에서 규정한 국가예산의 과정 및 절차 등은 다음과 같다.

1) 예산의 편성

(1) 중기사업계획서의 제출

새로 제정된 국가재정법에서는 예산 편성에 앞서 중기사업계획을 수립하도록 하고 있다. 이에 따라 각 중앙관서의 장은 매년 1월 31일까지 당해 회계연도부터 5회계연도 이상의 기간 동안 신규사업 및 기획재정부장관이 정하는 주요 계속사업에 대한 중기사업계획서를 기획재정부장관에게 제출하도록 하고 있다(국가재정법 제28조).

(2) 예산안편성지침의 통보

기획재정부장관은 국무회의의 심의를 거쳐 대통령의 승인을 얻은 다음 연도의 예산안편성지침을 매년 4월 30일까지 각 중앙관서의 장에게 통보하게 되어 있다(국가재정법 제29조). 그리고 기획재정부장관은 각 중앙관서의 장에게 통보한 예산안편성지침을 국회 예산결산특별위원회에도 보고하도록 되어 있다.

(3) 예산요구서의 제출

각 중앙관서의 장은 예산안편성지침에 따라 그 소관에 속하는 다음 연도의 세입세출예산, 계속비, 명시이월비 및 국고채무부담행위요구서(이하 '예산요구서'라 한다)를 작성하여 매년 6월 30일까지 기획재정부장관에게 제출해야 한다(국가재정법 제31조).

(4) 예산안의 편성

기획재정부장관은 예산요구서에 따라 예산안을 편성하여 국무회의의 심의를 거친 후 대통령의 승인을 얻어야 한다(국가재정법 제32조).

(5) 예산안의 국회 제출

정부는 대통령의 승인을 얻은 예산안을 회계연도 개시 90일 전까지 국회에 제출하여야 한다(헌법 제54조, 국가재정법 제33조). 국회에 제출하는 예산안에는 다음 각 호의 서류를 첨부하여야 한다(국가재정법 제34조).

- 세입세출예산총계표 및 순계표
- 세입세출예산 사업별 설명서

- 계속비에 관한 전년도 말까지의 지출액 또는 지출추정액, 당해 연도 이후의 지출예정액과 사업 전체의 계획 및 그 진행 상황에 관한 명세서
- 국고채무부담행위설명서
- 국고채무부담행위로서 다음 연도 이후에 걸치는 것에 있어서는 전년도 말까지의 지출액 또는 지출추정액과 당해 연도 이후의 지출예정액에 관한 명세서
- 예산정원표와 예산안편성기준단가
- 국유재산의 전전년도 말에 있어서의 현재액과 전년도 말과 당해 연도 말에 있어서의 현재액 추정에 관한 명세서
- 제8조 제2항의 규정에 따른 성과계획서
- 성인지예산서
- 조세지출예산서
- 제40조 제2항 및 제41조의 규정에 따라 독립기관의 세출예산요구액을 감액하거나 감사원의 세출예산요구액을 감액한 때에는 그 규모 및 이유와 감액에 대한 당해 기관의 장의 의견
- 제91조의 규정에 따른 국가채무관리계획
- 회계와 기금 간 또는 회계 상호 간 여유재원의 전입 · 전출명세서, 그 밖에 재정의 상황과 예산안의 내용을 명백히 할 수 있는 서류

(6) 예산의 심의 · 확정

정부 예산안이 국회에 제출되면 정부 대표자의 시정연설을 청취한 후 상임위원회와 예산결산위원회의 심의를 거쳐 본회의에서 심의 · 의결하게 된다. 본회의 의결은 회계연도 30일 전까지 이루어져야 한다(헌법 제54조).

2) 예산의 집행

(1) 예산배정요구서의 제출

각 중앙관서의 장은 예산이 확정된 후 사업운영계획 및 이에 따른 세입세출예산 · 계속비와 국고채무부담행위를 포함한 예산배정요구서를 기획재정부장관에게 제출하여야 한다(국가재정법 제42조).

(2) 예산의 배정

기획재정부장관은 예산배정요구서에 따라 분기별 예산배정계획을 작성하여 국무회의의 심의를 거친 후 대통령의 승인을 얻어야 한다(국가재정법 제43조 제1항). 기획재정부장관은 각 중앙관서의 장에게 예산을 배정한 때에는 감사원에 각각 통지하여야 한다. 그리고 기획재정부장관은 필요한 때에는 대통령령이 정하는 바에 따라 회계연도 개시 전에 예산을 배정할 수 있다.

(3) 예산집행지침의 통보

기획재정부장관은 예산 집행의 효율성을 높이기 위하여 매년 예산집행에 관한 지침을 작성하여 각 중앙관서의 장에게 통보하여야 한다(국가재정법 제44조).

① 예산의 목적 외 사용금지(국가재정법 제45조)

각 중앙관서의 장은 세출예산이 정한 목적 외에 경비를 사용할 수 없다.

② 예산의 전용(국가재정법 제46조)

각 중앙관서의 장은 예산의 목적범위 안에서 재원의 효율적 활용을 위하여 대통령령이 정하는 바에 따라 기획재정부장관의 승인을 얻어 각 세항 또는 목의 금액을 전용할 수 있다. 이 경우 사업 간의 유사성이 있는지, 재해대책 재원 등으로 사용할 시급한 필요가 있는지, 기관 운영을 위한 경비의 충당을 위한 것인지 여부 등을 종합적으로 고려하여야 한다. 각 중앙관서의 장은 회계연도마다 기획재정부장관이 위임하는 범위 안에서 각 세항 또는 목의 금액을 자체적으로 전용할 수 있다.

③ 예산의 이용 · 이체(국가재정법 제47조)

각 중앙관서의 장은 예산이 정한 각 기관 간 또는 각 장 · 관 · 항 간에 상호 이용할 수 없다. 다만, 예산 집행상 필요에 따라 미리 예산으로서 국회의 의결을 얻은 때에는 기획재정부장관의 승인을 얻어 이용하거나 기획재정부장관이 위임하는 범위 안에서 자체적으로 이용할 수 있다.

④ 세출예산의 이월(국가재정법 제48조)

매 회계연도의 세출예산은 다음 연도에 이월하여 사용할 수 없다. 단, 다음 각 호의 어느 하나에 해당하는 경비의 금액은 다음 회계연도에 이월하여 사용할 수 있다. 이 경우 이월액은 다른 용도로 사용할 수 없으며 제2호에 해당하는 경비의 금액은 재이월할 수 없다.

- 명시이월비
- 연도 내에 지출원인행위를 하고 불가피한 사유로 인하여 연도 내에 지출하지 못한 경비와 지출원인행위를 하지 아니한 그 부대경비
- 지출원인행위를 위하여 입찰공고를 한 경비 중 입찰공고 후 지출원인행위까지 장기간이 소요되는 경우로서 대통령령이 정하는 경비
- 공익사업의 시행에 필요한 손실보상비로서 대통령령이 정하는 경비
- 경상적 성격의 경비로서 대통령령이 정하는 경비

(4) 예산성과금의 지급

각 중앙관서의 장은 예산의 집행 방법 또는 제도의 개선 등으로 인하여 수입이 증대되거나 지출이 절약된 때에는 이에 기여한 자에게 성과금을 지급할 수 있으며 절약된 예산을 다른 사업에 사용할 수 있다(국가재정법 제49조). 각 중앙관서의 장은 성과금을 지급하거나 절약된 예산을 다른 사업에 사용하고자 하는 때에는 예산성과금심사위원회의 심사를 거쳐야 한다.

(5) 총사업비의 관리

각 중앙관서의 장은 완성에 2년 이상이 소요되는 사업으로서 대통령령이 정하는 대규모 사업에 대하여는 그 사업규모, 총사업비 및 사업기간을 정하여 미리 기획재정부장관과 협의하여야 한다. 협의를 거친 사업규모, 총사업비 또는 사업기간을 변경하고자 하는 때에도 또한 같다(국가재정법 제50조). 기획재정부장관은 총사업비가 일정 규모 이상 증가하는 등 대통령령이 정하는 요건에 해당하는 사업에 대하여는 사업의 타당성을 재조사하여야 한다.

3) 결산

(1) 결산보고서 등의 작성 및 제출

각 중앙관서의 장은 대통령령이 정하는 바에 따라 회계연도마다 그 소관에 속하는 다음 각 호의 서류를 작성하여 다음 연도 2월 말까지 기획재정부장관에게 제출하여야 한다(국가재정법 제58조).

- 세입세출결산보고서
- 계속비결산보고서

- 국고채무부담행위명세서
- 성인지결산서
- 통합재정수지보고서
- 국가채무관리보고서
- 「국가채권관리법」 제36조의 규정에 따른 국가채권현재액보고서
- 제24조의 규정에 따른 명시이월비의 집행실적보고서
- 사고이월명세서
- 수입대체경비의 세입세출결산보고서
- 제37조 제1항의 규정에 따른 총액계상사업의 세부사업별 집행실적 보고서
- 제53조 제2항의 규정에 따른 현물출자의 집행실적보고서
- 「국고금관리법」 제32조 제1항의 규정에 따른 재정증권 발행 및 한국은행 일시차입금의 운용보고서
- 「국고금관리법」 제34조 제1항 및 제2항의 규정에 따른 통합계정자금의 운용실적과 이의 운용으로 인하여 생긴 수익금의 사용실적에 관한 보고서
- 그 밖에 대통령령이 정하는 서류

(2) 결산의 작성

기획재정부장관은 회계연도마다 다음 각 호의 서류에 따라 결산을 작성하여 국무회의의 심의를 거친 후 대통령의 승인을 얻어 다음 연도 4월 10일까지 감사원에 제출하여야 한다(국가재정법 제59조).

- 제58조 제1항 제1호의 규정에 따라 각 중앙관서의 장이 제출한 세입세출결산보고서에 따른 세입세출결산보고서
- 제58조 제2항의 규정에 따른 예비금사용명세서에 따른 예비금사용

총괄명세서

결산에는 제1항 각 호의 서류와 제58조 제1항 각 호의 서류 및 제8조 제3항의 규정에 따른 성과보고서를 첨부하여야 한다.

(3) 결산검사

감사원은 제출된 결산과 첨부서류를 검사하고 그 보고서를 다음 연도 5월 20일까지 기획재정부장관에게 송부하여야 한다(국가재정법 제60조).

(4) 결산의 국회 제출

정부는 제60조의 규정에 따라 감사원의 검사를 거친 결산 및 첨부서류를 다음 연도 5월 31일까지 국회에 제출하여야 한다(국가재정법 제61조).

3. 대학재정 관련 법령 및 지침

대학재정 관련 법령으로는 헌법을 위시하여 국·공·사립대학에 적용할 수 있는 각종 법률, 시행령 및 정부부처 훈령 등이 있다. 그리고 국·공립학교 재정 관련 법령으로는 「국가재정법」「정부보관금에 관한 법률」 및 「정부보관금취급규칙」「국고금관리법」 및 동 시행령, 「회계관계직원 등의 책임에 관한 법률」 및 동 시행령, 「국가를 당사자로 하는 계약에 관한 법률」 및 동 시행령, 「보조금의 예산 및 관리에 관한 법률」 및 동 시행령 등이 있고, 사학재정 관련 법령으로는 「사립학교법」 및 동 시행령, 「사학기관재무회계규칙」 및 「사학기관재무회계에 대한 특례규칙」「사립학교보조와 원조에 관한 건」 등이 있다.

헌법에서는 교육의 특수성과 대학의 자율성을 보장하는 조항과 국회의 기능과 관련하여 예산안의 심의 · 확정 및 예산안의 변경 등에 관한 사항을 규정하고 있다. 즉, 헌법 제31조에서는 "교육의 자주성, 전문성, 정치적 중립성 및 대학의 자율성은 법률이 정하는 바에 의하여 보장된다."고 규정하여 교육활동의 특수성과 대학의 자율성을 강조하고 있다. 그리고 헌법 제54조에서는 예산안의 심의 · 확정과 관련된 사항을 규정하고 제55조에서는 계속비와 예비비의 국회 의결을 거쳐야 한다는 사항을 규정하고 있다. 그리고 헌법 제56조에서는 추가경정예산안의 편성 등을 규정하고 있다.

※ 헌법의 예산회계 관련 조항

제54조 ① 국회는 국가의 예산안을 심의 · 확정한다.

② 정부는 회계연도마다 예산안을 편성하여 회계연도 개시 90일 전까지 국회에 제출하고 국회는 회계연도 개시 30일 전까지 이를 의결하여야 한다.

③ 새로운 회계연도가 개시될 때까지 예산안이 의결되지 못한 때에는 정부는 국회에서 예산안이 의결될 때까지 다음의 목적을 위한 경비는 전년도 예산에 준하여 집행할 수 있다.

1. 헌법이나 법률에 의하여 설치된 기관 또는 시설의 유지 · 운영
2. 법률상 지출의무의 이행
3. 이미 예산으로 승인된 사업의 계속

제55조 ① 한 회계연도를 넘어 계속하여 지출할 필요가 있을 때에는 정부는 연한을 정하여 계속비로서 국회의 의결을 얻어야 한다.

② 예비비는 총액으로 국회의 의결을 얻어야 한다. 예비비의 지출은 차기 국회의 승인을 얻어야 한다.

제56조 정부는 예산에 변경을 가할 필요가 있을 때에는 추가경정예산안을 편성하여 국회에 제출할 수 있다.

제57조 국회는 정부의 동의 없이 정부가 제출한 지출예산 각 항의 금액을 증가하거나 새 비목을 설치할 수 없다.

제58조 국채를 모집하거나 예산 외에 국가의 부담이 될 계약을 체결하려 할 때에는 정부는 미리 국회의 의결을 얻어야 한다.

제59조 조세의 종목과 세율은 법률로 정한다.

「국가재정법」은 종전의 「예산회계법」과 「기금관리법」을 통합하여 2006년 10월 4일 제정된 법으로 국가의 예산, 기금, 결산, 성과관리 및 국가채무 등 재정에 관한 사항을 정함으로써 효율적이고 성과 지향적이며 투명한 재정 운용과 건전재정의 기틀을 확립하는 것을 목적으로 하고 있다. 제1장 총칙에서는 회계연도, 회계 구분, 국가재정운영계획의 수립, 성과 중심의 재정 운영, 재정정보의 공표 및 재정 운영에 대한 의견수렴 등을 규정하고, 제2장 예산에서는 예산의 원칙을 포함한 예산총칙, 예산안의 편성, 예산의 집행 등을 규정하고, 제3장 결산에서는 결산의 원칙, 성인지결산서의 작성, 결산보고서의 작성 및 국회 제출 등에 관한 사항을 규정하고 있다. 그리고 제4장에서는 기금에 관한 사항을 규정하고, 제5장에서는 재정 건전화에 관한 사항을 규정하고 있다.

「정부보관금에 관한 법률」은 정부가 보관하는 공유금이나 사유금의 국고 귀속 등을 규정하고 있다.

「국고금관리법」은 국고금 관리의 원칙을 비롯하여 수입, 지출 및 자금 관리에 관한 사항을 규정하고 있다.

「회계관계직원 등의 책임에 관한 법률」은 국가의 예산 및 회계사무를 집행하는 직원의 책임을 명확히 하고 관련 법령을 위반하는 행위를 방지하기 위한 사항을 규정하고 있다.

「국가를 당사자로 하는 계약에 관한 법률」은 국가를 당사자로 하는 계약에 관한 기본적인 사항을 규정하고 있다.

「보조금의 예산 및 관리에 관한 법률」은 보조금 예산의 편성, 교부 신청, 교부 결정 및 동 사용 등에 관한 기본적인 사항을 규정하고 있다.

「사립학교법」은 학교법인, 사립학교 경영자, 사립학교 교원 등을 규정하고 있으며 사립학교 재정에 관한 사항으로 학교법인 재산 및 회계에 관한 사항 등을 규정하고 있다.

「사학기관재무회계규칙」에서는 「사립학교법」에서 위임한 학교법인과 학교의 재무와 회계 운영에 필요한 사항 등을 규정하고 있다.

「사립학교보조와 원조에 관한 건」(교육과학기술부령)은 사립학교 교육의 조성을 위하여 행하는 보조 또는 원조에 관하여 필요한 사항 등을 규정하고 있다.

이 외에도 대학재정 및 회계에 관한 규정으로 「학교수업료 및 입학금에 관한 규칙」(교육과학기술부령), 「국립학교각종증명수수료징수규칙」(교육과학기술부령), 「국립대학(교) 비국고회계관리규정」(교육과학기술부훈령), 「국립대학 및 전문대학 입학금수업료정액표」(교육부 고시), 「학교법인 정관(준칙)」(교육과학기술부예규) 등이 있다. 이 중 「학교법인 정관(준칙)」에서는 법인의 자산과 회계에 관한 사항을 규정하고 있다.

제2부

대학재정 현황

제3장 교육재정

제4장 국 · 사립대학 재정 구조

제5장 재정지원정책

제3장 교육재정

1. 교육재정의 구조

교육재정이란 국가, 사회의 공익사업인 교육활동을 지원하기 위하여 국가나 공공단체가 필요한 재원을 확보 · 배분 · 지출 · 평가하는 일련의 경제활동을 말한다.[1] 이러한 교육재정의 규모는 교육활동에 필요한 교육비[2] 중 국가 및 지방자치단체가 부담하는 부분 또는 부담하여야 할 부분을 나타내는데,[3] 우리나라의 경우 2005년 현재 교육재정의 구모는

1) 윤정일, 교육재정학원론, p. 59.

2) 교육비는 흔히 공교육비와 사교육비로 구분되는데, 공교육비란 학교 등 정식 교육기관을 통해 지출된 교육비를 말하며, 사교육비는 그외에 민간이 지출한 교육비로서 주로 부교재비, 하숙비, 과외비 등이 포함된다. 공교육비는 다시 공부담 교육비와 사부담 교육비로 구분된다. 공부담 교육비는 정부 부문에서 부담하는 교육비로서 각급 학교에 지불한 보조금과 민간 부문에 보조하는 장학금 등이 포함된다. 사부담 교육비는 민간이 학교에 지불한 등록금 등 사용자 부담금을 의미한다.

3) 그러나 학교교육의 경우 재원은 국가와 지방자치단체만 부담하는 것이 아니라 학생이나 학부모 등 가계와 더불어 사립학교의 경우 학교법인 등도 분담하는 것이 일반적이다. 이에 따라 교육재정의 범위도 실제로는 순수한 사교육비(사부담 사교육비)를 제외한 공교육비(공부담+사부담)를 지칭하는 경우가 많다.

38.43조 원에 이르고 있으며, 1999년의 20.48조 원과 비교하면 연평균 11.1%의 증가율을 보이고 있다.

같은 기간 정부 전체 재정투자 증가율이 6.7%에 불과한 것에 비추어 보면 이 기간 중 교육 분야에 대한 투자가 정부의 다른 재정 분야에 대한 투자보다 상대적으로 확충되어 왔음을 알 수 있다. 이를 반영하듯 우리나라는 2000년대 들어 GDP 대비 교육비 지출비율 면에서 OECD 최고 수준을 나타내고 있다.[4]

표 3-1 교육재정 투자 추이(1999~2005) (단위: 조 원, %)

구분	1999	2000	2001	2002	2003	2004	2005	연평균 증가율
교육재정 규모	20.48	22.96	27.16	28.30	31.08	33.45	38.43	11.1
증가율	-	12.1	18.3	4.2	9.8	7.6	14.9	

출처: 2006년도 교육인적자원부소관 예산안 및 기금운용계획안 개요(2005. 11).

표 3-2 GDP 대비 공교육비 부담 구조에 대한 국제 비교 (단위: GDP 대비 %)

구분	한국		미국		일본		영국		OECD 평균	
	2001	2002	2001	2002	2001	2002	2002	2002	2002	2002
전체비율	8.2	7.1	7.3	7.2	4.6	4.7	5.5	5.9	5.6	5.8
정부부담	4.8	4.2	5.1	5.3	3.5	3.5	4.7	5.0	5.0	5.1
민간부담	3.4	2.9	2.3	1.9	1.2	1.2	0.8	0.9	0.7	0.7

출처: OECD(2004/2005). *Education at a Glance.*

4) 이때의 교육비는 사부담분을 포함한 전체 공교육비의 규모다. 그러나 사부담분을 제외한 순수한 정부의 교육비 부담비율만 보면 OECD 평균보다 0.9% 낮다.

우리나라 교육재정은 크게 교육과학기술부 예산과 지방자치단체 전입금, 각종 교육 관련 기금 그리고 교육과 관련된 타부처 예산 등으로 짜여져 있다.[5] 교육재정의 대부분을 차지하고 있는 것은 교육과학기술부 예산 중 교육 부문 예산으로서 대상에 따라 크게 초·중등교육, 고등교육 그리고 평생교육의 3개 부문으로 구성되어 있다. 1999년 이래 이들 3개 부문의 재정투자 추이를 보면 초·중등교육에 86% 정도가 고정적으로 투자되는 반면, 고등교육의 경우 약간씩 등락을 보이고 있으나 2000년대 들어 12%대에서 벗어나지 못하고 있음을 알 수 있다.

표 3-3 교육예산의 부문별 투자 추이(1999~2005)

(단위: 조 원, %)

구분	1999		2000		2001		2002		2003		2004		2005		증가율
	금액	비율	금액	비율	금액	비율	금액	비율	금액	비율	금액	비율	금액	비율	
전체	17.90	100	19.73	100	21.60	100	22.54	100	24.92	100	26.58	100	27.98	100	7.7
초중	15.24	85.1	17.00	86.2	18.72	86.7	19.42	86.2	21.57	86.5	23.08	86.8	24.26	86.7	8.1
고등	2.37	13.3	2.42	12.3	2.56	11.8	2.78	12.3	3.00	12.1	3.18	12.0	3.46	12.4	6.5
평생	0.29	1.6	0.31	1.6	0.32	1.5	0.34	1.5	0.35	1.4	0.31	1.2	0.27	1.0	-1.2

출처: 2006년도 교육인적자원부소관 예산안 및 기금운용계획안 개요('05. 11).
교육예산=교육인적자원부 예산

한편, 교육재정의 주 투자대상이라 할 수 있는 각 학교급별 학생 수의 변화 추이를 보면 초·중등교육의 경우 1990년대 이래 학생 수가 꾸준히 감소하고 있는 반면, 대학교육의 경우 급격한 증가세를 보이고 있다.

5) 교육재정 규모=교육과학기술부 예산+지방자치단체 전입금+기금+타부처 예산
2005년의 경우 38.43조 원=27.98조 원+9.86조 원+0.12조 원+0.47조원으로 구성되어 있다. 그러나 여기에는 타부처 예산 중 각 부처의 고유한 소관 사업을 위한 연구비는 계상되어 있지 않다.
자료: 2006년도 교육인적자원부 소관 예산안 및 기금운용계획안 개요('05. 11).

‖ 표 3-4 ‖ 연도별 학교급 간 구성 비율

(단위: 천 명, %)

구분	유치원		초 · 중등학교		대학교	
	학생 수	구성비	학생 수	구성비	학생 수	구성비
1990	415	3.7	9,429	83.4	1,467	12.9
1995	529	4.9	8,545	77.9	1,890	17.2
2000	545	4.8	7,952	70.2	2,829	25.0
2001	545	4.8	7,831	69.2	2,947	26.0
2002	550	4.8	7,775	68.6	3,021	26.6
2003	547	4.8	7,797	68.4	3,057	26.8

출처: 한국교육개발원(2003). 통계로 본 한국교육의 현황분석.

대학정책의 대상이 되는 학생 수가 증가하면 이들을 위한 재정의 규모도 늘어나는 것이 일반적인 경향이다. 그러나 절대적인 규모뿐 아니라 학생 수에 있어 상대적인 비중이 크게 변화하고 있음에도 재정투자 비율이 거의 고정적으로 유지되고 있다는 사실은 고등교육 부문에 대한 정부 투자가 소홀히 취급되고 있을 뿐 아니라 향후의 고등교육재정 확대에 큰 걸림돌로 작용하리라는 것을 시사한다. 실제 2005년 현재 우리나라 대학 전체의 재정규모는 약 20조 원으로 GDP의 2.5%를 차지하고 있으나, 국립대학에 대한 경상비와 시설비 지원을 포함하고서도 정부 재정지원액은 4조 4,880억 원으로 전체 대학재정의 22.7% 정도에 불과

‖ 표 3-5 ‖ GDP 대비 고등교육비의 부담 구조 1

('02년 기준, %)

GDP 대비 부담 비율	한국	미국	일본	영국	프랑스	독일	OECD 평균
전체	2.2	2.6	1.1	1.1	1.1	1.1	1.4
정부부담	0.3	1.2	0.4	0.8	1.0	1.0	1.1
민간부담	1.9	1.4	0.6	0.3	0.1	0.1	0.3

출처: OECD(2005). *Education at Glance*.

표 3-6 GDP 대비 고등교육비의 부담 구조 2

('02년 기준, %)

GDP 대비 부담 비율	한국	미국	일본	영국	프랑스	독일	OECD 평균
합계	100	100	100	100	100	100	100
정부부담	14.9	45.1	41.5	72.0	85.7	91.6	78.1
민간부담	85.1	54.9	58.5	28.0	14.3	8.4	21.9

출처: OECD(2005). *Education at Glance*.

한 실정이며, 이는 OECD 국가 평균인 78.1%의 1/3에도 미치지 못하는 수준이다.

이에 따라 고등교육의 급격한 성장을 위한 재원은 민간 부문에서 마련될 수밖에 없게 되고, 결과적으로 각 가계에서 부담하게 되는 높은 등록금은 최근 사회 양극화 문제라는 주요한 사회적 이슈가 되고 있다.

2. 고등교육재정의 규모

2005년 현재 정부의 대학재정 지원 규모는 약 4조 4,880억 원으로 GDP 대비 0.56%를 차지하며, 국 · 공 · 사립대학을 포함한 전체 대학

표 3-7 정부의 대학재정지원 규모(2003~2005)

('02년 기준, 십억 원, %)

구분	2003			2004			2005		
	지원액	총예산 대비비율	GDP 대비비율	지원액	총예산 대비비율	GDP 대비비율	지원액	총예산 대비비율	GDP 대비비율
대학재정지원	3,620	1.83	0.48	4,070	2.105	0.515	4,488	2.29	0.56
총예산	191,899	-	-	187,899	-	-	195,745	-	-
GDP 규모	724,675	-	-	779,381	-	-	806,622	-	-

출처: 교육인적자원부(2006. 5). 정부의 대학재정지원사업분석.

표 3-8 2005회계연도 대학재정 규모

(단위: 백만 원)

구분		4년제 대학	전문대	산업대	기타	합계
국·공립대학	교비회계	1,435,077	37,578	170,517	137,353	1,780,525
	기성회계	1,090,132	33,622	156,993	149,144	1,429,891
	산학협력회계	532,211	26,906	65,623	3,943	628,683
	소계	3,057,420	98,106	393,133	290,440	3,839,099
사립대학	교비회계	10,891,126	3,170,388	375,890	43,130	14,480,534
	산학협력회계	1,450,085	227,310	57,440	34,104	1,768,939
	소계	12,341,211	3,397,698	433,330	77,234	16,249,473
합계		15,398,631	3,495,804	826,463	367,674	20,088,572

출처: 교육인적자원부(2006. 5) 정부의 대학재정지원사업분석.

의 총재정규모는 20조 885억 원으로 GDP의 2.5%에 이르고 있다.

이를 국제적으로 비교하여 보면 비록 2003년도 통계이긴 하나, 사부담분(공교육비)을 포함하여 전체 대학재정 규모로 볼 경우 OECD 평균 1.4%보다 높은 2.6%로, 미국 다음의 수준을 보이고 있다.

반면에 이를 절대규모 면에서 학생 1인당 교육비로 환산하여 보면 비교 가능한 OECD 26개국 중 그리스, 슬로바키아, 폴란드에 이어 제일 낮은 6,047달러에 불과하다. 이를 OECD 선진국가들과 비교하여 보면 학생 1인당 고등교육비(공교육비)는 스위스 23,714달러, 미국 20,545달러, 영국 11,822달러, 일본 11,716달러이고 OECD 국가의 평균은 10,655달러나 되어 실제 우리나라 대학생들의 교육비는 OECD 평균의 절반 정도(57%)에 그치고 있다.

표 3-9 학생 1인당 교육비 비교

(단위: U.S$, PPP 환산액)

구분	초등교육		중등교육		고등교육	
	2001	2002	2001	2002	2001	2002
프랑스	4,777	5,033	8,107	8,472	8,837	9,276
독일	4,237	4,537	6,620	7,025	10,504	10,999
일본	5,771	6,117	6,534	6,952	11,164	11,716
한국	3,714(77%)	3,553(67%)	5,159(79%)	5,882(84%)	6,618(56%)	6,047(57%)
스웨덴	6,295	7,143	6,482	7,400	15,188	15,715
스위스	6,889	7,776	10,916	11,900	20,230	23,714
영국	4,415	5,150	5,933	6,505	10,753	11,822
미국	7,560	8,049	8,779	9,098	22,234	20,545
OECD 평균	4,850	5,313	6,510	7,002	10,052	10,655

출처: OECD(2004/2005). *Education at a Glance*.

이와 같이 비율 면에서 보나 절대규모 면에서 보나 미흡한 정부투자 수준은 교육의 질적 수준 논쟁으로 이어지면서 대학교육의 획기적인 질적 수준 제고를 위해서는 정부투자를 대폭적으로 확대해야 한다는 주장이 교육계를 중심으로 꾸준히 제기되어 왔다.

즉, 2004년 현재 4년제 대학 교수 1인당 학생 수는 37.8명으로 OECD 평균 14.9명에 크게 미치지 못하고 있으며, 주요 대학 간 비교에서도 서울대의 경우 교수 1인당 학생 수는 23명으로 칭화대 9명, 동경대 10명, 하버드대 14명에 비해 열악한 실정이다.[6]

6) 2008년 5월 7일 교육과학기술부가 발표한 2007년 4월 1일 기준 방송통신대학, 교육대학을 제외한 188개 4년제 대학 교원 현황에 따르면, 겸임, 초빙교수를 포함한 교수 1인당 학생 수는 27.2명으로 2004년에 비해 상당히 개선되었으나, 아직 OECD 평균 15.5명에는 훨씬 못 미치고 있다.

‖ 표 3-10 ‖ 교원 1인당 학생 수 국제 비교 (단위: 명)

OECD 국가별 비교		주요 대학 간 비교	
국가	교원 1인당 학생 수	대학	교원 1인당 학생 수
한국	37.8	서울대	23
일본	11.0	동경대	10
미국	15.2	하버드대	14
OECD 평균	14.9	칭화대	9

출처: 교육인적자원부(2006. 5). 정부의 대학재정지원사업분석.

또한 우리나라 4년제 사립대학의 재정수입 구조는 등록금 및 수강료가 69%에 달하는 반면, 국고보조금은 4%에 불과하여 학생부담이 매우 높다. 이에 따라 대학의 교육여건을 개선하고 학생의 등록금 부담을 완화하기 위해서는 정부 대학재정 지원규모의 획기적 증액이 필요하다고 보고 정부투자의 확대를 주장하는 것이다.

이에 대하여 고등교육에 대한 정부부담률이 민간부담률보다 낮은 것은 다른 OECD 국가들에 비해 우리나라의 경우 국・공립대학보다 사립대학의 비중(75%)이 높은 구조에서 기인하는 것이며, 또한 교육 분야의 투자비중이 전체 중앙정부 재정의 15%를 상회하는 실정에서 과거 고도성장시대와 같은 정부예산의 급격한 확대는 현실적으로 어렵다는 반론도 제기되고 있다. 특히, 경제계에서는 경기 활성화 등 시급한 재정수요가 산적한 상황에서 새로운 재정지출의 증가는 예산배분의 비효율을 초래한다고 주장한다.

그러나 〈표 3-11〉에서 보듯이 4년제 사립대학의 학생 수 비중이 우리와 비슷한 일본에서는 사립대학재정에서의 정부지원 비율이 10%를 넘고, 시장원리에 충실한 미국에서도 사립대학재정에서 정부 지원이

▌표 3-11▌국 · 공립대와 사립대 구성비율(2004. 4 현재)

(단위: 교, 명, %)

구분		국 · 공립대	사립대	합계
학교	수	61	350	411
	구성비	14.8	85.2	100.0
학생	수	921,046	2,634,069	555,115
	구성비	25.9	74.1	100.0

▌표 3-12▌통합재정[7] 지출 분야별 투자비중의 추이

(단위: %)

구분	1990	1995	1997	1998	2002	2003
국방	20.0	15.7	13.3	12.1	11.4	10.6
교육	17.0	18.0	16.4	14.9	15.2	15.1
사회복지	9.8	9.7	10.5	11.8	17.2	16.4
문화관광	0.5	0.6	0.7	0.7	1.0	1.1
경제개발	30.5	32.9	31.2	37.8	27.1	25.0
기타	22.2	23.1	27.9	22.7	28.1	31.8
계	100.0	100.0	100.0	100.0	100.0	100.0

출처: 교육부 내부자료(2004. 10). 교육재정운용개선(시안).

▌표 3-13▌정부예산 대비 교육예산

(단위 : 억 원, %)

구분	2001	2002	2003	2004
교육예산(A)	178,017	187,107	206,934	220,307
정부예산(B)	991,801	1,096,298	1,181,323	1,183,560
구성비(A/B)	17.9	17.1	17.5	18.6

출처: 교육부 내부자료(2004. 10). 교육재정운용개선(시안).

7) 통합재정: 일반회계 외에 특별회계와 기금도 포괄하되, 중복계상 방지를 위해 포괄범위 내 회계 · 기금 간 내부거래를 제외〈경상지출+자본지출+순융자(융자지출−융자회수)〉

‖ 표 3-14 ‖ 사립대학에 대한 정부지원의 국제적 비교

('02년 기준, %)

구분	한국		미국		일본	
	비율	기준연도	비율	기준연도	비율	기준연도
사립대학의 학생 수 비율	74.9	2002	35.1	1999/2000	73.3	2001
사립대학재정의 정부지원 비율	4.0	2001	16.4	1995/1996	11.4	1995
국·공립대학재정의 정부지원 비율	54.2	2002	51.0	1995/1996	57.5	2001

출처: 최강식(2005). 고등교육에 대한 적정재정 추정.

차지하는 비중이 10%를 훨씬 상회한다[8]는 점을 감안하면 사립대학에 대한 우리나라 정부의 지원은 매우 미흡하다는 사실을 알 수 있다.

대학교육의 질 제고가 국가경쟁력 강화의 핵심으로 여겨지고 있으며, 고등교육 취학률이 실질 GDP 성장률에 상당 부분 기여한다는 연구 결과가 뒷받침하듯이, 고등교육에 대한 투자가 경제성장에도 절대 필요하다는 점은 누구나 인정하고 있다. 뿐만 아니라 우리 사회가 산업사회에서 지식기반사회로 이전되어 감에 따라 이의 견인차로서도 고등교육의 역할이 보다 중요시되고 있다. 다만, 한정된 정부예산을 고려할 때, 지자체 및 민간의 대학투자를 활성화하는 한편, 대학의 수익사업 활성화를 위한 제도개선을 병행함과 아울러 재정운영의 효율성 제고를 위해 재정지원사업에 대한 성과관리체제를 강화하고, 각 부처 사업 간

8) 1995/1996년 미국 사립대학의 수입 구조: 등록금(43%)+정부지원(16.4%)+민간기부(9.1%)+발전기금(5.2%)+서비스 판매수입(21.0%)+기타(95.3%)
1995년 일본 사립대학 수입 구조: 납입금(68.3%)+정부보조금(11.4%)+수업료(5.6%)+기부금(5.4%)+자산운용수입(5.4%)+사업수입(1.4%)+잡수입(2.4%). 유현숙, p. 78.

연계 · 조정 및 유사 사업의 공동추진 등을 통해 사업의 효과를 제고할 필요가 있다는 의견들이 제시되고 있다.

이와 같이 대학에 대한 정부의 빈약한 재정지원 규모와 정부재정에서 교육비가 차지하는 막대한 비중 사이의 괴리에서 예산을 확대하는 방법 외에도 새로운 재원을 발굴하려는 노력이 향후 대학재정정책의 당면과제로 여겨지고 있는데, 이러한 관점에서 다음과 같은 방안들이 추진되고 있다. 첫째, 우리나라 박사급 연구인력의 75%를 대학이 보유하고 있음에도 정부 R&D 투자의 14.3%만 대학에 투자되고 있는 현실에 착안하여 정부의 R&D 예산이 대학의 인력양성과 연계되도록 지원 방식의 전환을 추진한다.

둘째, 지역산업과 연계한 인력양성사업에 대한 지방자치단체의 투자 확대를 유도한다. 2005년의 경우 비교적 재정여력이 있는 서울시와 경기도 등에서 지역혁신 클러스터의 거점대학 인력양성을 위해 적극 투자하였다.

셋째, 민간자본의 유치를 통한 대학시설 투자를 확대한다. 이 방안은 2005년도부터 본격 추진되고 있는 것으로서 국립대학의 경우 BTL 방식(Build-Transfer-Lease)으로 약 3만 5천 명을 추가 수용할 수 있는 기숙사를 증설하고, 사립대학에 대해서는 BTL을 포함한 다양한 방식의 민간투자를 적극 유치하도록 추진하고 있다.

넷째, 인력양성과 연계된 사립대학 법인기부금을 현재의 50%에서 100% 전액 손금으로 인정하도록 제도를 개선하여 기업의 투자 인센티브를 확대함으로써 대기업의 과다한 신입사원 재교육비용의 일부를 대학에 기부하고 기업의 수요에 맞는 맞춤형 인력을 양성할 수 있도록 유도한다.

3. 고등교육재정의 배분 구조

우리나라 고등교육의 재정분배 메커니즘을 배분주체, 대상 그리고 배분 방식 등으로 구분하여 보면 다음과 같은 특징이 있다.

우선 고등교육에 지원하는 재정 프로그램들은 교육인적자원부를 비롯하여 과학기술부, 산업자원부, 정보통신부 등 정부 각 부처별로 다양하게 시행되어 왔다. 그러나 2008년 새 정부 수립 이후 이들 부서가 서로 통합되면서 재정지원 프로그램도 부처 기능에 따라 이관되었는데, 종전의 교육인적자원부와 과학기술부가 통합된 교육과학기술부가 교육 주무부처로서 종류상으로나 금액상으로 가장 많은 지원 프로그램을 보유하고 있다.

지원대상으로는 전체 대학의 25% 정도에 불과한 국립대학에 투자가 집중되어 국립대학에 대한 인건비, 시설비 및 운영비가 전체 고등교육 예산의 약 59%를 차지하고 있으며, 국·사립대학을 통털어 정부가 정책적으로 지원할 수 있는 비용은 38%에 불과하다. 또한 사립대학만을 위한 지원 프로그램은 따로 없으며, 대학의 R&D와 연구능력 향상을 목적으로 한 지원 프로그램에 한하여 국·공립대학과 같이 경쟁을 통하여 지원되고 있다.[9]

표 3-15 대학지원 예산 구조

('04년 기준, 억 원, %)

구분	합계	국립대학지원 (인건비, 운영비, 시설비)	대학정책 지원사업	국립대학 병원지원
금액	32,634	19,250	12,591	793
비율	100.0	59.0	38.6	2.4

출처: 교육인적자원부(2004. 10). 교육재정운용개선(시안).

9) 그러나 이러한 프로그램 평가에 바탕한 사업비 지원 구조는 2008년 이후 대학재정 지원이 포퓰러에 의한 지원 방식으로 정책기조가 바뀜에 따라 많은 변화가 예상되고 있다.

일반적으로 고등교육에 대한 정부의 재정지원은 크게 대학 자체에 대한 기관지원과 구성원인 교수, 학생 등에 대한 개인지원으로 나누어지고, 교수에 대한 지원은 연구비가 주종을 이루는 반면, 학생에 대한 지원은 무상으로 지급되는 장학금과 대부의 형태를 띠고 있는 학자금 융자 그리고 work study의 세 가지 형태로 이루어진다. 우리나라의 경우 참여정부까지의 재정지원은 대부분 기관지원 위주로 이루어졌고, 학생지원 등 개인지원 방식은 큰 비중을 차지하지 못하였다. 이에 따라 사립대학이 고등교육의 대부분을 담당하고 있는 실정에서 공공재원이 일부 소수학생에게 집중 귀착(incidence)되는 결과를 초래하였다.

지출 유형별로 교육비를 살펴보면 우리나라의 경우 총교육비 중 자본비가 전체의 21.2%를 차지하여 다른 OECD 국가들보다 훨씬 높은 비율을 보이고 있다. 이는 기본적으로 우리나라 고등교육기관의 시설이 아직은 많이 부족하다는 사실을 나타내는 것으로 재정의 많은 부분이 인프라 확충을 위해 투자되었기 때문이다. 반면에 경상비 지출 중 교직원 인건비 비율은 상당히 낮은 것으로 나타나는데, 이는 낮은 교수확보율과 OECD 국가 중 최저 수준을 나타내고 있는 직원들의 보수 수준 때문인 것으로 보인다.

표 3-16 고등교육기관 교육비 구성(2002년)

(단위: 백만 원, %)

구분	총교육비 구성		경상지출 구성			
	경상비	자본비	교원임금	직원임금	전체 교직원임금	기타 경상지출
한국	78.8	21.2	38.7	12.4	51.2	48.8
미국	90.8	9.2	27.0	29.0	56.1	43.9
영국	95.7	4.3	32.7	25.0	57.7	42.3
일본	84.3	15.7	-	-	68.2	31.8
OECD 평균	88.4	11.6	42.3	22.2	66.1	33.9

출처: OECD(2004/2005). *Education at a Glance*.

제4장

국 · 사립대학 재정 구조

1. 국립대학의 재정

대학재정은 예산으로 구체화된다. 예산이란 일정 기간 교육을 위한 수입과 지출의 예정금액을 숫자로 표시한 계획서다. 수입은 재원의 확보와 조달을 의미하며 예산상 세입으로 표시한다. 지출은 세출로 나타나는데, 대학교육 경비의 기능별 배분과 집행을 말한다. 국립대학 예산은 국고회계인 일반회계와 비국고회계인 기성회계로 구분되어 있다. 이 중 국립대학 예산의 주류를 이루는 것은 일반회계로서 예산의 구조와 편성 및 집행, 회계, 감사 등에 있어서 기본적으로 정부 「예산회계법」의 적용을 받으며, 예외적으로 수입대체경비의 경우 「수입대체경비 사무처리규정」에 따라 운영된다. 반면에 기성회계는 재학생의 학부모로 구성된 기성회의 회비를 재원으로 하고 있기 때문에 일반회계와 달리 「국립대학비국고회계관리규정」에 의하여 운영되고 있다.

1) 국립대학의 세입 · 세출 구조

국립대학의 일반회계는 국고지원금, 입학금 및 수업료, 논문심사료와 입시경비를 일컫는 수입대체경비 등의 세입항목으로 구성되어 있으며, 기성회계 세입은 기성회비, 국고보조금, 잡수입 등으로 구성되어 있다. 2004년 국립대학 국고 및 비국고회계의 전체 수입 구성비를 살펴보면 국고 일반회계가 1조 7,780억 원, 기성회계 수입이 1조 2,900억 원 정도 차지하고 있다. 기성회계 세출은 인건비, 운영비, 시설사업비, 기타 사업비, 입시경비 등으로 구성되어 있으며 기성회계 세출은 인건비, 운영비, 경상이전비, 자본지출경비, 기타 등으로 구성되어 있다. 인건비는 교수들의 인건비와 행정직의 인건비를 포함하고 있으며 기본급, 수당, 비정규직 보수, 복리후생비가 포함되어 있다. 참고로 국립대학의 항목별 세출예산 비율을 보면 2004년의 경우 인건비가 약 67.4%를 차지하며, 시설비가 그다음으로 15.1%, 학교운영비가 8.1% 정도를 차지하고 있다.

‖ 표 4-1 ‖ 2003/2004년 국립대학 교육비 비중

(단위: %)

연도	합계	인건비	운영비	시설사업비	기타사업비	입시경비
2004	100	67.4	8.1	15.1	8.4	1.0
2003	100	65.2	8.5	21.1	4.2	1.0

출처: 교육개발원(2003/2004). 교육통계연보.

2) 국립대학재정의 특징

이러한 국립대학 재정지출의 특징을 살펴보면 다음과 같다. 첫째, 대학에 대한 지원이 본격적으로 이루어지기 시작한 1990년대 중반 이래

국립대학의 재정 규모는 지속적으로 증가하고 있다. 그러나 이러한 재정 확대는 기본적으로 대학교육의 대중화에 따른 학생 수의 증가와 이에 따른 교수 수의 증가 때문이다.

둘째, 인건비 부담이 70%에 가까울 정도로 큰 비중을 차지하고 있을 뿐 아니라 지속적으로 증가하고 있다. 이와 같이 인건비 비중이 높은 이유는 기본적으로 정규직 교수들과 직원들의 고용보장에 다른 보수 구조의 경직성 때문이다. 또한 대부분의 대학들에서 보이는 높은 강사의존율, 그에 비해 낮은 연구비 및 학생경비 비중 등을 주요한 원인으로 들 수 있다. 그러나 국제적으로 비교하여 보면 우리의 인건비 비중이 그리 높은 편은 아니다.

표 4-2 GDP 대비 고등교육비의 부담 구조

('02년 기준, %)

재원의 상대적 비중	한국	미국	일본	영국	프랑스	독일	OECD 평균
합계	100	100	100	100	100	100	100
정부부담	14.9	45.1	41.5	72.0	85.7	91.6	78.1
민간부담	85.1	54.9	58.5	28.0	14.3	8.4	21.9

출처: OECD(2005). *Education at Glance*.

셋째, 시설비의 경우 인건비 다음으로 비중이 높다. 시설비는 인건비와 달리 그 비중에 있어 해마다 변동폭이 심할 뿐 아니라 학교마다 차이도 크다. 이는 시설투자의 성격상 인건비와 같이 경직성 경비로 지출되는 것이 아니라 특정한 시기에 투자가 집중적으로 이루어지기 때문이다.

넷째, 인건비와 시설비를 합하면 전체 예산의 80%를 넘을 정도로 두 항목이 큰 비중을 차지하기 때문에 대학의 연구나 학생지원 등에 사용되는 운영비의 비율이 상대적으로 낮은 편이다. 고등교육에서 국립대학의 비중이 우리와 비슷한 일본의 경우 인건비와 시설비를 합해 60%

를 넘지 않는 반면, 교육연구경비로 20% 가까이 지출하고 있다.[1]

2. 사립대학의 재정

일반적으로 교육재정이라 함은 국민경제에서 차지하는 교육비 중 국가 및 지방자치단체가 부담하는 부분 또는 부담하여야 할 부분과 관련되는 재정의 영역을 말하며, 대학재정이라 하면 이러한 영역 중 대학에서의 수입과 지출에 관한 일체의 활동을 말한다고 할 수 있다.[2]

그러나 사립대학의 경우 국립대학과는 달리 수입은 보통 국가와 학교법인 그리고 가계 등 3자가 분담하고 있으며, 특히 우리나라의 경우에는 거의 전적으로 가계가 부담하고 있는 것이 현실이다. 그럼에도 불구하고 사립대학은 국립대학과 마찬가지로 국민 전체에 대해 교육적 책임을 분담하는 공공적 기관으로 인식되고 있다. 이에 따라 사립대학의 재정에 있어 국가의 지원이 차지하는 역할이 미흡함에도 사립학교법을 비롯하여 여러 교육관계 법령에서 국립대학과 유사한 정도의 공공성을 유지하도록 요구하고 있다.

1) 사립대학 수입의 원천

사립대학의 수입은 운영수입과 자산 및 부채수입, 전기이월금 등으로 구성되어 있다. 이 중 운영수입이 전체 수입의 86.8%를 차지하고 있으며, 자산 및 부채수입이 약 5.6% 그리고 전기 이월금이 7.8%를 차지하고 있다. 이와 같이 운영수입이 규모 면에서 대부분을 차지하고 있다

1) 유현숙, 일본국립학교특별회계 세입 및 세출, p. 76.

2) 이동규, p. 39.

는 점과 사학의 교비 계상 방식이 일종의 복식부기 형식이라는 점을 고려하면, 운영수입의 규모가 실질적으로 대학재정의 규모를 나타낸다고 할 수 있다.

표 4-3 사립대학의 수입 구조(결산 기준)

(단위: 백만 원, %)

연도	자금수입총계		운영수입		자산 및 부채수입		전기 이월자금	
	금액	비율	금액	비율	금액	비율	금액	비율
2003	14,671	100	12,740	86.8	819	5.6	1,112	7.8
2002	13,513	100	11,831	87.7	656	4.9	1,026	7.6
2001	12,293	100	10,834	88.1	568	4.6	891	7.2

출처: 한국교육개발원(2004). 교육통계연보.

2001년 이후의 사립대학 결산을 통해 운영수입의 구조를 살펴보면 등록금 비중이 가장 높고 다음으로 기부금과 전입금의 비중이 높다. 이 중 등록금의 비중은 71% 정도로서 전체 운영수입의 2/3 수준을 넘고 있다. 이것으로 보아 사립대학 수입은 학생들의 등록금, 즉 가계부담에 거의 전적으로 의존하고 있음을 알 수 있다.

운영수입 중 기부금은 전체적으로 등록금 다음의 비중을 보이고 있으면서 2001년 8.1%에서 2002년 8.9%, 2003년 9.4% 등으로 비록 소폭이긴 하지만 꾸준히 증가하는 추세다.

등록금 다음으로 사립대 재원 중 중요한 비중을 차지하고 있는 것으로 알려진 법인 전입금의 경우 실제로는 사립대학 총재정수입 중 6.3%, 운영수입상으로는 7.2% 수준에서 머물고 있다. 그러나 이들 전입금에는 재단의 전입금, 부속병원을 통한 전입금 등이 모두 포함되어 있을 뿐 아니라 조달 내용도 이사장 개인의 기부금 또는 법인 차입금의 형태로 이루어지는 경우가 대부분이어서 실질적인 전입금으로 보기는 어렵다.

‖ 표 4-4 ‖ 사립 4년제 대학 운영수입 내역

(단위 : 백만 원)

구분	2001		2002		2003	
	금액	비율	금액	비율	금액	비율
등록금수입	7,739	71.4	8,440	71.3	8,977	70.5
수강료수입	156	1.4	188	1.6	218	1.7
전입금	736	6.8	806	6.8	918	7.2
기부금	881	8.1	1,056	8.9	1,195	9.4
국고보조금	569	5.3	572	4.8	609	4.8
교육부대수입	252	2.3	288	2.4	314	2.5
교육외수입	501	4.6	481	4.1	510	4.0
합계	10,834	100	11,831	100	12,740	100

출처: 한국교육개발원(2004). 교육통계연보.

이 외에 사립대학 재정수입의 주요 원천으로 교육외수입과 교육부대수입이 있다. 특히, 최근 대학마다 산학협력단이 설치되고 대학기업의 설치가 가능해지면서 교육외수입이 증대되고, 실습공장을 통해서 생산한 상품의 판매 등 교육부대수입도 상당한 수입원이 되고 있다.

2) 사립대학의 교육비 구성

사립대학의 지출도 수입과 같이 운영지출과 자본 및 부채지출로 구분된다. 운영지출은 대학경영에 필요한 인건비, 교육연구경비 등의 소비적 지출이 주를 이루고, 자본지출의 경우 대학에 필요한 시설과 설비 관계에 필요한 지출이 대부분이다. 부채는 주로 장기에 걸쳐 이루어지는 교지 취득이나 교사 건축에 필요한 자금의 차입과 상환에 관련된 지출이다. 지출의 특징을 살펴보면 전체지출 중 운영지출이 차지하는 비중은 2001년 59.3%에서 2004년에는 64.9%로 꾸준히 증가하고 있는 반면, 자본 및 부채지출의 비중은 같은 기간에 29.7%에서 27.4%로 줄어

▌표 4-5▐ 사립대학 세출 현황

(단위 : 백만 원)

연도	자금지출 합계	운영지출	자본 및 부채지출	차기이월자금
2003	14,671	9,508(64.8%)	4,020(27.4%)	1,143(7.8%)
2002	13,512	8,540(63.2%)	3,864(28.6%)	1,108(8.2%)
2001	12,293	7,620(62.0%)	3,648(29.7%)	1,025(8.3%)

출처: 한국교육개발원(2004). 교육통계연보.

드는 추세다.

지출의 특징을 가장 비중이 높은 운영지출 부문에서 찾아보면 주를 이루는 것은 역시 인건비로서 51.7% 정도로 절반 정도의 비중을 차지한다. 인건비는 교원, 직원, 임시직원 등의 봉급, 각종 수당, 강사료, 노임, 지정인건비 등을 포함하는데, 이를 국립대학 인건비와 비교해 보면 훨씬 낮은 것을 알 수 있다.

둘째, 인건비 다음으로 큰 몫을 차지하고 있는 것은 연구비와 학생경

▌표 4-6▐ 사립 4년제 대학의 운영비 지출

(단위 : 백만 원)

구분	2001		2002		2003	
	금액	비율	금액	비율	금액	비율
보수	4,052	53.2	4,521	52.9	4,913	51.7
관리운영비	1,134	14.9	1,222	14.3	1,395	14.8
연구비	929	12.2	1,109	13.0	1,304	13.7
학생경비	1,271	16.7	1,431	16.7	1,618	17.0
입시관리비	138	1.8	147	1.7	158	1.5
교육외비용	60	0.8	76	0.9	96	1.0
전출금	36	0.5	34	0.4	24	0.2
합계	7,620	100	8,540	100	9,508	100

출처: 한국교육개발원(2004). 교육통계연보.

비다. 연구비는 교수들의 연구활동을 적극적으로 지원해 나가기 위한 필수적인 지출이며, 학생경비는 실험실습비, 학생복지비 등으로 학생들의 활동을 위해 소요되는 지출이다. 이 중 보다 비중이 큰 항목은 실험실습비와 학생복지비 등으로 구성되어 있는 학생경비로서 운영지출 중 차지하는 비중은 대략 17% 내외다. 반면에 연구비는 2001년 12.2%에서 2004년에는 13.7%로 지속적으로 증가하고 있다.

셋째, 이러한 운영지출의 실적을 운영수입과 비교하면, 운영지출의 총규모가 운영수입의 총규모에 훨씬 미달함을 발견할 수 있다. 2003년의 예를 들면, 총운영지출이 9조 5,080억 원이지만 총운영수입은 이보다 3조 2,320억 원이나 많은 12조 7,400억 원에 달하고 있다. 운영지출에 편성되지 않고 있는 이 초과수입금 부분은 재산조성비에 투자된 것으로 추정된다. 이를 기초로 수입과 지출항목을 비교해 보면 등록금과 국고보조금만으로도 대학운영 예산이 충족될 수 있음을 알 수 있다.

운영 부문 다음으로 자본 및 부채지출 부문의 특징을 보면, 투자자산 지출, 유형고정자산 지출, 무형고정자산 지출, 유동부채 상환, 고정부채 상환, 적립예금 지출 등이 포함된 자본 및 부채지출의 비중은 2001년 29.7%에서 2003년에는 27.4%로 줄어들었다. 자본 및 부채지출에서 가장 큰 몫을 차지하고 있는 것은 고정자산의 매입지출이다. 고정자산의 매입지출로는 토지매입비, 건물매입비, 기계기구구입비, 비품 및 집기 매입비, 차량매입비, 도서구입비, 박물관 유물구입비, 건물 가설정 등이 있다.

시설비가 높은 것은 장기적으로 교육의 여건을 개선하는 것이기는 하지만 현재 졸업한 학생들의 재학 당시의 교육에 오히려 악영향을 미쳤을 수도 있다. 대학재정의 수입이 전체적으로 제한되어 있을 때 시설비는 졸업하는 학생의 학습에 도움을 주지 못할 뿐 아니라 학생의 취업능력을 실질적으로 제고하는 데 사용할 자금을 줄일 수 있다. 특히, 학

‖ 표 4-7 ‖ 사립대학의 자본 및 부채지출 현황

(단위 : 백만 원)

연도	계	투자와 기타자산	고정자산매입지출	유동부채상환	고정부채상환
2003	4,019,482,440	1,190,285,325	2,719,587,898	10,396,339	99,212,818
2002	3,863,830,432	1,142,183,999	2,603,472,886	6,101,338	112,072,209
2001	3,647,508,429	1,039,995,522	2,440,870,304	26,829,355	139,813,248

출처: 한국교육개발원(2004). 교육통계연보.

생의 등록금과 재단의 전입금이 주요한 재정인 사립학교에서는 시설비의 효과가 취업에 악영향을 미쳤을 가능성이 높다.

둘째, 사립대학의 수입 증가를 위해서는 납입금 이외에 투자자산 지출이 증대되어야 하지만 거의 고정적인 비율로 유지되고 있기 때문에 납입금 이외의 수입기대는 사실상 어렵다고 할 수 있다.

제5장

재정지원정책

1. 고등교육의 양적 팽창과 질적 문제

최근 우리나라 고등교육 취학률의 변화추이를 살펴보면 2000년 52.5%에 머물던 취학률이 불과 5년 후인 2004년에는 61.7%에 이를 정도로 가파르게 증가하고 있다. 당해 연도 고교 졸업자의 대학진학률 측면에서만 보면 일반계 고등학교의 경우 88.3%, 진학이 목적이 아닌 실업계 고교의 경우도 67.6%가 고등교육기관으로 진학하고 있다.

‖ 표 5-1 ‖ 고등학교 졸업자의 대학진학률

(단위: %)

연도	전체	일반계 고교	실업계 고교
2000	68.0	83.9	42.0
2001	70.5	85.3	44.9
2002	74.2	87.0	49.8
2003	79.7	90.1	57.6
2004	81.3	89.8	62.3
2005	82.1	88.3	67.6

출처: 한국교육개발원(2006). 교육통계분석자료집.

이에 더해 재수생과 남학생들의 군 입대 문제 등을 감안하면 취학 가능한 연령의 80% 이상이 실제 고등교육기관에 진학하는 것으로 추정되면서 우리나라의 고등교육은 엘리트 교육 단계에서 벗어나 보편화 단계에 이르렀다고 여겨진다.

이처럼 고등교육에 접하는 자원의 규모는 크게 늘어났지만 교육의 질 문제에 있어서는 국제적 수준과 큰 격차가 있다. 스위스 국제경영개발원(International Institute for Management Development: IMD)의 2008년 세계 경쟁력 연차보고서에 따르면, 우리나라의 국가경쟁력은 평가 대상국 55개국 중 31위인 반면 교육경쟁력은 35위, 대학교육의 질적 수준은 53위를 나타내고 있다. 특히, 교육의 질을 담보하는 교원확보율, 교수 1인당 학생 수 등에 있어서는 외국과의 비교는 고사하고 국내 초·중등교육 분야보다도 열악한 상황이다. 그 결과 고등교육의 경쟁력은 매우 취약한 실정이며, 이러한 낮은 경쟁력이 우리나라 교육경쟁력 전반을 떨어뜨리는 결과를 초래하고, 결과적으로 국가경쟁력을 약화시키고 있다.

표 5-2 2004년 전임교원 1인당 학생 수

구분	일반대학			산업대학		전문대학		
	국립	공립	사립	국립	사립	국립	공립	사립
학생 수	33	35	42	44	48	25	40	47

출처: 한국교육개발원(2005). 교육통계연보.

이와 같이 고등교육의 경쟁력이 낮은 이유는 여러 가지가 있겠으나, 대부분의 전문가들은 급격하게 증가하는 양적 수요에 대한 충족과 더불어 경제력에 비해 미흡한 투자규모를 들고 있다.

2. 대학교육에 대한 정부지원의 근거

1) 형평성과 효율성

정부가 대학교육을 지원해야 하는 이유로 대개 교육학자들은 교육의 질적 향상 외에도 형평성의 관점에서, 경제학자들은 효율성의 관점에서 설명한다. 그러나 일반적으로는 교육을 투자로 보고 교육받은 이후의 소득에 대한 직접적 효과인 금전적 수익을 교육에 대한 투자 결정의 가장 중요한 변수로 보고 있다. 이러한 관점에서는 정부가 교육에 투자하는 이유도 기본적으로는 교육이 가지는 투자재적 성격과 투자의 결과 얻을 수 있는 사회적 수익에서 찾고 있다.

2) 교육에 대한 투자의 동기

투자란 미래에 발생할 수익을 기대하면서 현재 비용을 지출하는 행위다. 교육이 주는 투자재적 수익 중 가장 큰 부분은 노동력의 향상을 통한 경제적인 수익이다. 즉, 교육에의 투자는 '사람'이라는 인적자본에 대한 투자로서 생산성의 증가를 통한 충분한 소득의 증가를 기대함으로써 이루어진다. 그러나 교육의 성격상 투자효과는 상당한 기간이 지난 후에 나타난다. 이에 따라 불확실한 미래 소득을 기대하고 투자하기를 꺼리는 민간을 대신해 정부가 적정한 양의 교육 서비스를 공급하게 된다. 이때 공급되는 교육 서비스의 규모는 정부의 투자지출보다 향후 얻게 될 수익이 얼마나 큰가를 고려하여 결정된다.

그런데 이때 고려되는 수익 개념은 교육의 직접 당사자인 학생 개인의 수익보다는 정부재원의 부담 주체인 사회 구성원들에 미치는 사회적 수익이 주된 관심사가 된다. 실제 교육은 투자를 통하여 교육받은 학생에게만 사적인 수익을 발생시키는 것이 아니라 외적인 효과를 통하여 사회 전체로 수익의 범위를 넓혀 준다. 즉, 교육은 그 대상인 학생뿐 아니라 가족과 이웃, 사회 전체에게도 이익을 발생시키는데, 이를 사회적 수익이라 한다.

만약 교육투자에 대한 효과를 금전적 수익의 관점에서만 본다면, 사회적 수익은 개개인이 교육을 통해 사회 전체적으로 향상시킨 생산성으로 나타낼 수 있다. 반면에 개인이 받게 되는 사적 수익은 교육으로 인해 증가된 실제 소득이 된다. 이러한 수익은 사회적 수익이 사적 수익보다 높을 수 있고 반대의 경우도 있을 수 있다.

우리나라는 전통적으로 고등교육에 대해 사회적 수익이 강조되는 투자재적 성격보다는 사적 수익을 추구하는 소비재로서 인식하는 경향이 강하다. 일반적으로 소비재는 삶의 질 향상 등 개인적 수익과 관계 있는 재화로서 사회적 수익보다는 사적 수익이 클 것으로 여겨진다. 따라서 우리 사회에서 고등교육에 대한 투자는 정부의 재정에 의하기보다 수익을 얻는 개인의 부담에 맡겨 두는 것이 보다 바람직한 것으로 여겨져 왔다. 실제 구한말 이후 근대적 학제가 시작된 이래 고등교육의 대상은 일부 엘리트 계층에만 한정되어 있었던 반면, 교육의 결과에 따른 사적인 수익은 상당히 높았기 때문에 고등교육에 대해서는 정부의 지원 없이 개개인이 기꺼이 자기부담 하에 교육을 받아야 한다는 것이 사회적 통념이기도 했다.

이런 관점에 따라 정부도 지속적으로 재정을 확충시켜 온 초·중등교육 부문과는 달리, 고등교육에 대해서는 수익자부담원칙을 일관되게 적용하여 왔다. 대학설립자는 국가이건 학교법인이건 간에 고등교육에 필요한 최소의 기본 재산과 시설을 갖출 뿐, 대학운영에 필요한 경상적 지출은 기본적으로 특정하게 선택된 수익자가 부담할 뿐이었다.[1] 이러

1) 김윤태(1988), 대학재정정책의 분석, 교육행정학연구, p. 41.

한 정책 관행은 1990년대를 넘어서면서 고등교육이 대중화 단계로 접어들고, 치열한 국제경쟁 속에서 고등교육이 국가경쟁력의 기반으로 여겨지는 21세기 지식기반사회에 들어서도 크게 달라지지 않고 있다.

3) 교육의 외부효과

수익률로 계산되는 금전적 수익은 교육으로부터 얻을 수 있는 다양한 수익의 일부일 뿐이다. 실제 교육에 대한 투자는 개인이나 사회에 직접적으로 금전적 수익을 안겨주는 것 외에도 경제성장을 위한 인력 공급, 사회의 생산성 증대, 교육 수준의 향상에 의하여 발생하는 발명과 혁신, 훌륭한 시민정신, 세대간의 효과, 타인에 대한 외적 효과, 교육체제에 의한 재능의 발견과 계발 등 비금전적인 면에서 사회나 다른 사람들에게까지 널리 영향을 미쳐 간접적으로 경제에 막대한 수익의 발판을 제공한다. 이를 확산효과(spillover effect)라 부르는데, 교육의 효과가 당사자에게 그치지 않고 사회나 다른 사람들에게까지 넘쳐흘러서 영향을 주는 것을 말하는 것으로서 교육이 가지는 외부효과의 일종이다.

외부효과(externality)란 경제학적 개념으로 한 사람의 행위가 다른 사람에게 의도하지 않은 혜택을 주거나 손해를 입히면서도 대가를 받거나 혹은 대가를 주지 않는 경우가 있는데, 이러한 행위를 두고 시장기구 밖에서 이루어진다는 뜻으로 외부효과라고 부른다. 이때 다른 사람에게 혜택을 주면서도 대가를 받지 못하는 경우를 외부경제(external economy) 혹은 긍정적 외부효과(positive externalities)라 부르고, 다른 사람에게 손해를 입히면서도 대가를 지불하지 않는 경우를 외부비경제(external diseconomy) 혹은 부정적 외부효과(negative externalities)라 한다. 교육은 대표적으로 긍정적 외부효과를 나타낸다. 특히, 고등교육의 경우 빠르게 변화하는 최첨단 산업기술을 연구개발하여 사회 전체의 기술진보에 기여하고, 다른 기업들에게 기술파급효과를 발생시킨다. 이와 같이 고

‖ 표 5-3 ‖ 고등교육의 수익률 추정치(OECD 추정, 2003년)

(단위: %)

구분	남자		여자	
	사적 수익률	사회적 수익률	사적 수익률	사회적 수익률
한국	12.2	14.2	14.9	16.8
미국	14.3	14.1	13.1	13.0
영국	16.8	13.7	19.6	16.1
스위스	10.0	6.3	9.8	5.8
핀란드	16.7	13.6	16.0	11.3

출처: OECD(2004). *Education at a Glance*.

등교육이 긍정적인 외부효과를 나타낼 경우에는 정부의 적극적인 재정지원이 있어야 사회적으로 적정량의 교육 서비스가 제공될 수 있을 것이다. 그럼에도 불구하고 우리의 경우 고등교육이 가져오는 사적인 이익만 고려하였을 뿐, 다른 나라들에 비해 훨씬 적은 사회적 비용으로 국가발전을 이루어 온 부분에 대해서는 애써 눈감아 온 것이 사실이다. 그러나 해방 이후 우리나라 고등교육이 정부의 투자보다 실수요자들인 민간에 의존해 왔음에도 불구하고 아직까지 정부가 집중 투자해 온 초·중등교육의 사적 투자율보다 높다는 사실은 고등교육의 경우 사적 수익률뿐 아니라 사회적 투자수익률 역시 높다는 것을 의미한다 할 것이다.[2] 실제 OECD는 우리나라의 경우 고등교육의 사회적 수익률이 사적 수익률보다 2% 포인트 정도 높은 것으로 추정하고 있다.[3] 이는 우리나

2) 최강식은 비록 실증적 추정은 어렵지만 고등교육의 사회적 투자수익률은 교육의 사회적 파급효과 및 연구개발에 의한 파급효과 등을 포함하고 있어서 사적 투자수익률을 크게 상회할 것으로 추정하고 있다. 외부효과에 의한 정부지원의 필요성은 교육의 결과에 따른 수익과 드는 비용을 보는 관점에 따라 달라질 수 있다. 박정수, p. 26 참조.

3) 안종석 외, p. 246. 안종석은 OECD 분석에서 사회적 수익률이 사적 수익률보다 높은 것으로 나타나고 있는 이유를 우리나라가 교육비의 대부분을 사적으로 부담하

라의 경우 정부가 지속적인 사회적 이익의 증대를 위해서 고등교육에 대한 투자를 보다 강화해야 한다는 것을 실증적으로 시사하는 것으로 볼 수 있다.

4) 교육투자의 소득재분배효과

정부가 대학에 투자하는 것은 지출대비 수익이 높은 효율적 관점에서만은 아니다. 다른 한편으로 정부의 재정지원은 소득재분배효과도 있다. 일반적으로 취학률이 높을수록 공부담 교육비는 소득이 많은 사람이 많이 부담하고 소득이 적은 사람이 적게 부담하게 되어 소득재분배의 효과가 있는 반면, 사부담 공교육비는 똑같은 내용의 교육을 받는 사람들이 소득 수준에 관계없이 동일하게 부담하게 된다는 점에서 소득의 역배분현상을 초래하게 된다.[4]

우리나라의 경우 최근 들어 중등교육 이수자의 대부분이 고등교육기관으로 진학함에 따라 고등교육이 대중화 단계에 들어선 것으로 보인다. 그러나 전체 고등교육기관 중 사립대학의 비중이 70%를 넘는 반면 정부의 지원은 거의 학교에 대한 기관지원이 주를 이루고 학생에 대한 직접적인 지원은 10%에도 미치지 못하여, 결과적으로 고등교육을 위한 비용의 약 2/3가 사적인 가계자금으로 충당되고 있는 실정이다. 이에 따라 경제적 빈곤자들이 고등교육을 받을 기회가 점차 감소하여 저소득층에 있어서는 대학학령 자녀 중 1/3인 33% 정도가 대학에 진학하지 못하고 있는 것이 현실이다.

는 현상과 더불어 OECD의 분석 방법이 사회적 수익에, 소득상승에 기인한 세 수입을 포함시키고 있기 때문이라고 하였다.

4) 박정수, 안종석, 1996, p. 157.

5) 고등교육에 대한 투자

교육투자수익률 측면이든 형평성 차원이든, 아니면 국제적인 비교 측면이든 어느 경우에서나 우리나라의 고등교육 재정투자 비중은 적정 규모에 비해 크게 낮은 것으로 판단되고 있다. 따라서 교육 분야에 대한 사회적 투자배분에 있어 고등교육에 대한 투자비중을 확대할 필요가 있다. 다시 말해, 고등교육에 대해서도 초·중등교육과 같이 무상교육까지는 아니더라도 저소득층 학생에 대한 장학금, 생계보조금 지원, 학자금 대여 등 학생 개인에 대한 지원과 더불어 사립대학 운영비의 일정 부분 정도는 기본적으로 국가가 부담하도록 하는 것이 재정정책상으로 바람직하다고 할 수 있다.[5]

---

5) 최강식, p. 97. 교육에 대한 투자수익률로 정부의 교육재정투자에 대한 정당성 여부를 가리는 데는 학자별로 견해의 차이가 있다. 공은배는 교육투자수익률 분석을 통해 사적 수익률과 사회적 수익률 사이에 거의 차이가 없다고 분석하고, 이는 정부의 재정투자가 적기 때문에 일어나는 현상으로 정부의 재정투자가 확대되어야 한다고 주장하고 있다. 이에 대해 박정수는 공은배의 연구 결과를 빌려 교육투자의 사회적 수익률이 기회비용인 평균이자율보다 낮음을 이유로 정부재정투자의 확대로 공부담 공교육비의 증가가 이루어지면 사회적 투자률은 더욱 하락하는 반면, 사부담 교육비가 축소되어 사적인 투자수익률은 보다 증가할 것이므로 교육투자가 개인에게는 이득이 돌아가더라도 사회 전체적으로는 이익이 점차 적어지는 문제가 발생할 것으로 본다. 따라서 정부의 투자 확대보다는 오히려 공부담투자를 사부담투자로 전환하여 개인적 수익률을 낮춤으로써 사회적 수익률을 높여야 한다고 주장한다(박정수, p. 159). 반면에 최강식은 교육투자의 사회적 수익률이 사적 수익률을 상회한다고 추정하고, 특히 학교급별로 비교하여 볼 때, 우리나라의 경우 시기별로 정도의 차이는 있으나, 대학의 투자수익률이 고등학교의 투자수익률을 상회하므로 사회적 자본의 효율적 분배 차원에서 고등교육에 대한 재정투자의 확대가 필요하다고 하였다(최강식, p. 97).

3. 교육정책과 재정지원

1) 고등교육재정의 기본 원칙

해방 직후 우리나라의 교육재정은 초등교육의 경우 미군정의 보조에 의해 이루어진 반면, 중등교육 이상에 대하여는 학교설립자 및 수익자 부담에 의해 조달되었다. 그 후 1953년 7월 정부에서 의무교육 6개년 계획을 수립하고 교육세를 징수하면서부터 초등교육뿐 아니라 중등교육에 대한 소요재원도 교육세법, 의무교육재정교부금법, 지방교육교부세법 등 법적 뒷받침을 바탕으로 안정적으로 지원되어 왔다.

반면에 고등교육에 있어서는 광복 이후 지금까지 설립자부담원칙과 수익자부담원칙이 적용되어 오고 있다. 설립자부담원칙이란 국립대학은 국가, 공립대학은 지방자치단체, 사립대학은 학교법인이 각각 설립자로서 고등교육재정에 대해 책임을 져야 한다는 것이며, 수익자부담원칙이란 교육을 통해 수익을 얻는 사람이 비용을 부담해야 한다는 원칙으로, 시설물이나 교육 서비스의 수혜대상자인 학생들의 등록금으로 소요 재정을 충당하는 것을 말한다. 이에 따라 국 · 공립대학에 대해서는 정부와 지방자치단체가 대학운영에 필요한 최소한의 경상적 경비를 부담하는 반면 사립대학에 대해서는 학교법인이 재정적 책임을 담당하도록 하고 있다.

그러나 이러한 기본 원칙에도 불구하고 정부의 재정지원은 국가의 기본적인 정책 방향과 정치적 여건 및 이를 실현하기 위한 여러 가지 교육정책의 영향을 받는다. 우리의 경우 초 · 중등교육과는 달리 대학에 대한 재정지원은 명확한 근거법령이 없기 때문에 그동안 일시적인 여론과 단기적인 정책목표에 의해서 재정지원 방식이 변화하면서 지나치게 정부 의존적인 경향이 계속되어 왔다.

2) 1990년대 중반 이전

우리나라에서 국립대학에 대한 경상비 지원 외에 대학에 대한 국고지원사업이 시작된 것은 대체로 1960년대부터였다. 1963년부터 대학 및 대학부설 연구기관을 대상으로 지급하는 학술연구조성비가 제도화되었고, 빈약한 국가재정을 감안하여 세계은행의 교육차관 도입, 사립 이공계 대학시설 확충을 위한 교육차관의 주선 등 사학조성정책이 추진되었다.

1970년대부터는 특성화 정책이 추진되기 시작하였다. 이에 따라 재정지원도 대학 간 역할분담을 기본으로 하여 지방대학의 육성과 산학협동의 촉진 등을 목표로 추진되었다. 이 시기의 재정지원은 주로 공학계 특성화를 지원하는 데 치중되었고, 이를 위해 국립대학 공대에 교수, 시설, 재정 등 여러 측면에서 특별지원이 이루어졌다.

1980년대에는 졸업정원제를 위한 시설 확충과 면학 분위기 조성을 위한 학술연구비 지원 등을 제외하고는 별다른 재정지원은 이루어지지 못하고, 주로 등록금과 장학금을 중심으로 한 소규모 지원이 1990년대 초반까지 지속되었다. 사립대학에 대하여는 1990년에 처음으로 사립대의 시설 · 설비 확충을 위한 지원과 사학진흥기금이 지원되기 시작하였다.

3) 문민정부와 국민의 정부 시기

정부가 본격적으로 대학에 대한 재정지원을 한 것은 문민정부가 출범하면서부터라고 할 수 있다. 1995년 정부는 '5 · 31교육개혁안'의 발표를 통해 대학의 자율성과 책무성을 강화하는 적극적인 지원정책을 추진하였는데, 이것이 향후 대학재정지원정책의 방향을 평가를 통한 차등지원 쪽으로 전환하는 계기가 되었다. 이 시기의 대학에 대한 정책은 주로 5 · 31교육개혁방안에서 제시된 특성화 전략을 기반으로 대학에 대한 규제개혁과 지원 확대를 통해 대학 스스로의 노력에 의한 다양화, 특성화를 유도하는 데 정책적 기조를 두었다. 이를 의해 정부는 대학설립준칙주의 등을 통하여 첨단 신직종 대학 설립을 위한 대학원대학제도를 도입하고 전문직업인 양성을 위한 의학, 법학 등 전문대학원 제도 도입을 추진하면서 재정지원도 특성화 정책을 지원하는 방향으로 시행하였다. 우선 대학 특성화 유도를 위해 그간 소규모로 이루어져 오던 재정지원사업을 크게 확대하여 핵심 사업으로 세계 수준의 대학 육성을 위한 BK21 사업을 추진하고 더불어 특성화기반조성사업, 공과대육성사업, 지방대특성화사업 등 분야별 · 지역별 특성화대학육성사업을 추진하였다.

4) 참여정부 이후

2004년 참여정부가 들어서면서 대학발전을 국가 균형발전과 연계하여 추진함을 정책적 기조로 삼고, 세계적 연구중심대학 육성과 권역별 산학협력체제 구축을 중심으로 한 대학특성화정책을 추진하였다. 이를 위한 재정지원으로는 우선 첨단 과학기술 및 인문사회 핵심인력 양성 및 연구중심대학체제 정착을 위해 2006년부터 7년간 총 2조 8천억 원을 지원하는 POST BK21사업을 추진하였다. 또한 국가균형발전전략과 연계하여 대학의 특성화 분야를 5년간 집중 육성하는 지방대학혁신역량 강화사업(NURI 사업)을 새로 신설하여 2004년부터 총 111개 사업단을 대상으로 2,150억 원을 지원하였다. 이와 더불어 그간 여러 사업으로 나누어져 시행되어 오던 각종 특성화 사업을 통폐합하여 대학특성화사업과 전문대특성화사업으로 단일화하였다. 이 외에도 산학협력 중심대학육성사업을 추진하여 지역별 산학협력 클러스터를 집중 지원하였으며, 기업과 대학의 협력을 통한 현장 적합성 있는 인력양성을 위해 학교기업제도를 도입하였다.

4. 대학지원예산 구조 및 현황

1) 대학재정지원 구조

정부가 대학에 투자하는 근거나 정당성에 대하여는 여러 가지 논란이 있어 왔지만 1990년대 이후 지속적으로 투자규모를 확대해 온 것은 부인할 수 없는 사실이다. 그러나 정부의 재정지원은 대부분이 국·공립대학에 집중되어 국·공립대학의 인건비, 시설비, 운영비의 약 2/3 정도가 지원되고 있는 반면, 사립대학에 대한 별도의 지원정책은 없다. 다만, 대학의 R&D와 연구능력 향상을 위한 재정지원사업의 경우 사립대학도 국·공립대학과 함께 경쟁을 거친 후 지원받는 형식으로 이루어지고 있다.

2) 재정지원 현황

(1) 대상별 지원 현황

대학에 대한 재정지원은 크게 고등교육기관에 대한 직접적인 기관지원과 학생들의 학비보조를 통한 간접적인 학생지원으로 나누어 볼 수 있다. 이 중 기관에 대한 직접적인 지원은 다시 국가와 지방자치단체가 설립한 고등교육기관의 운영을 위한 일반지원과 정부가 특정 정책사업을 수행하기 위한 정책지원으로 나누어 볼 수 있다. 일반지원은 국·공립대학에 대한 인건비, 경상비 및 시설비 지원 등이 주축을 이루며, 정책지원은 프로그램 형태의 사업단위로 지원되고 있다. 2005년을 기준으로 볼 때, 국·공립대학의 운영을 위한 일반단위 지원이 54.6%로 가장 큰 비중을 차지하고 있으며, 정책지원은 42%, 학생지원은 불과 3.4%에 지나지 않는다.

‖ 표 5-4 ‖ 재정지원사업의 구분

(단위: 백만 원, %)

구분		2003		2004		2005	
		지원액	비율	지원액	비율	지원액	비율
기관지원	일반지원	2,358,444	65.1	2,319,841	57.0	2,450,447	54.6
	정책지원	1,200,446	33.2	1,629,692	40.0	1,886,666	42.0
학생지원		61,429	1.7	120,393	3.0	150,702	3.4
합계		3,620,319	100	4,069,926	100	4,487,815	100

출처: 교육인적자원부(2006. 5). 정부의 대학재정지원사업분석.

(2) 지역별 지원 현황

지방대학에 대한 재정지원 규모는 2003년 6,280억 원에서 2004년 9,385억 원 그리고 2005년 1조 778억 원 등으로 지속적으로 증가하고 있으며, 지원비율도 전체 대학지원예산 중 2003년 52.4%, 2004년 57.6%, 2005년 57.3%를 차지하는 등 지원액과 지원비율 양 측면에서 꾸준히 증가하고 있다.

‖ 표 5-5 ‖ 수도권과 지방대학에 대한 재정지원 비교

(단위: 백만 원, %, 교, 명)

구분	2003		2004		2005		학교 수		학생 수	
	지원액	비율	지원액	비율	지원액	비율				
수도권대학	570,477	47.6	691,233	42.4	805,045	42.7	126	35	1,098,561	37.5
지방대학	627,970	52.4	938,459	57.6	1,077,889	57.3	234	65	1,828,061	62.5
합계	1,198,446	100	1,629,692	100	1,886,666	100	360	100	2,926,622	100

출처: 교육인적자원부(2006. 5). 정부의 대학재정지원사업분석.

(3) 목적별 지원 현황

정부의 대학재정지원사업은 사업목적이 인적자원 양성을 위한 지원이냐, 연구역량 강화를 위한 지원이냐에 따라 크게 HRD 부분과 R&D 부분으로 분류된다. 이 중 HRD 사업은 다시 교육력 강화와 산업인력양성사업으로, R&D 사업은 연구개발과 기반조성사업으로 구분할 수 있다.

‖ 표 5-6 ‖ HRD 사업과 R&D 사업 분류 기준

<table>
<tr><th colspan="2">사업목적</th><th>분류 기준</th></tr>
<tr><td rowspan="2">HRD</td><td>교육력 강화</td><td>• 대학 전체 또는 특정 분야에 대한 교육력 제고를 목표로 하는 사업
• 국 · 공립대 지원 시설비, 경상비 및 장학금사업 제외</td></tr>
<tr><td>산업인력 양성</td><td>• 산업체가 요구하는 특정 분야의 인력양성사업
• 졸업생의 취업 촉진을 위한 각종 지원사업</td></tr>
<tr><td rowspan="2">R&D</td><td>연구개발</td><td>• 기초연구, 응용연구, 개발연구 등</td></tr>
<tr><td>기반조성</td><td>• 연구 인프라 확충 및 연구수행 주체의 능력 제고를 위한 각종 지원사업</td></tr>
<tr><td colspan="2">HRD/R&D 공통</td><td>• 교육 및 연구 인프라 확충사업
• 기술개발과 인력양성을 동시에 수행하는 사업</td></tr>
</table>

정책지원사업을 HRD 사업과 R&D 사업으로 구분해 보면 이 중 2000년대 들어 HRD로 분류되는 사업의 비중은 증가하고 있는 반면, R&D 사업 및 HRD/R&D 공통 영역의 사업비중은 점차 감소 추세를 보이고 있다.

그러나 전반적으로 보아 아직까지도 연구 분야에 비하여 HRD 분야의 예산이 적다. 2005년을 기준으로 볼 때, HRD 관련 사업비중은 37.6%, R&D 관련 사업비중은 45.5% 그리고 두 부분에 공통적으로 관련된 사업의 비중은 16.8% 정도를 보이고 있다. 뿐만 아니라 교육 관련 예산임에도 불구하고 HRD 예산 자체도 교육력 강화와 관련된 예산보다 산업인력양성사업 관련 예산의 비중이 크기 때문에, 전체적으로 볼

▮ 표 5-7 ▮ 정책지원예산의 구조

(단위: 백만 원, %)

구분		2003		2004		2005	
		지원액	비율	지원액	비율	지원액	비율
HRD	교육력 강화	35,320	2.9	100,833	6.2	180,075	9.5
	산업인력양성	201,303	16.8	483,607	29.7	529,931	28.1
	소계	236,623	19.7	584,440	35.9	710,006	37.6
R&D	연구개발	575,735	48.0	598,915	36.8	690,698	36.6
	기반조성	134,456	11.2	157,883	9.7	168,202	8.9
	소계	710,191	59.2	756,798	46.4	858,900	45.5
공통		253,632	21.1	288,454	17.7	317,860	16.8
합계		1,200,446	100	1,629,692	100	1,886,766	100

출처: 교육인적자원부(2006. 5). 정부의 대학재정지원사업분석.

때 대학에 대한 재정지원 중 교육력 강화에 쓰여지는 예산은 10%에도 미치지 못하고 있다.

5. 정책지원예산

정부가 대학에 대하여 정책적으로 지원할 수 있는 성격의 정책지원 예산은 전체 교육예산 중 비중이 그리 크지는 않지만 대학에서 디치는 영향은 매우 크다. 정책지원사업에서 제시되는 목표가 향후 대학정책의 시그널(signal)로 작용하는 경우가 많기 때문이다. 정책지원사업은 일반적으로 모든 대학의 수준을 고루 높이려는 방식과 일부 유망 대학에 대한 집중 지원을 통해 세계적 수준의 경쟁력을 지닌 국내대학을 육성하려는 방식이 있다. 그러나 실제로는 한정된 고등교육재정 구조 하에서 효율적인 정책 수행과 재원 부담자인 국민에 대한 책임성 면에서 전 대학을 지원대상으로 하되, 경쟁을 통해 특성화를 추진할 수 있는 대학에 집중 지원하는 방식이 선호되고 있다. 이에 따라 2004년부터는 정부의 재정지원 방식도 위의 두 방식을 병행하던 것에서 탈피하여 각종 지원사업을 통폐합함으로써 현재는 경쟁력을 지닌 대학에 집중 지원하는 특수목적지원사업제도만 추진하였다.[6]

그러나 그간 점진적으로 이루어져 오던 재정지원제도는 2008년 새 정부 이후부터 대폭적인 변화를 보이고 있다. 지원 방식을 사업비 지원에서 포뮬러에 의한 지원 방식으로 전환하고 해방 이후 지속되어 온 기관지원 위주의 사업추진 방식도 개인지원 방식으로 전환하였다. 학생 개인에 대한 지원사업이 중시되면서 학생융자금제도를 전면 재편하여 학비 마련이 어려운 학생들에게 금융기관을 통하여 등록금 상당액을 융자지원해 주고 그 이자액의 일부를 국고에서 보조하는 방식을 도입하고 있다.

---

6) 대학재정지원사업 중 정책지원사업은 일반목적지원사업과 특수목적지원사업으로 구분할 수 있다. 일반지원사업이란 전체 대학이 재정지원신청서를 제출하면 각 대학의 학생 수, 자구노력 정도, 사업목적 등을 평가해 신청대학에 비교적 균등하게 재정을 배분함으로써 대학의 교육 · 연구여건 개선 등을 도모하는 사업을 말한다. 1990년대 중반부터 시작되어 2003년까지 시행되었던 대학특성화기반조성사업, 국립대 실험실습기자재확충사업, 공 · 사립대 시설 · 설비확충사업이 이 범주에 속한다. 일반지원사업과 달리 특수목적지원사업은 모두 평가를 거쳐서 재정지원이 이루어진다. 국가정책에 따라 특정 분야를 중점적으로 육성하기 위해 대학에서 작성한 특정 분야의 사업계획서를 평가하고 그 결과에 따라 차등 지원하는 사업을 말한다.

1) 정책지원사업

(1) 정책지원사업의 변천

5 · 31교육개혁방안 이전에는 국립대학에 대한 운영비 지원, 사립대학 시설확충 이차보전 등 일반지원에 치중하다가 5 · 31교육개혁방안 이후 정책지원사업이 본격화되었다. 즉, 대학의 다양화 · 특성화를 유도하기 위해 특성화 기반 조성을 위한 일반지원과 우수대학 집중지원 방식을 병행하고, 지방대에 대해서는 별도의 재정지원이 이루어졌다.

이 시기에 시행된 일반목적지원사업으로는 특성화기반조성사업이 있고, 우수대학집중지원사업으로는 교육개혁 우수대학 지원 국립대학 발전계획 및 구조조정사업, 지방대 특성화 및 지방대육성사업과 더불어 공과대학 중점 지원, 국제전문인력양성 특성화 지원, 대학원 중점 지원 등의 특수목적지원사업들이 추진되었다. 참여정부 시기에는 기존 대

표 5-8 주요 정책지원사업(1999~2003)

(단위: 억 원)

구분	1996	1997	1998	1999	2000	2001	2002	2003	합계
특성화기반 조성	600	540	450	450	450	450	300	850	4,090
교육개혁추진 우수대학	300	270	200	200	150	150	180	300	1,750
국립대 발전계획	-	-	-	-	150	250	400	400	1,200
산업대 특성화	-	-	20	25	30	30	-	-	105
지방대 특성화	-	180	150	150	150	150	500	600	1,880
공과대학 중점지원	400	400	400	-	-	-	-	-	1,200
국제전문인력양성	200	200	160	100	100	-	-	-	760
대학원 중점지원	200	200	170	110	-	-	-	-	680
BK21	-	-	-	2,000	2,000	1,700	1,382	1,600	8,682
합계	1,700	1,790	1,550	3,050	3,030	2,730	2,762	3,750	20,347

출처: 교육인적자원부(2006. 5). 정부의 대학재정지원사업분석.

학재정지원예산을 통합하여 지역특성에 따른 재정지원사업을 시행하고 있는데, 지역별로 다양한 발전 전략에 맞추어 대학의 관련 분야를 집중 육성하는 지방대학혁신역량강화사업, 대학별로 경쟁력을 갖춘 분야에 대한 특성화 계획을 선별 지원 · 육성하는 수도권대학특성화사업, 산학협력 활성화를 위한 대학별 산학협력단 및 학교기업지원사업이 추진되었다.

(2) 참여정부 시기의 주요 정책지원사업

참여정부 시기에 시행되었던 주요 정책지원사업으로는 BK21 지원사업, NURI 사업, 수도권사업, 전문대특성화사업, 산학협동사업 및 구조개혁지원사업 등이 있다.

① BK21 사업

이 사업은 1999년 세계 수준의 대학원 연구중심대학 육성을 통한 고급 R&D 인력양성 및 대학의 교육력과 연구력 제고를 목적으로 시행되었다. 이 사업은 ① 세계 수준의 대학원 및 지역대학 육성을 위한 사업과 ② 대학원연구력제고사업으로 크게 나누어지는데, 이 사업을 위하여 매년 2천억 원씩, 1999년부터 2005년까지 7년간 총 1조 4천억 원을 투입하였다. 이 사업은 대학의 연구력을 어느 정도 증진시킨 것으로 평가받고 있으나, 실질적으로 교수들의 연구동기를 높이는 데는 기여하지 못하고 있다는 지적도 제기되었다. 2006년부터는 제2단계 사업에 들어가 최첨단 과학기술 및 인문사회 핵심 인력 양성 및 연구중심대학체제 정착을 위해 역시 7년간 총 2조 8천억 원을 지원하고 있다.

② 지방대학혁신역량강화사업

이 사업은 2002년 참여정부의 등장과 더불어 지역 간 균형발전의 차원에서 지방대학의 육성정책의 일환으로 추진되었다. 사업의 목적은 지방대학의 역량을 강화하기 위하여 기업이 요구하는 우수인력을 배출하여 지방대 졸업생들의 취업률을 제고하고, 이를 통한 지역 기업체의 성장과 지방의 경제발전을 도모하며, 지방대학에 우수학생을 유입하는 데 있다. 이러한 사업목적을 달성하기 위해 비수도권 13개 광역자치단체를 기준으로 권역을 설정하고, 각 권역 내 사업단이 제출한 사업계획을 권역별로 구성되는 '지역인적자원개발협의체' 의 검토를 거쳐 중앙단위에서 최종평가한 후 최종 지원대학을 선정하였다. 특히 지역별, 대학별로 다양한 인력양성 프로그램을 기획하도록 사업 유형별로 지원규모를 차등화하면서 대학을 중심으로 산업체, 지자체, 연구소, NGO 등이 참여토록 하였다.

③ 수도권대학특성화사업

이 사업은 '선택과 집중' 의 원칙을 적용하여 대학별로 비교우위에 있는 분야의 특성화 계획을 집중 지원하는 사업으로서 2004년부터 4년간 매년 600억 원씩 지원하였다. 특성화 영역에서는 기존의 이공계 중심 지원 형태에서 벗어나기 위해 인문학 분야와 인적자원정책 분야를 별도의 특성화 영역으로 지정하였다. 이는 소홀해지기 쉬운 기초학문 분야와 인적자원 전문가의 양성을 통해 학문 간 균형을 기할 수 있도록 하는 데 기본적인 취지가 있다.

④ 산학협력사업

최근 중요시되는 산학협력을 위해 5년간 산학협력중심대학을 육성하는 사업과 학교기업을 육성하는 사업이다. 이 사업은 산학협력의 활성화를 위해 지역별 산학협력 클러스터를 집중 지원하는 사업으로 13개교에 200억 원을 지원하며, 기업형 대학의 특성화를 촉진하기 위해 학교기업을 가진 40개교에도 100억 원을 지원하였다.

⑤ 전문대학특성화사업

이 사업은 전문대학만을 대상으로 하는 유일한 사업으로서 전국 155개 전문대학을 대상으로 하여 각 대학이 지닌 비교우위 분야 중심의 특성화를 촉진하고 지역산업에 필요한 인력양성을 위해 3년 단위로 대학을 선정하여 지원하였다.

⑥ 대학구조개혁지원사업

대학구조개혁지원사업은 재정지원을 통해 국립대학의 통합과 구조개혁을 선도하는 대학에 지원하고자 하는 사업으로서 2006년부터 2009년까지 매년 3,000억 원을 지원한다. 이 사업의 바탕이 되는 구조개혁의 기반 마련을 위해 대학정보공시제 도입, 대학구조개혁특별법 제정 등 제도적 정비가 병행되어 추진되고 있다.

⑦ 학생지원사업

학생지원사업으로는 2005년까지 이공계 대학생에 대한 장학금 지원, 해외 석 · 박사 학위취득을 위한 지원 및 대학생학자금융자이차보전사업이 추진되어 왔으나, 2006년부터는 이러한 제도를 전면 개편하면서 새로이 학자금기금 출연을 신설하였다. 즉, 대학생 등록금 및 생활비 융자를 위한 학자금 유동화기금을 조성하고 이를 통해 장기 대여금의 확대를 추진하였다.

(3) 재정지원 방식의 변화

참여정부에서는 고등교육정책의 기본 방향을 '세계 수준의 대학경쟁력 확보'로 설정하고, 대학교육의 질적 향상을 도모하기 위해 재정지원

규모를 확대함과 동시에 재정지원 과정에서 대학 간 자유경쟁을 통한 수월성을 추구하였다. 이러한 정책의 기조는 2008년 새 정부 출범 이후에도 변함이 없으나, 대학 자율화가 보다 큰 정책목표로 등장함에 따라 재정지원 방식이 크게 변하고 있다. 즉, 종래 사전에 계획된 바에 따라 평가를 통해 지원하는 공급자 중심 방식에서 연구성과에 기반한 수요자 중심으로 지원하는 방식으로 전환을 추진하고 있다. 이에 따라 재정지원사업도 포뮬러 지원, 연구비, 장학금 등 3개 방식으로 간략화되고 있다. 우선 평가 결과에 따른 선별지원 방식이 일정한 성과지표에 따라 예산을 지원하는 포뮬러 펀딩(fomula funding) 방식으로 바뀌었다. 포뮬러 펀딩은 일정 항목을 정해 각각 기준에 대한 성과에 따라 재정을 지원하는 방식이다. 대표적인 것으로 우수인력양성사업이 있는데, 이 사업의 경우 지원대학의 선정이나 선정된 대학에 대한 재원배분에 있어 모두 포뮬러 지원 방식에 의하고 있다. 이 사업에서의 포뮬러 펀딩은 취업률, 장학금 지급률, 학생 충원률, 전임교원 확보율 그리고 학생 1인당 교육비의 5가지 항목을 정하고 각각 기준에 대한 성과에 따라 재정을 지원한다. 이를 구체적으로 보면, 먼저 사업의 기본 목적이라 할 수 있는 대학의 우수인력 양성 및 교육역량 강화에 관한 지표를 정한 후, 일정한 포뮬러(교육지표 포뮬러)에 의해 지원 대학을 선정한다. 교육지표 포뮬러는 크게 성과지표와 여건지표로 나누어지는데, 성과지표로는 전년도 재학생 충원률과 취업률 지수가 있고, 여건지표는 전년도 전임교원 확보율과 전전년도의 장학금 지급률 그리고 학생 1인당 교육비로 구성되어 있다. 이를 기초로, 선정된 대학들에 대하여 다시 교육지표 포뮬러 획득 점수와 지원대상 대학의 규모를 반영하여 '자원배분 포뮬러'를 구성하여 재원을 배분하게 되는데, 자원배분 포뮬러는 대학생 1인당 평균 교육비를 고려한 표준지원경비와, 대학별 재학생 수를 감안한 규모지수 그리고 교육지표 포뮬러 획득 점수를 감안한 성과지수로 구성되어 있다. 대학별 지원예산은 예전과 달리 총액(block grant)으로 교부하되, 예외적으로 장학금 용도로 20% 이상을 필수적으로 지출하도록 하고 있다. 또한 대학에 대한 투자 효율성을 높이기 위해 연구비 지원을 성과에 기반한 교수 · 연구자 직접지원 방식으로 개편하였다. 이는 종래 재정지원 시 대학 내 부서나 산학협력 팀 등과 계약을 맺는 것과는 달리 중간과정 없이 연구교수에게 연구비를 직접 지원하는 방식이다. 그러나 가장 큰 변화는 국가장학제도의 강화다. 새 정부에서는 소외계층의 교육기회 확대를 위해 장학금 규모를 대폭 확충하였다. 구체적으로 전문대 근로장학제도와 더불어 4년제 대학생들에게도 근로장학제도가 새로이 도입되었고, 형평성 향상을 위해 지역 대학생에 대한 지원과 더불어 기초생활수급자가정 자녀들에 대한 장학금이 대폭 확충되어 2009년부터는 기초수급자 전원에게 무상장학금을 지급하고 있다.

제3부

대학재정 운영 실무

제6장 대학예산 회계 구조의 개요
제7장 사립대학의 예산 · 회계제도
제8장 국립대학의 예산 과정
제9장 일반회계 이외의 대학예산 관련 제도
제10장 정부계약제도

제6장
대학예산 회계 구조의 개요

대학이 존립 목적인 교육, 연구, 봉사 기능을 제대로 수행하기 위해서는 인적자원과 물적자원을 갖추어야 하며, 이러한 조건을 충족시키고 교육 · 연구체제를 갖추기 위해서는 자금이 필요하다. 대학설립자는 이들 조건을 충족시키기 위한 자원을 조달하고 이를 효율적으로 운용하여 대학을 유지 · 발전시킬 책무가 있다. 대학의 재정은 재원을 확보하고 집행하며 그 결과를 평가하는 일련의 과정을 총칭하는 것으로 대학 예산회계를 통해 구현된다.

국 · 공립대학과 사립대학은 설립 주체에 따라 재정운영에 있어 상당한 차이를 보인다. 사립대학과 국 · 공립대학의 재정운영에 대한 세부적인 논의에 앞서 개략적인 비교를 통해 대학재정 운영에 대한 이해를 돕고자 한다.

1. 예산회계의 구조

국립대학에는 국가재정법에 의하여 설치된 국가일반회계, 국유재산

관리특별회계법에 의하여 설치된 국유재산특별회계, 산업교육진흥 및 산학협력촉진에 관한 법률에 근거한 산학협력단회계, 국립대학기성회규약에 의하여 설치된 기성회회계, 소비자생활협동조합법에 근거한 생활협동조합회계, 공익법인의 설립 · 운영에 관한 법률의 적용을 받는 국립대학발전기금재단회계, 공개강좌운영경비 등으로 회계와 기금, 경비가 나뉘어 운영되고 있다. 또한 대학으로부터 분리되어 특수법인으로 운영되고 있는 국립대학교 병원회계가 있다.

반면 사립대학 회계는 사립학교법, 사학기관재무회계규칙 및 특례규칙에 따라 학교법인이 설치 · 경영하는 학교에 속하는 회계와 법인의 업무에 속하는 회계로 구분하여 운영되고 있다. 학교회계에는 교비회계와 부속병원회계가 있으며, 교비회계는 협의의 교비회계와 기성회회계, 특별회계를 포함한다. 법인회계는 수익사업회계와 일반업무회계로 나누어지고, 수익사업회계는 건물임대사업, 생활협동조합, 출판사, 기타 수익사업을 포함한다.

2. 예산 과정

국립대학 일반회계예산은 예산편성지침에 따라 편성한 예산을 소관 중앙행정기관이 소관부처의 예산에 포함하여 정부 예산안으로 편성하여 국회에 제출하면 국회의 예산안 심의 · 확정, 각 부처의 집행을 거쳐 국회의 결산 승인으로 종료된다. 반면 기성회회계 등은 학교 자체의 예산 편성 및 집행의 자율성이 보장되어 학교 자체의 예산 과정을 통해 예산의 편성, 심의, 집행, 결산이 이루어진다.

사립대학 예산은 사학기관재무회계규칙에 대한 특례규칙 제4조에 따라 법인의 이사장과 학교의 장이 정한 법인회계 및 학교회계의 예산편성요령에 따라 집행부서에서 작성한 단위별 예산을 예산부서에서 검토 · 심의 · 조정하여 편성한 예산안을 예 · 결산자문위원회의 자문을 거쳐 이사회의 심의로 확정한다. 확정된 예산은 사학기관재무회계규칙 및 특례규칙에서 정한 바에 따라 집행하고 집행 결과는 결산을 통해 확정된다.

3. 적용 법규

국립대학의 재정운영에 대해서는 국가의 예산과 회계 및 이에 관련되는 기본적 사항을 규정한 국가재정법과 동법 시행령, 국고금관리에 관한 필요한 사항을 정한 국고금관리법과 동법 시행령 및 시행규칙, 계약의 원칙, 계약사무의 위임 · 위탁, 계약의 방법, 입찰, 계약, 검사, 대가지급 등에 관하여 규정한 국가를 당사자로 하는 계약에 관한 법률과 동법 시행령 및 동법 시행규칙 등이 적용된다.

반면 사립대학의 예산 및 회계제도에 영향을 미치는 법령으로는 고등교육법, 학교설립운영규정 및 시행령, 사립학교법 및 시행령 그리고 동 법령을 기초로 한 사학기관재무회계규칙(이하 '재무회계규칙') 및 사학기관재무회계규칙에 대한 특례규칙(이하 '특례규칙') 등이 있다. 이 중 사립학교법은 특별히 초 · 중등학교와 대학을 구분하지 않고 있으나, 사학기관재무회계규칙에 대한 특례규칙은 대학 및 대학을 설치 및 경영하는 학교법인의 특성에 맞는 재무 · 회계제도를 확립할 목적으로 1981년에 제정된 것이다.

다음 장부터는 사립학교와 국립학교의 예산회계제도에 대한 구체적인 사항을 알아보기로 한다.

제7장

사립대학의 예산 · 회계제도

1. 사립대학 예산 · 회계제도의 특성

사립대학은 비영리조직이다. 민법 제32조는 "비영리법인은 학술, 종교, 자선, 기예, 사교, 기타 영리 아닌 사업 등 비영리를 목적으로 설립된 사단법인 또는 재단법인이다."라고 규정하고 있는데, 사립대학이 교육기관으로서 이 범주에 속한다. 또한 비영리조직인 사립대학의 예산 · 회계제도는 이와 같은 비영리적 법인의 특성을 반영하게 된다.

비록 사립대학은 교육연구 수행을 위한 기관이며 비영리를 목적으로 하지만, 비영리법인의 본질에 반하지 않는 정도의 영리행위를 하는 것이 허용된다.[1] 즉, 병원이 진료비를 받고 환자를 진료하는 것과 같이 수업료를 받고 교육사업을 수행할 수 있다. 영리를 목적으로 하는 기업의 경우와 마찬가지로 현금의 수입과 지출이 발생하므로 대학의 재정운영은 필수적인 활동이 된다. 따라서 대학의 모든 활동은 학교회계와 예산

1) 비영리법인은 고유 목적에 사용할 조건으로 제한된 범위 내의 영리사업(이를 수익사업이라 한다) 운영도 가능하다. 다만, 비영리법인이 수익사업을 경영하는 경우 해당 부분에 대해서는 법인세 과세대상이 된다.

에 기초하여 운영되어야 한다. 예산이란 한 조직의 미래에 대한 공식적인 계획을 화폐가치로 계량화하여 표현한 것으로, 조직이 달성할 목표와 이를 위한 수단을 수량적으로 표시한 구속력을 가진 집행계획이다. 따라서 어떠한 조직이든 경제적 자원을 사용하는 조직의 경우 예산제도가 필요하며, 이는 비영리조직이라고 다를 바가 없다. 학교회계는 사업계획에 의한 회계연도의 수입과 지출을 회계연도 개시 전에 예산으로 계산 · 집계하고, 수입의 원천과 지출의 용도를 자세히 구분한 계정과 목별 금액을 산출하여 표시한 예산서를 기초로 하며, 그 집행은 확정된 예산과목과 금액의 구속을 받는다. 이와 같이 사립대학의 회계는 예산회계를 그 주축으로 하고 있다. 학교법인의 제 활동의 합리적인 계획 수립에 필요한 재무자료를 제공하고, 예산편성을 통하여 계획을 체계화하여야 하는 것이다. 즉, 법인의 사업 수행에 필요한 지출의 내역을 명확히 하고 이를 충당하기 위한 수입의 기초자료를 제공하여야 함은 물론, 예산편성을 통하여 담당 부문의 책임을 명확히 하고 각 부문 간의 활동을 조정하기 위한 기초자료를 제공하여야 한다.

비영리조직의 특성을 가지는 학교회계의 경우 영리를 목적으로 하는 기업의 회계와 다소 차이가 있다. 우선 비영리조직의 경우 회계의 근본적인 목표가 다르다. 영리기업의 회계가 '기간이익 측정'을 최우선 목표로 삼는 데 비하여 비영리조직의 경우는 각 조직에 부과된 법률, 행정, 사회 그리고 문화적인 목표의 효율적인 성취를 위하여 자원이 어떻게 사용되었는가를 측정 · 보고하는 데 중점을 둔다.

사립학교법 및 사학기관재무회계규칙에서 규정하고 있는 회계에 관한 중요한 특성은 다음과 같다.

첫째, 학교법인은 사립학교의 경영에 충당하기 위하여 수익사업을 할 수 있으며, 이 경우 수익사업에 관한 회계는 당해 학교법인이 설치 · 경영하는 사립학교의 경영에 관한 회계와 구분하여 별도 회계로 경리하여야 한다.

둘째, 학교법인의 예산은 그가 설치 · 경영하는 학교의 예산과 기타의 업무예산으로 구분하여 편성하여야 한다. 학교회계에 속하는 수입은 학교회계 이외의 회계에 전입하거나 유용할 수 없다.

셋째, 법인과 학교의 재무와 회계는 건전하게 운영하여야 하며, 국가의 정책과 사회 공공기관으로서의 업무와 그 설립목적에 반하여서는 안 된다.

넷째, 법인과 학교의 모든 수입은 그 각각 세입예산에 편입하여야 하며 이를 직접 사용하지 못한다.

다섯째, 법인의 업무에 속하는 회계의 세출예산은 목적 외에 사용하지 못하고, 학교에 속하는 회계의 세출예산 또한 목적 외에 사용하지 못하며, 교비회계에서는 다른 회계에 전출하지 못한다.

여섯째, 법인의 업무에 속하는 회계는 복식부기에 의하고, 학교에 속하는 회계는 단식부기에 의함을 원칙으로 한다. 다만, 그 규모와 실정에 따라 법인의 업무에 속하는 회계도 단식부기에 의할 수 있다. 그러나 사

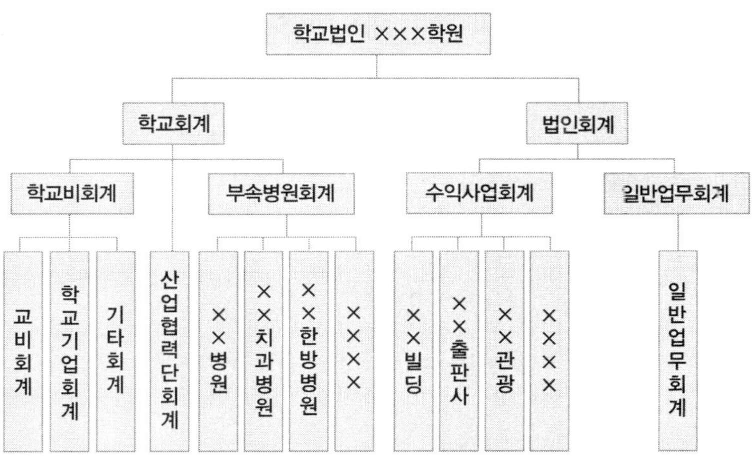

[그림 7-1] 사립학교법 제29조에 의한 학교법인 회계 조직

학기관재무회계규칙에 대한 특례규칙의 적용을 받는 대학은 반드시 복식부기에 의해 처리하도록 되어 있다. 사립학교법상 회계조직은 [그림 7-1] 과 같다.

2. 사립대학 예산 · 회계 관련 법규

사립대학의 예산 및 회계제도에 영향을 미치는 법령으로는 고등교육법, 학교설립운영규정 및 시행령, 사립학교법 및 시행령 그리고 동 법령을 기초로 한 사학기관재무회계규칙 및 사학기관재무회계규칙에 대한 특례규칙 등이 있다. 이 중 사립학교법은 특별히 초 · 중등학교와 대학을 구분하지 않고 있으나, 사학기관재무회계규칙에 대한 특례규칙은 대학 및 대학을 설치 · 경영하는 학교법인의 특성에 맞는 재무 · 회계제도를 확립할 목적으로 1981년에 제정된 것이다. 관계법규의 주요 내용은 〈표 7-1〉과 같다.

표 7-1 사립대학 예산 · 회계 관련 법규 및 주요 내용

법령	조항	주요 내용
고등교육법 1997. 12. 13 법률 제5439호 제정	제7조(교육재정)	재원지원 보조, 예 · 결산 공개
	제8조(실험실습비 등의 지급)	국가는 실험실습비, 연구조성비, 장학금 지급 및 필요한 조처 강구
	제11조(수업료 등)	수업료와 기타 교부금 수납
고등교육법 시행령 1998. 2. 24 대통령령 제15665호 제정	제2조(학교설립 등)	향후 4년간 재정운영계획서, 출연금
	제3조(학교헌장)	재정운영에 관한 계획

대학설립운영규정 1996. 7. 26 대통령령 제15127호 제정 1998. 2. 24 제15665 개정	제1조(목적) 제2조(설립인가 기준)	학교법인이 설치 · 경영하는 사립학교의 경영에 필요한 재산의 기준에 관한 사항
	제7조(수익용 기본재산)	수익용 기본재산의 확보 기준 연간 소득범위 재산평가 기준에 관한 사항
	제8조(대학운영경비부담)	대학운영에 필요한 경비충당
대학설립운영규정 시행규칙 1996. 8. 10 교육부령 제정 제685호 1998. 5. 25 1차 개정	제2조(대학설립계획서 등의 제출)	대학재정운영계획
	제10조(연간 학교회계 운영수익총액)	연간 학교회계 운영수익총액 학교회계 운영수익(영 제7조 관련)
	제11조(소득의 범위)	수익용 기본재산어서 소득의 범위(영 제8조 관련)
사립학교법 1963. 6. 26 법률 제1362호 제정 2002. 8. 26 법률 제6715호 일부 개정	제5조(자산)	학교법인의 학교운영에 필요한 재산
	제6조(사업)	수익사업에 관한 사항, 회계구분경
	제28조(재산관리 및 보호)	재산관리 및 보호 수업료, 납부받을 권리 및 학교에 속하는 수입의 예금채권 압류불가(개정)
	제29조(회계구분)	학교법인 및 학교회계 구분 및 집행 수업료, 기타 납입금은 교비회계수입 별도 계정관리(개정), 예결산자문위원회
	제30조(회계연도)	회계연도
	제31조(예산 및 결산의 제출)	예 · 결산에 관한 사항
	제32조(재산목록 등의 설치)	재산목록, 대차대조표, 기타 필요한 장부 또는 서류비치
	제33조(회계규칙 등)	회계규칙 및 특례규칙 근거조항
	제43조(지원)	교육진흥상 필요 시 보조금 지원 및 감독

사립학교법 시행령 1969. 12. 4 대통령령 제4396 제정 · 공포 2002. 12. 31 제17854호 일부 개정	제2조(수익사업의 신고) 제3조(수익사업의 공고 방법 및 보고)	법 제6조 관련, 수익사업 관련 세부사항
	제4조(학교법인의 설립허가 신청)	법 제10조 관련, 재산 및 수익사업 관련 서류
	제5조(재산의 구분)	학교법인 기본재산 구분
	제9조의 3(공인회계사를 감사로 선임한 학교법인)	법 제21조 관련, 공인회계사 감사선임 관련 조항
	제11조(기본재산의 처분)	법 제28조 관련, 기본재산의 처분(매도 · 증여 · 교환 · 담보 · 용도변경 · 의무부담 · 권리포기)에 관한 사항
	제12조(처분할 수 없는 재산의 범위)	법 제 28조 관련 규정 변경
	제13조(교비회계와 부속병원회계의 세입세출)	교비회계와 부속병원회계의 세입세출 세부사항
	제14조(예산과 결산의 제출시기)	법 제31조 관련 규정 변경
사학기관재무회계규칙	제1장 총칙～제7장 보칙, 부칙	사립학교법 제32조, 제33조, 제51조 단서의 관련 규정
사학기관재무회계 규칙에 대한 특례규칙	제1장 총칙～제4장 결산, 부칙	
학교수업료 및 입학금에 관한 규칙	제1조 목적～제10조 공고, 부칙	고등교육법 제11조 관련 국 · 공 · 사립의 각급 학교 수업료와 입학금에 관한 사항
사립학교보조와 원조에 관한 규칙	제1조 목적～제5조 보조와 감독, 부칙	사립학교의 교육여건을 개선하여 교육의 질적 향상을 도모하기 위한 국고보조금 지원에 관한 사항
산업교육진흥 및 산학협력촉진에 관한 법률 시행령	제4장 국가 및 지방자치 단체의 부담 제5장 산학협력의 촉진	사립학교의 산업교육을 위한 실험실습시설 및 설비비용, 실험실습비 보조, 산학협력단의 설치 · 운영
사학진흥재단법 및 시행령	법 제1～제32조, 부칙 영 제1～제8조, 부칙	사립학교와 학교법인, 교육환경 개선지원에 관한 사항

사립대학의 재정운영은 이와 같이 다양한 법규에 따라 조달된 학생 등록금, 법인전입금, 국가 및 지방자치단체의 보조금, 사학기관의 시설 지원을 위한 한국사학진흥재단의 각종 지원금, 기타 차입금 등의 재원을 바탕으로 이루어진다. 이러한 재정수입은 사학기관재무회계규칙 및 동 특례규칙에 규정된 회계처리 절차를 준거하여 편성된 예산 및 예산의 집행 과정을 따르게 된다.

3. 예산 · 회계 과정

대학의 예산은 한 회계연도 동안 대학의 고유 활동을 수입과 지출의 화폐액으로 나타내는 체계적인 계획으로, 대학의 재정운영에서 예산의 역할은 매우 중요하다. 예산 과정은 편성, 심의, 집행 및 결산의 네 단계로 구성된다. 이 절에서는 예산의 의의와 기능, 예산원칙 및 예산의 내용과 종류 및 항목 분류를 설명하고 예산의 각 과정을 중심으로 대학재정 운영 실무를 소개한다.

1) 예산의 의의, 기능, 원칙 및 종류

(1) 예산의 의의 및 기능

① 예산의 의의

예산(budget)은 '특정한 목적에 사용하기 위하여 할당된 금액' 또는 좀 더 구체적으로 '특정 기간의 수입과 지출에 대한 상세한 계획으로 미래의 투자와 지출에 대한 지침을 제공하는 것'이라고 정의할 수 있다. 영리조직인 기업의 경우 예산수립이란 각 사업 부문의 현재 사업과 미래 사업계획에 대한 환경 및 역량분석을 통해 중장기 전략을 수립하고,

이에 근거한 경영목표와 경영방침을 설정하여, 각 사업연도의 구체적인 성과목표를 화폐단위로 수립하는 것을 말한다. 한 조직의 모든 활동은 예산을 통해 나타날 수 있으므로 예산을 이해할 수 있는 능력을 갖춘다면 그 조직의 활동을 쉽게 파악할 수 있다. 따라서 예산을 담당한다는 것은 그 조직의 핵심 구성원으로서의 역할을 담당하는 것이 된다.

비영리조직의 경우도 예산수립의 기본적인 목표는 기업과 별 차이가 없다. 대학예산은 한 회계연도 동안 교육과정 운영 등 대학운영을 해 나가는 데 필요한 활동을 수입과 지출로 나타낸 체계적 계획표라고 할 수 있다. 따라서 대학의 예산에는 한 회계연도 동안 대학이 수행하는 교육프로그램과 활동 및 이에 따른 재정소요액이 나타나야 하며, 예산을 통하여 대학의 전반적인 계획을 파악할 수 있어야 한다. 따라서 편성, 심의, 집행 및 결산의 대학예산 과정은 교육활동의 수립에서 집행, 평가에 이르는 과정과 밀접하게 연계되어야 한다. 이와 같이 예산은 각 교육 프로그램과 활동에 대한 대학의 자원조달과 배분을 효율적으로 달성하기 위한 기회를 제공한다.

② 예산의 기능

예산의 기능에 대해서는 예산의 개념, 조직의 환경, 행정이론 등에 따라서 학자들마다 각기 다르게 정의하고 있다. 예산의 기능은 조직과 예산제도가 지향하는 여러 가지 목표나 기대되는 결과와 관련이 있다. 일반적으로 조직의 예산은 다음과 같은 중요한 기능을 수행한다.

㉠ 계획 기능

예산의 계획 기능이란 조직 전체의 활동과 각 부문별 활동에 대한 장기 및 단기계획을 수립하고, 이의 달성을 위하여 각 부문별 활동계획을 조직의 경영 전략과 경영방침을 기초로 종합적으로 조정하고 통일함으로써 조직의 경영활동이 효율적으로 운영되도록 계획하는 기능을 말한다. 대학의 경우 예산은 장기적 · 단기적 경영 전략과 계획을 기초로 교육, 투자, 비용 등의 집행 부문을 대학의 전체적인 관점에서 균형 있게 수행할 수 있도록 구체적인 실시계획을 수립하게 하는 역할을 한다.

ㄴ 조정 기능

예산의 조정 기능이란 부문별 각종 개별계획 및 집행계획을 조직 전체의 관점에서 종합 · 조정함으로써 조직 전체로서의 통일적인 목표달성에 기여하고, 각 부문의 업무 수행의 동기화 및 업적 측정의 평가 기준으로서의 역할을 하는 것을 말한다. 즉, 예산을 획득하기 위한 집단단의 이해관계를 합리적이고 효율적인 배분을 통해 조정하는 기능으로, 각 부문 활동 간의 부조화에 대한 사전조정으로 조직 전체가 종합적으로 관리되도록 한다.

ㄷ 통제 기능

예산의 통제 기능이란 예산제도가 예산과 실적의 차이분석을 통한 사전 통제의 역할과 성과평가의 기준을 제공하는 것을 말한다. 이 같은 기능으로 인해 성과평가를 통한 예외에 의한 관리 등 효율적인 경영활동 수행이 가능하게 된다. 또한 예산은 부정, 오류, 낭비의 방지와 규정, 법규, 절차의 준수를 확인하는 기능을 가지고 있어 사업의 집행을 감독하며 지출의 상한선을 준수하는지 감시하는 역할을 한다.

ㄹ 기타 기능

예산은 조직의 목표를 달성하기 위하여 가장 효율적으로 인적 · 물적 자원을 조직하고 배분하는 관리적 기능과, 조직이 어떤 정책과 사업을 추구하는가를 알 수 있게 하는 문서로 조직의 미래 행위를 객관적으로 정확하게 전달하는 매체의 역할을 하는 커뮤니케이션 기능을 가진다.

(2) 예산원칙

예산원칙이란 예산제도를 운영함에 있어서 지켜야 하는 기준으로서 예산의 기능과 예산 분류 및 예산제도를 구체적으로 결부시키는 것이다. 예산원칙은 여러 학자들에 의해 제시되었지만, 독일의 재정학자 Fritz Neumark가 제시한 다음의 예산원칙이 일반적으로 받아들여지고 있다.

① 예산공개성의 원칙

예산의 공개성은 심의 · 의결된 예산과 결산의 모두를 공개해야 한다는 것이다. 민주적이고 능률적인 행정발전을 위해서는 이해관계자의 이해와 협조가 무엇보다도 중요하므로 이해관계자가 이를 보고 납득 내지 참여 또는 비판할 수 있도록 예산의 내역과 집행 결과 등을 공개해야 한다.

② 예산명료성의 원칙

예산의 명료성은 예산을 모든 이해관계인이 이해할 수 있도록 편성해야 한다는 것이다. 예산의 형식과 기술에 관한 요청이며 수지의 견적이 명확하게 개관되고 내용이 합리적으로 분류 · 표시되어 수입의 유래와 용도가 명확하여야 한다는 것으로서, 설령 예산이 공개되더라도 이해관계자들이 이해할 수 없는 형태로 제시된 것이라면 공개성의 실효를 거둘 수 없다. 이런 의미에서 볼 때 명료성의 원칙은 공개성에서 파생된 원칙이라고 할 수 있다.

③ 예산사전승인 · 의결의 원칙

예산의 사전승인 · 의결의 원칙은 사업을 집행하기 전에 수입과 지출의 계획을 수립하고 이사회의 의결을 거친 후 합법적으로 집행해야 하는 것을 말한다. 이 원칙에 따라 대학이 예산을 집행하기에 앞서 이사회 등에 의하여 이미 예산이 심의되고 의결되어, 회계연도 개시 전 적기에 성립되어야 한다는 원칙이다.

④ 예산엄밀성의 원칙

예산의 엄밀성이란 예산은 결산과 완전히 일치할 수 없는 성질을 지니고 있기는 하나, 결산과 지나치게 유리되는 경우에는 사전결의의 원칙이나 공개의 원칙에도 위배되므로 엄밀하게 편성되어야 함을 말한다.

⑤ 기타 원칙

기타 예산의 원칙으로는 예산의 각 항목은 상호 명확한 한계를 지녀야 하며 목적 외 사용이나 초과사용을 금지하는 예산한정성의 원칙, 복수의 예산의 존재는 전체의 관련을 불명료하게 하므로 조직의 예산은 하나로 종합되어야 함을 의미하는 예산단일의 원칙, 특정한 세입과 특정한 세출을 직결시켜서는 안 된다는 예산통일의 원칙, 세입 · 세출을 혼동함이 없이 모든 수입은 그 금액을 세입예산에, 모든 지출은 그 금액을 세출예산에 계상함을 원칙으로 하는 예산완전성 또는 예산총계주의 원칙이 있다.

우리나라 정부의 예산은 이 같은 원칙에 따라 회계연도 독립, 예산총계주의, 건전재정 운영, 수입의 직접사용금지, 예산의 목적 외 사용금지, 예산의 공개 및 사전의결 등을 원칙으로 하여 운영되고 있다. 대학 등 학교의 예산에 적용되는 원칙은 정부나 기업의 경우와 비교하여 크게 다를 것은 없다. 한국교육재정경제학회가 2004년 제시한 학교예산의 원칙은 다음과 같다.[2]

2) 한국교육재정경제학회(2004), 학교재무관리이론과 실제, pp. 56-57.

- 계획의 원칙: 학교의 예산안은 학교발전계획이나 교육활동계획을 반영한 것이다. 아무리 훌륭한 교육활동계획이라도 적절한 예산의 지원이 없을 때는 형식적인 교육활동에 그치기 쉽고, 아무리 멋진 예산안이라도 교육활동계획을 반영하지 못한 것은 소기의 목적을 달성할 수 없다. 따라서 학교예산은 언제, 어디에, 얼마나 되는 금액을 지출하고 수입할 것인지 세밀하고도 타당성 있는 계획 하에 편성 · 집행되어야 한다.
- 사전승인의 원칙: 예산은 회계연도 이전에 편성되어 의결(정부예산은 국회의 의결, 시 · 도 교육비특별회계예산은 1차로 시 · 도 교육위원회의 의결과 2차로 시 · 도 의회의 의결)을 거쳐 의결 · 승인된 범위 내에서 집행되어야 한다. 학교의 예산안 및 결산안은 초 · 중등교육법 제32조에서 학교운영위원회(사립은 이사회)의 심의를 받도록 규정하고 있으며, 학교발전기금도 동법 제33조에서 학교운영위원회의 관장사항으로 규정하고 있다. 따라서 교육비특별회계, 학교운영지원회계, 학교발전기금회계는 학교운영위원회의 심의를 거쳐 집행하는 것이 원칙이다.
- 예산총계주의원칙: 예산회계법 제182조는 한 회계연도의 모든 수입을 세입으로 하고 모든 지출을 세출로 하며, 세입 · 세출은 모두 예산에 계상되어야 한다고 규정함으로써 예산총계주의원칙(예산완전성의 원칙)을 천명하고 있다. 학교예산의 경우 모든 세입과 세출은 학교회계에 계상되어야 한다. 어떤 경우라도 회계상에 누락되는 세입이나 세출이 있어서는 안 된다.
- 예산단일의 원칙: 예산을 효과적으로 통제하고 효율적으로 관리하기 위해 여러 개의 예산이 존재하면 안 된다. 특히, 각 예산 간에 세입 · 세출의 전출입관계가 있을 때는 금액이 중복계산되어 정확히 순계를 내지 않으면 전체를 명료하게 만들기 어려울 뿐만 아니라 예산통제를 약화시킨다. 따라서 복수회계는 인정되지 않으며 단일의 학교회계로 통합되어야 한다.

- 예산공개의 원칙: 예산의 편성, 심의, 집행, 결산 그리고 감사의 모든 과정과 관련 보고서가 공개되어야 한다는 원칙이다. 예산공개는 국민들에게 단순히 알린다는 홍보의 차원이 아니라 국민들이 책임을 물을 수 있는 차원으로 연결되어야 한다. 민주적인 학교운영과 발전을 위해서는 교직원과 학부모들의 이해와 협조가 무엇보다도 중요하므로 예산의 편성, 심의, 집행 등의 과정에 이들을 적극적으로 참여시키고 의견을 개진할 수 있는 기회를 부여하여야 한다.
- 회계연도독립의 원칙: 각 회계연도에 지출되어야 할 경비의 재원은 그 연도의 수입으로 조달되고, 당해 연도에 지출되어야 할 경비는 그 익년도 등 다른 연도에서 지출되어서는 안 된다는 원칙이다. 즉, 한 회계연도의 수입과 지출은 다른 회계연도의 수입 · 지출과 구분되어 운용되어야 한다는 것이다. 회계연도를 단위로 하여 통제가 이루어지며 회계연도에 대한 예산집행에 책임을 묻게 되기 때문이다. 예산회계법 제3조에서는 회계연도를 1월 1일에 시작하여 12월 31일에 종료토록 규정하고 있다. 그러나 학교회계의 회계연도는 학사력과 일치시켜서 매년 3월 1길에 시작하여 다음 해 2월 말에 종료된다.
- 예산한정성의 원칙: 예산은 사용목적, 금액, 기간 등에 한정을 두어야 한다는 것으로 구체성의 원칙이라고도 한다. 특정 목적을 위하여 편성 · 배분된 예산은 그 목적을 위해서 사용되어야 함을 의미한다. 예산은 집행과정이나 사후감사 과정에서 애매한 사항이 없도록 구체적으로 편성되고 집행되어야 한다. 지나치게 세부적인 사항까지 사전에 규정되면 신축성을 저해할 수 있으나 지나치게 포괄적이고 일반적이면 통제를 기할 수 없다. 따라서 예산편성 시에는 구체적으로 편성하더라도 집행 과정에서는 신축성 있게 운영하는 형태가 바람직하다. 편성된 대로 엄격하게 집행되어야 한다는 경직된 사고에서 예산의 낭비와 여러 가지 비효율적인 예산 집행이 발생한다.

• 예산신축성의 원칙: 이는 예산한정성의 원칙과 상반되는 것으로서, 예산은 통제를 위하여 엄격하게 편성되고 운영되어야 하나 지나치게 엄격하면 효율성을 저해하므로 신축성 있게 운영될 수 있는 제도적인 장치가 마련되고 신축성 있게 집행되어야 한다는 것이다. 신축성을 강구하는 제도적인 장치는 예산의 배정, 예비비제도, 예산의 이용과 전용을 허락하는 제도 등을 들 수 있다. 학교의 경우에 도급경비제도는 예산운용의 신축성을 보장하기 위한 대표적인 예라고 할 수 있다.

(3) 예산의 내용과 종류 및 항목 분류

예산의 내용은 예산서에 반영된다. 예산서는 일반적으로 예산편성 방침 등을 담은 예산총칙과 세입 · 세출예산 내역 등으로 구성된다. 특례규칙 제9조는 예산의 내용은 예산총칙과 자금예산으로 한다고 규정하고 있으며, 예산총칙에는 자금예산의 규모, 예산편성의 기본 방침, 주요 사업계획의 개요, 장기차입금의 한도액, 일시차입금의 한도액과 기타 예산집행에 관하여 필요한 사항을 명시하도록 하고 있다. 여기서 '자금예산'이라 함은 1회계연도의 모든 자금수입의 원천과 모든 자금지출의 용도를 명시한 자금수지예정계산서를 말한다.

특례규칙은 예산의 종류를 본예산, 준예산, 추가경정예산으로 구분한다. 정상적인 편성 절차를 거친 예산을 본예산이라고 한다. 그러나 특별한 사유로 인해 회계연도 개시 전까지 예산이 확정되지 않은 경우 예산이 확정될 때까지 다음의 경비를 전년도 예산에 준하여 집행할 수 있는데, 이를 준예산이라고 한다(특례규칙 제7조). 준예산은 교직원 보수, 학교교육에 직접 사용되는 필수적 경비, 학교시설 유지관리비, 법률상 지급의무가 있는 경비 및 긴급을 요하는 경비를 차질 없이 집행하기 위해 사용한다. 또한 예산 성립 후에 생긴 사유로 인해 이미 성립된 예산을 변경할 필요가 발생하였을 경우에 추가경정예산을 편성하여야 한다

(특례규칙 제8조).

예산은 작성 방법이나 관리 기법, 기능 등에 따라 여러 가지로 분류될 수 있다. 기간별로는 장기예산과 단기예산으로 분류되며, 대상 영역별로는 부분예산과 종합예산으로 분류된다. 업무활동 성격별로는 한 회계기간 동안 반복적으로 발생하는 수입지출 성격인 운영예산(또는 경상예산)과 시설의 신규취득, 대수선 등을 목적으로 하며, 주로 1~5년의 장기간을 대상으로 편성되는 자본예산으로 구분된다.

예산항목은 다음과 같이 품목별로 분류되거나 기능별로 분류될 수 있다.

① 예산항목의 품목별 분류

품목별 또는 성질별 분류는 '조직이 어떤 원천에서 수입을 올리고 무엇을 구입하는 데 얼마를 쓰고 있는가?'에 관한 정보를 제공해 주는 분류 방법으로 우리나라의 모든 대학이 이 방법을 적용하고 있다. 세출의 품목별 분류는 최종 지출단위 또는 지출의 구체적 대상을 기준으로 분류하는 것이다. 따라서 품목별 분류는 세출예산 편성의 기초가 될 뿐 아니라 세출예산 집행의 회계적 단위가 된다. 우리나라 정부의 경우 세출예산 품목별 분류는 인건비, 물건비, 경상이전, 자본지출 및 경비, 융자금 및 출자금, 보전 지출, 정부 내부거래, 예비비 및 기타의 8개 영역으로 구분하여 분류하고 있다. 이들 항목들은 다시 세부항목(세목)으로 구분된다. 대학예산의 경우도 등록금수입, 전입 및 기부금수입, 부대수입 등 수입과 보수, 관리운영비, 연구학생경비 등 지출항목이 품목별로 구분된다.

품목별 분류는 당초 예산의 조직별 분류 또는 기능별 분류만으로는 지출을 통제하고 회계책임의 소재를 분명히 하기가 어렵다는 점을 감안하여 지출의 구체적 대상을 예산회계의 한 형태로 수용한 것이다. 품목별 분류는 예산명세성의 원칙에 부합되며, 예산편성과 심의 단계에서 계산을 간편하게 해 주어 통제가 용이하며, 회계감사가 용이하다는 장점을 갖고 있다. 그러나 품목별 분류는 이에 기초한 지출내역이 어떠한 기능과 목표를 위해 설정된 것인가를 밝혀주지 못함으로써 자원의 효율적 배분과 재정운영 목표의 효과적 달성을 뒷받침해 주는 예산분류로서 적절하지 못하다는 점이 한계로 지적되고 있다.

② 예산항목의 기능별 분류

예산의 기능별 분류는 조직이 수행하는 기능별로 예산 내용을 분류하는 방법이다. 따라서 기능별 분류는 '조직이 무슨 일을 하는 데 얼마나 경비가 쓰이고 있는가?' 에 대한 정보를 제공해 준다. 예를 들면, 정부의 경우 세출을 일반공공행정, 국방, 교육, 보건, 사회보장 및 복지, 주택건설 및 지역사회 개발, 경제사업 등의 기능별로 구분하는 것이다. 기능별 분류는 조직의 사업계획 및 예산정책의 수립을 용이하게 하며, 예산심의에 도움을 주는 예산분류 방법이다. 특히, 기능별 분류는 조직이 어떠한 목적과 정책의사를 가지고 사업을 수행하는가를 잘 보여 준다는 점에서 목적별 분류라고도 한다. 이 밖에 예산집행의 신축성, 지출의 효율성을 도모할 수 있고, 사업의 우선순위를 명확하게 설정하는 데 도움을 줄 수 있다. 이와 같은 장점으로 인해 현재 우리나라 정부의 경우 전통적인 품목별 예산제도에서 기능별 예산제도인 프로그램 예산제도로의 전환이 추진되고 있다. 또한 정부 예산제도의 개혁과 더불어 대학의 경우도 머지않은 장래에 기능별 예산제도가 도입될 가능성이 있다.

2) 예산편성

예산의 편성 과정은 대학별로 다를 수 있으나 일반적으로 [그림 7-2]와 유사한 절차를 따르게 된다. 예산편성의 각 단계에 대한 설명은 다음과 같다.

(1) 예산기간 및 예산구분

법정 예산기간은 1년이며 내부적 필요에 의해 월별, 학기별 예산을 편성할 수 있다. 대학의 예산은 교비회계에 대한 교비예산(또는 일반예산)과 특별회계예산(또는 기타 특별회계예산)으로 구분된다. 특별회계는 교비와 별도로 관리되는 후원회비, 기숙사 등의 회계를 말한다.

(2) 예산편성요령 및 세부지침

사학기관재무회계규칙에 대한 특례규칙 제4조(예산편성요령)에 따르면, 법인의 이사장과 학교의 장은 매 회계연도 개시 2월 전까지 각각 법인회계 및 학교회계의 예산편성요령을 정하여야 한다. 통상 대학의 예산주관부서는 매 회계연도 개시 2월 전까지 다음 해 예산편성요령을 총장의 결재를 얻어 확정하여야 하며, 예산편성요령에 따라 세부지침을 작성, 이를 예산집행부서에 통보한다. 예산편성요령 또는 지침은 대학경영 전체의 도달목표 및 각 부문 계획에 대한 방침 및 기준이다. 그러므로 예산편성요령은 추상적인 것이 아닌 경영 전체 및 각 부서의 집행활동의 기준을 나타내는 것이고 또 가능한 금액, 수량적인 목표, 기준으로 나타내야 한다. 특히, 한정된 대학재정의 합리적 배분을 위해서는 예산 과정에서 장단기 목표를 반영하여 계획적이고 합리적인 배분이 이루어지도록 하여야 하므로, 이를 위해서는 대학의 장단기적인 목표가 확정되고 이 목표들 사이에 중요성의 정도, 시행시기, 사업의 효과성 등이 분석되어 예산에 반영될 수 있어야 한다.

(3) 예산안 제출

각 예산집행부서의 장은 당해 부서의 예산안을 담은 예산요구서를

업무 내용	부서	세부 내용	예산편성 시기
기본 방침 결정 · 시달	총장	• 예산편성기본방침	3개월 전
↓ 차년도 주요 업무계획		• 인원충원, 연구, 시설 · 건축, 특별예산, 등록금 책정, 장학금 책정, 급여인상률 및 물가상승률에 따른 관리운영비 등	
↓ 예산편성요령 작성 통보	예산부서	• 예산편성기본방침과 교육과학기술부의 재정운영지침을 바탕으로 예산편성요령 작성	3개월 전
↓ 단위별(기관) 예산안 작성 제출	집행부서	• 단위예산 구성원 의견수렴 • 자체 운영계획에 따라 효율적 예산편성	2개월 전
↓ 검토심의 · 조정	예산부서	• 부처별 요구액 조정 • 투자효과 분석 • 적절한 예산배분	1개월 전
↓ 예 · 결산자문위원회 자문	예산부서	• 예 · 결산자문위원회 자문	2주일 전
↓ 결제	총장		
↓ 이사회 심의	법인		1주일 전
↓ 교육과학기술부 보고	법인		

[그림 7-2] 예산편성 과정

예산편성요령 및 세부지침에 따라 작성하여 지정된 기일까지 예산주관부서에 제출하여야 한다. 예산요구서에는 사업계획서나 재고현황조사표 등 예산편성요령 등에서 정하는 서류가 첨부되어야 한다. 사업계획 및 예산요구서에 포함될 내용은 다음과 같다.

- 수입 관련 사항
  - 등록예상 인원 추정: 복학생 추정, 휴학생 추정, 편입생 추정
  - 비학위과정 수입 추정
  - 각종 기부금 목표액: 연구기부금, 발전기금, 장학기금, 교육기부금 등
  - 예금이자수입 목표액
- 지출 관련 사항
  - 이월 및 계속사업비
  - 수입대체사업
  - 경상사업
  - 주요 정책사업

(4) 예산안 검토 및 조정

예산주관부서는 각 부서의 예산안을 예산편성지침에 따라 심사하여 예산심의를 위한 종합예산안을 작성하는데, 필요한 경우 예산집행부서장의 의견을 구한 후 예산을 조정한다. 예산조정은 객관성과 공정성, 조직의 목표 반영, 사업 내용의 확실한 이해를 바탕으로 이르어져야 한다.

(5) 예산 · 결산자문위원회

총장은 예산 · 결산자문위원회의 자문을 얻어 매 회계연도 개시 1월 전까지 종합예산안을 확정하고 이를 학교법인의 이사장에게 제출한다. 예산 · 결산자문위원회는 통상 정관에서 정하는 총장의 자문기구로서

예산의 편성에 관한 사항, 결산에 관한 사항과 재정의 효율적인 운용방안에 관한 사항을 심의한다. 예산 · 결산자문위원회는 대학 구성원 전체를 대표할 수 있도록 구성되어야 한다.

(6) 예산 확정 및 배정 통보

예산은 이사회의 결의에 의해 최종 확정되며 예산주관부서는 최종 확정된 예산을 각 집행부서별로 매 회계연도 개시 10일 전까지 배정 통보하여야 한다.

3) 예산심의

예산은 이사회의 결의에 의해 최종 확정되기 전 예산 · 결산자문위원회의 심의와 이사회의 심의를 거친다. 대학예산은 구성원인 교수, 학생 및 직원 등의 의견이 충분히 개진되어 합의가 도출되어야 하는 것으로, 절차 자체에 문제가 있거나 합의를 바탕으로 하지 않고 재정운영을 하려 하는 경우에는 구성원 간의 갈등과 불신으로 재정이 마비되어 적기 · 적소에 투입할 수 없게 된다. 이는 대학발전에 큰 영향을 미쳐, 정체 내지는 퇴보하게 되는 부정적 결과가 초래될 수 있다.

4) 예산집행 및 회계처리

(1) 예산집행

예산집행은 편성된 예산을 예산목적에 맞게 집행하는 것으로 주로 대학의 수입과 지출을 관리하는 것이다. 예산의 집행은 일반적으로 집행 품의 및 결재 → 지출원인행위 → 지급명령 → 지급의 절차를 거친다.

예산집행과 관련하여 재무회계규칙에서는 성립 전 예산의 집행금지와 예산의 목적 외 사용금지를 원칙으로 제시하고 있다. 성립 전 예산의 집행금지는 적법한 절차에 따라 성립한 예산이 아니면 이를 집행하지 못한다는 것과, 추가경정예산의 절차를 밟지 아니하고는 기정예산을 초과하여 집행하지 못한다는 것이며(제20조), 예산의 목적 외 사용금지는 법인의 업무와 학교에 속하는 회계의 세출예산은 목적 외에 이를 사용하지 못한다는 것과, 학교의 교비회계에서는 다른 회계에 전출하지 못한다는 것이다(제21조). 후자의 경우 본질은 당초 예산편성 목적에 맞게 예산을 집행하라는 것으로, 예를 들면 실험실습기자재 구입비 및 실험실습비를 교육시설투자비, 적립금, 행사비 등 목적 외로 사용하지 못하도록 규정한 것이다.

(2) 예산집행에 대한 회계처리

① 사립대학 회계의 의의 및 절차

사립대학의 예산집행은 적절한 회계 절차에 따라 기록되고 보고되어야 한다. 전통적으로 회계는 경제실체의 거래를 기록 · 분류 · 요약 · 해석하는 기술로 정의되어 왔으나,[3] 현대사회에서는 점차 경제실체의 이해관계자에 대한 보고를 위해 재무제표를 작성하는 회계의 측면이 더 중요시되고 있다. 따라서 사립대학의 회계처리도 대학의 구성원, 감독기관, 지역사회 등 대학회계 정보의 이용자를 위한 재무보고의 측면이 중요시되고 있다. [그림 7-3]은 대학 회계 절차의 흐름을 나타낸 것이다. 등록금의 수입이나 운영경비의 지출 등 거래가 발생하면 이를 복식부기원리에 의해 분개장에 기록하며, 동시에 현금출납장 등 보조부에 기록하여야 한다. 기계의 구입 등 고정자산의 취득에 해당하는 거래의 경우에는 고정자산대장에 기록한다. 분개장의 기록은 일별 또는 월별 등 주기적으로 총계정원장으로 전기되어야 하는데, 결산 시 총계정원

3) Accounting Terminology Bulletin No. 1, American Institute of Certified Public Accountants, 1941.

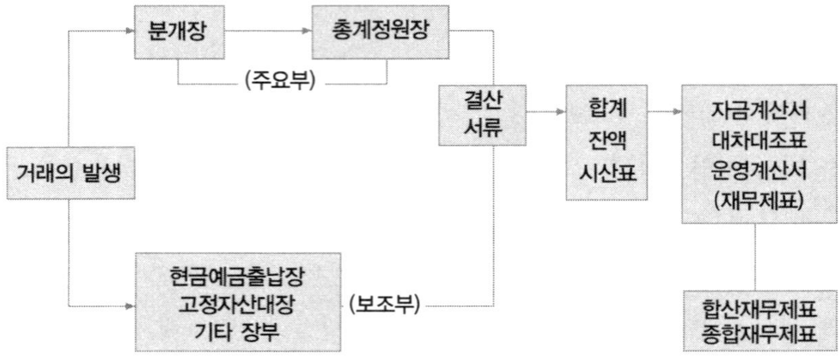

[그림 7-3] 사립대학의 회계 절차

장의 각 계좌의 차변 및 대변 기록내역과 계정잔액이 합계잔액시산표의 합계와 잔액에 반영된다. 이와 같은 결산자료를 바탕으로 재무제표인 자금계산서, 대차대조표와 운영계산서를 작성하여 이해관계자에게 보고한다.

② 회계원칙

사립대학의 회계처리는 사학기관재무회계특례규칙을 따라야 한다. 특례규칙 제15조는 다음과 같은 회계원칙을 제시하고 있다.

㉠ 복식부기원리

사립대학의 회계처리는 복식부기의 원리에 따라야 한다. 복식부기란 현금의 수입과 지출에 대한 기록을 중심으로 하는 단식부기에 대비되는 개념으로, 거래의 이중성에 따라 원인과 결과를 이중으로 기록하는 방식이다.[4] 거래의 이중성이란 어떤 거래든 자산, 부채, 자본에 변화를 초래하는 원인과 결과라는 두 가지 속성이 함께 들어 있다는 것이다. 복식부기는 단식부기가 원인과 결과 가운데 하나만을 기록하는 데 비해 특정 자산이나 부채의 발생 원인을 알게 해 주는 장점이 있다. 복식부기 방식 하에서 모든 거래의 결합관계는 [그림 7-4]와 같이 나타난다.

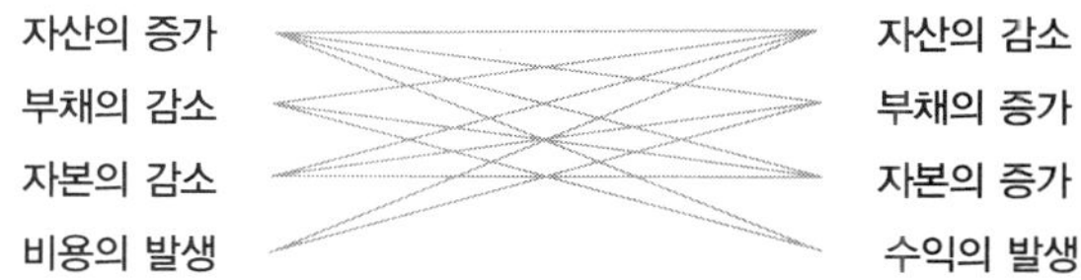

[그림 7-4] 거래의 결합관계

예를 들어, 대학이 학생으로부터 등록금을 수납할 때 단식부기 방식의 경우 현금의 증가만 기록되지만 복식부기의 경우 현금(또는 예금)이라는 자산이 증가하고 등록금수입이라는 수익이 발생한다. 회계적으로는 다음과 같은 분개가 이루어진다.

(차변) 현 금 ××× (대변) 등록금수입 ×××

만일 대학에서 사용할 집기비품을 외상으로 구입하는 경우 현금계산 위주의 단식부기 방식 하에서는 정식의 회계기록은 없고 단지 비품대장에 비품의 구입을 기록하게 된다. 그러나 복식부기 방식으로 기록하게 되면 비품이라는 자산의 증가와 미지급금이라는 부채의 증가가 다음 분개와 같이 함께 기록된다.

4) 단식부기란 단일항목(예를 들어, 현금)의 증감변화를 기록 · 계산 · 표시(구체적으로 현금출납부)하는 데 중요한 목적을 두고 기업 또는 정부기관의 경제활동을 거래가 발생한 시점에 기록하는 것이다. 즉, 단식부기는 현금의 수지증감변화의 기록에 그치며, 증감변화의 이유는 각 거래의 적요란에서 개별적으로 알 수 있다. 따라서 단식부기는 비용 및 수익의 기록이 행해지지 않고 타인과의 채권 · 채무관계를 기록하는 단순한 기록법으로 현금거래를 주로 하는 비영리기관의 부기 방법으로 이용된다.

(차변) 비 품 ××× (대변) 미지급금 ×××

ⓛ 신뢰성의 원칙

회계처리는 신뢰할 수 있도록 객관적인 자료와 증거에 의하여 공정하게 처리하여야 한다. 신뢰성 있는 정보란 그 정보에 중대한 오류나 편의가 없고 객관적으로 검증 가능하며 그 나타내고자 하는 바를 충실하게 표현하고 있다고 이용자가 믿을 수 있는 정보를 의미한다.

ⓒ 이해 가능성

재무제표의 양식 및 과목과 회계용어는 이해하기 쉽도록 표시하여야 한다. 재무제표의 이용자는 보고실체인 대학의 활동 및 회계에 대한 적당한 수준의 지식을 가지고 있으며, 주어진 정보를 이해하고 분석하기 위해 적절한 노력을 기울일 의지가 있는 것으로 가정한다.

ⓡ 비교 가능성

회계처리의 방법은 기간별 비교가 가능하도록 매기 계속하여 적용하고 정당한 사유 없이 이를 변경하여서는 안 된다. 대학의 재무상태, 운영성과 등의 추세분석과 대학 간의 상대적 평가를 위하여 회계정보는 기간별 비교가 가능해야 하고 보고실체인 대학 간의 비교 가능성도 있어야 한다. 즉, 유사한 거래나 사건의 재무적 영향을 측정 · 보고함에 있어서 기간별로 일관된 회계처리 방법을 사용하여야 하며, 보고실체 간에도 동일한 회계처리 방법을 사용하는 것이 바람직하다. 재무제표의 작성에 적용된 회계 기준 또는 회계처리 방법이 변경된 경우에는 정보이용자가 유사한 거래나 사건에 대해 기간별 또는 보고실체 간 회계처리 방법의 차이를 파악할 수 있도록 그 변경의 영향 등을 충분히 공시하여야 한다.

㉤ **중요성**

회계처리 및 재무제표 작성에 있어서 과목은 그 중요성에 따라 실용적인 방법에 의하여 결정하여야 한다. 중요성은 회계항목이 정보로 제공되기 위한 최소한의 요건이다. 특정 정보가 생략되거나 잘못 표시된 재무제표가 정보이용자의 판단이나 의사결정에 영향을 미칠 수 있다면, 개념적으로 볼 때 그러한 정보는 중요한 정보다. 중요성은 일반적으로 당해 항목의 성격과 금액의 크기에 의해 결정된다. 그러나 어떤 경우에는 금액의 크기와는 관계없이 정보의 성격 자체만으로도 중요한 정보가 될 수 있다.

③ **재무제표**

재무제표는 회계 절차의 최종 산물이며 정보이용자에 대한 가장 중요한 커뮤니케이션 수단이다. 특례규칙 제16조에 따라 사립대학이 작성·보고해야 할 재무제표는 자금계산서, 대차대조표 및 운영계산서다. 영리목적인 기업의 경우 대차대조표, 손익계산서, 이익잉여금처분계산서, 현금흐름표와 자본변동표를 필수재무제표로 하고 있는 데 비해, 사학기관의 경우 법인 일반업무 및 학교회계에서는 세 가지 재구제표만을 필수재무제표로 요구하고 있다. 대차대조표는 회계기간 말의 재무상태(또는 재정상태)를 나타내는 보고서로서 기업의 대차대조표와 유사하며, 운영계산서는 기업의 손익계산서와 유사한 정보를 제공한다. 다만, 대학의 경우 비영리를 목적으로 하는 조직이므로 대차대조표의 자본 대신 순자산의 성격인 기본금이 나타나며, 손익계산이 중심이 되지 않고 운영차액의 계산이 운영계산서에 나타나게 된다. 자금계산서는 자금수입과 자금지출에 대한 정보를 제공하기 위한 것으로 현금 기준이 적용되나, 기업의 현금흐름표와는 작성목적이 다소 차이가 있다.

특례규칙에서는, 재무제표는 이를 이용하는 자에게 충분한 회계정보를 제공할 수 있도록 필요한 부속명세서를 작성하고, 주기 및 주석을 하여야 한다고 규정하고 있다. 또한 법인회계 및 학교회계를 하나의 회계단위로 하여 종합적인 자금수지, 재무상태 및 운영수지가 적정하게 파악되도록 종합재무제표 및 합산재무제표를 작성할 것을 규정하고 있다(특례규칙 제36조). 종합재무제표는 법인 및 학교의 모든 회계를 합한 것이며, 합산재무제표는 법인회계 및 학교회계만을 합한 것이다.

사학기관의 회계별 적용 기준과 재무제표를 종합하면 〈표 7-2〉와 같다.

사학기관의 재무제표 중 대차대조표와 운영계산서의 작성에는 발생주의 회계 개념이 적용된다. 발생주의 회계의 기본적인 논리는 발생 기준에 따라 수익과 비용을 인식하는 것이다. 발생 기준은 회계실체의 경제적 거래나 사건에 대해 관련된 수익과 비용을 그 현금유출입이 있는 기간이 아니라 당해 거래나 사건이 발생한 기간에 인식하는 것을 말한다. 발생주의 회계는 현금거래뿐 아니라 신용거래, 재화 및 용역의 교환 또는 무상이전, 자산 및 부채의 가격변동 등과 같이 현금유출입을 동

표 7-2 사학기관 회계별 적용 기준과 재무제표

구분	법인 일반업무회계 및 학교회계	부속병원회계	수익사업회계
적용 기준	사학기관재무회계특례규칙	병원회계준칙	기업회계기준
재무제표의 종류	① 자금계산서	① 대차대조표	① 대차대조표
	② 대차대조표	② 손익계산서	② 손익계산서
	③ 운영계산서	③ 기본재산변동계산서	③ 이익잉여금처분계산서
	④ 종합재무제표	④ 재무상태변동표	④ 현금흐름표
	⑤ 합산재무제표		⑤ 자본변동표*
			⑥ 연결재무제표

* 자본변동표는 2007년부터 적용됨.

시에 수반하지 않는 거래나 사건을 인식함으로써 회계실체의 자산과 부채 그리고 이들의 변동에 관한 정보를 제공하게 된다. 각 재무제표의 의의 및 주요 구성 내용은 다음과 같다.

㉠ 자금계산서

자금계산서란 사학기관의 회계정보 이용자를 위해 특정 회계연도 중 대학의 자금수입과 자금지출에 대한 정보를 제공하기 위한 재무제표다. 특례규칙 제18조(자금계산의 원칙)에서 이사장 및 학교의 장은 당해회계연도의 활동에 따른 모든 자금수입예산 및 자금지출예산이 실제의 자금수입 및 자금지출의 내용과 명백하게 대비되도록 자금계산을 하여야 한다고 규정하고 있다.

자금계산은 자금수입란과 자금지출란을 구분하여 계정과목별로 계산하며, 자금수입의 계산은 당해 회계연도에 실현된 자금수입을 예산항목과 미사용전기이월자금으로 구분하여 작성한다. 여기서 미사용전기이월자금이란 전기 말 대차대조표상의 유동자산금액 및 유동부채 중 예산항목을 제외한 금액과의 차이로, 전기 말 자금계산서에 표시된 차기이월자금액과 일치한다. 한편, 자금지출의 계산은 당해 회계연도에 실현된 자금지출을 예산항목과 미사용차기이월자금으로 구분하여 작성하여야 하는데, 여기서 미사용차기이월자금의 계산은 당기말 대차대조표상의 유동자산금액 및 유동부채 중 예산항목을 제외한 금액과의 차이로, 익년도 자금계산서에 표시된 전기이월자금액과 일치한다. 자금수입 및 자금지출은 서로 상계하여서는 안 된다.

자금계산서는 자금예산서와 대비하여 작성한다. 대차대조표나 운영계산서가 발생 기준에 따라 작성되는 반면, 자금계산서는 예산과 같이 현금 기준에 따라 작성되는 재무제표다. 따라서 운영계산서 항목 중 예산항목이 아닌 것, 예를 들면 외환차손익, 외화환산손익, 고정자산처분

‖ 표 7-3 ‖ 교비 자금계산서 사례(A 대학)

(단위: 천 원)

구분	계정과목	2004회계년도
수입	등록금수입	76,936,598
	전입 및 기부수입	4,230,623
	교육부대수입	3,753,157
	교육외수입	6,009,107
	운영수입	90,929,485
	투자와 기타 자산수입	33,601,413
	고정자산매각수입	5,600
	유동부채입금	0
	고정부채입금	0
	자산 및 부채수입	33,607,013
	미사용전기이월자금	894,122
	미사용전기이월자금	894,122
	자금수입 총계	125,430,620
지출	보수	46,688,528
	관리운영비	13,152,211
	연구학생경비	19,178,732
	교육외비용	9,171
	전출금	4,735,509
	운영지출	83,764,151
	자산 및 부채지출	40,823,205
	투자와 기타 자산지출	34,091,140
	고정자산매입지출	6,602,174
	유동부채상환	0
	고정부채상환	129,891
	미사용차기이월자금	843,264
	미사용차기이월자금	843,264
	자금지출 총계	125,430,620

손익 등은 자금계산서 표시대상이 아니다. 자금계산은 다음과 같은 산식에 따라 이루어진다.

자금수입 = 등록금수입+전입금 및 기부금수입+교육부대사업수입+교육외수입+투자와 기타 자산수입+고정자산매각수입+유동부채입금+고정부채입금+미사용전기이월자금

자금지출 = 보수+관리운영비+연구학생경비+교육외비용+전출금+예비비+투자와 기타 자산지출+고정자산매입지출+유동부채상환+고정부채상환+미사용차기이월자금

자금계산서를 이용하여 알 수 있는 대학활동의 중요한 정보는 다음과 같다. 자금수입 항목의 내용/총수입 및 증감, 자금지출 항목의 내용/총지출 및 증감, 미사용전기/차기이월자금 금액 및 증감, 등록금 등 주요 수입내역, 교직원보수 등 주요 지출내역, 고정자산매입 등에 따른 지출, 고정부채상환에 따른 지출 등이다.

ⓛ 대차대조표

대차대조표란 사학기관의 회계정보 이용자를 위해 대학의 재무상태에 대한 정보를 제공하기 위한 재무제표다(특례규칙 제23조). 대차대조표는 대차대조표일 현재 대학이 보유하고 있는 자산, 대학이 부담하고 있는 부채와 대학 기본금의 상태를 화폐금액으로 표시한 보고서다. 자산은 과거의 거래나 사건의 결과로서 현재 회계실체에 의해 지배되고 미래에 경제적 효익을 창출할 것으로 기대되는 자원으로 정의된다. 대학의 자산에는 대학이 소유한 각종 금전, 권리, 물품, 시설 등의 경제적 자원이 포함된다. 부채는 과거의 거래나 사건의 결과로 현재 회계실체가 부담하고 있고 미래에 자원의 유출 또는 사용이 예상되는 의무로 정

의된다. 대학의 부채에는 대학이 외부로부터 조달한 단기차입금, 장기차입금과 선수금, 예수금 등이 포함된다. 기본금은 자본금과 유사한 개념이나, 주주의 투자지분을 표시하는 기업의 자본금과 성격상 동일하지는 않다. 기본금은 자산과 부채의 차액인 순자산 개념으로 고정자산 등 기본재산이 증가한 때에는 그 증가한 자산가액만큼의 운영차액을 기본금의 증가로 대체하여야 하며, 재정운영의 필요에 의하여 고정자산 등 기본재산을 매각 또는 폐기처분한 때에는 그 자산의 장부가액과 동일한 금액의 기본금을 전기이월운영차액수정으로 대체하여야 한다.

대차대조표에 보고되는 항목들은 자산, 부채 및 기본금으로 구분되고, 자산은 유동자산, 투자와 기타 자산 및 고정자산으로, 부채는 유동부채 및 고정부채로, 기본금은 출연기본금, 적립금 및 운영차액으로 각각 구분한다. 기간이 1년 미만인 자산 및 부채는 이를 각각 유동자산 및 유동부채로 구분하고, 기간이 1년 이상인 자산 및 부채는 이를 각각 고정자산 및 고정부채로 구분함을 원칙으로 한다. 자산, 부채 및 기본금은 그 과목을 상계하거나 그 일부를 대차대조표에서 제외하여서는 안 된다.

표 7-4 교비 대차대조표 사례(A 대학)

(단위: 천 원)

구분	계정과목	2004회계연도
자산	유동자산	36,325,481
	투자와 기타 자산	87,825,769
	고정자산	167,052,686
	자산 총계	291,203,936
부채와 기본금	유동부채	35,482,217
	고정부채	139,976
	부채합계	35,622,193
	기본금	255,581,743
	부채와 기본금 총계	291,203,936

대차대조표에 보고되는 각 항목들 간의 관계는 다음과 같다.

자산 = 부채+기본금
유동자산 = 유동자금+기타 유동자산
투자와 기타 자산 = 설치학교+투자자산+특정 기금+기타 자산
고정자산 = 유형고정자산+무형고정자산
유동부채 = 단기차입금+예수금+선수금+기타 유동부채
고정부채 = 장기차입금+기타 고정부채
기본금 = 출연기본금+적립금+운영차액

대차대조표를 이용하여 알 수 있는 대학활동의 중요한 정보는 대학이 조달한 자원의 운용내역(자산), 대학이 조달한 자원의 원천(부채와 기본금), 재무상태의 유동성(자산유동성) 및 안전성, 재무상태의 안전성(부채비율 등) 등이다.

㉢ 운영계산서

운영계산서란 사학기관의 회계정보 이용자를 위해 특정 회계연도 중 대학의 운영수익 및 운영비용에 대한 정보를 제공하기 위한 재무제표다. 특례규칙 제27조(운영계산의 원칙)는 이사장 및 학교의 장은 당해 회계연도의 운영수익 및 운영비용의 내용이 적정하게 파악될 수 있도록 운영계산을 하여야 한다고 규정하고 있다. 운영계산서는 일정기간의 대학운영성과를 나타내는 보고서로서 총운영수익에서 총운영비용을 차감하여 운영차액을 구하는 방식으로 이루어진다. 비록 대학이 영리를 목적으로 하는 기업과는 달리 교육 서비스의 제공을 기본 목적으로 하는 비영리기관이기는 하지만, 운영성과에 대한 정보는 이해관계자들에게 매우 중요하다. 만일 운영수익에 비해 운영비용이 더 많아 운영차액이 마이너스인 상태, 즉 적자경영을 지속하게 되는 경우 재무상태가 악화될 수 있으며,

‖ 표 7-5 ‖ 교비 운영계산서 사례(A 대학) (단위: 천 원)

구분	계정과목	2004회계년도
수입	등록금수입	76,936,598
	전입 및 기부수입	5,083,091
	교육부대수입	3,753,157
	교육외수입	6,031,460
	고목준비금환입액	0
	운영수익	91,804,306
	수익 총계	91,804,306
지출	보수	46,688,528
	관리운영비	13,152,211
	연구학생경비	19,178,732
	교육외비용	2,653,159
	전출금	4,735,509
	고목준비금전입액	0
	기본금대체액	30,240,923
	운영차액대체액	29,882,341
	당기운영차액	5,037,585
	운영비용	86,408,139
	비용 총계	91,804,306

궁극적으로는 파산위기에 직면할 수도 있다. 이 경우 학생, 교직원 및 지역사회 등 대학의 이해관계자들은 직접적인 피해를 입게 된다.

운영계산서를 작성하기 위한 운영수익의 계산은 당해 회계연도의 운영수익을 등록금수입, 전입 및 기부금수입, 교육부대수입, 교육외수입 등 계정과목별로 구분하여 계산한다. 운영비용은 보수, 관리운영비, 연구학생경비, 교육외비용, 전출금 등 당해 회계연도의 운영비용을 계정과목별로 표시하고 이를 기본금대체액 및 당기운영차액과 구분하여 표시한다. 여기서 기본금대체액은 당해 회계연도 중의 고정자산 구입 등 비운영지출에 대응한 금액으로 설립자기본금대체액, 법인대체액, 제적립금대체액 및 기타 기본금대체액으로 표시한다. 이러한 항목의 포함 및 감가상가의 미적용 등으로 인해 당기운영차액은 기업회계에서의 당기순이익과는 동일한 개념이 될 수 없다.

운영계산서를 이용하여 알 수 있는 대학활동의 중요한 정보는 운영수익 총액 및 내역, 운영비용 총액 및 내역, 운영차액 금액 및 추세 등이다.

㉣ **종합재무제표와 합산재무제표**

종합재무제표 및 합산재무제표는 법인회계 및 학교회계를 하나의 회계단위로 하여 종합적인 자금수지, 재무상태 및 운영수지가 적정하게 파악되도록 작성하는 재무제표다. 종합재무제표는 법인 및 학교의 모든 회계를 합한 것이며, 합산재무제표는 법인회계 및 학교회계만을 합한 것이다. 종합재무제표에는 종합자금계산서, 종합대차대조표, 종합운영계산서가 포함되며 합산재무제표는 합산자금계산서, 합산대차대조표, 합산운영계산서로 구성된다. 종합재무제표 및 합산재무제표는 법인 및 학교의 개별 재무제표를 합산한 후 내부의 수입 및 지출과 내부의 채권 및 채무를 각각 상계하여 작성한다.

④ 회계처리 기준

사립대학의 회계처리는 사학기관재무회계특례규칙을 따라야 한다. 특례규칙 제5절은 자산 · 부채의 평가 기준을 다음과 같이 제시하고 있다.

㉠ 자산의 평가 기준(특례규칙 제30조)

대차대조표에 표시하는 자산의 가액은 당해 자산의 취득원가를 기초로 하여 계상함을 원칙으로 한다. 그러나 자산의 취득을 위하여 통상적으로 소요되는 가액과 비교하여 현저하게 저렴한 가액으로 취득한 자산 또는 증여받은 자산의 평가는 취득하거나 증여받은 때의 시가로 평가한다. 여기서 시가는 「지가공시 및 토지 등의 평가에 관한 법률」에 의한 감정평가액에 의함을 원칙으로 하되, 토지의 경우에는 동법 제4조의 규정에 의한 당해 토지의 공시지가(당해 토지의 공시지가가 없는 경우에는 동법 제10조의 규정에 의하여 산정한 개별토지의 가격)에 의할 수 있다.

㉡ 자산재평가에 대한 특례(특례규칙 제31조)

기업의 경우 자산에 대한 재평가를 허용하지 않으나, 대학의 경우 보유자산의 장부가액을 시가에 적합하게 하기 위하여 자산의 재평가를 할 수 있다. 자산의 재평가 방법 및 재평가차액 등의 회계처리에 관한 사항은 「자산재평가법」의 규정을 준용하되, 토지는 공시지가 또는 개별토지의 가격에 의하여 자체적으로 평가할 수 있다.

㉢ 대손상각 등(특례규칙 제32조)

법인회계 및 학교회계의 자산 중 회수 불가능한 것으로 추정되는 부실채권이나 사용이 불가능한 고정자산이 있는 경우에는 이사회의 승인을 얻어 대손상각하거나 폐기할 수 있다. 채권이 대손상각 처리되는 경우 대차대조표의 채권이 감소되며, 동시에 운영계산서의 운영비용 증가로 표시하게 된다. 고정자산을 폐기하는 경우에도 대차대조표상의 자산이 감소하며 운영비용이 증가하게 된다.

㉣ 투자유가증권의 평가(특례규칙 第33조)

대차대조표 기준일 현재의 투자유가증권의 시가가 취득가액의 1/2 이하로 된 경우에는 시가로 평가하여야 한다. 이때 투자유가증권을 시가로 평가하는 경우에 발생하는 평가손실은 투자유가증권평가충당금을 설정하여 유가증권에서 차감하는 형식으로 기재한다. 그러나 투자유가증권평가충당금을 계상한 후에 시가가 회복된 경우에는 시가가 회복된 만큼 투자유가증권충당금을 환입한다. 유동자산에 속하는 유가증권의 경우에도 이와 동일한 처리를 적용한다.

㉤ 감가상각(특례규칙 第34조)

법인회계 및 학교회계에 속하는 유형고정자산에 대하여는 감가상각을 하지 않는다. 그러나 법인회계 및 학교회계에 속하는 무형고정자산에 대하여는 해당 법률의 규정에 의한 유효기간 중에 매기 균등액을 상각한다. 대학회계에서 유형고정자산에 대해 감가상각을 하지 않는 이유는 대학과 같은 비영리조직은 영리조직과는 다르게 이익의 측정이 재무보고의 주된 목적이 아니므로 비용을 수익에 대응해야 할 필요가 없어 감가상각 인식의 필요가 없다는 것이다. 그러나 감가상각의 가장 기본적인 기능을 원가의 배분, 즉 영업활동에 사용하는 자산의 원가를 자산의 사용기간에 체계적으로 배부하는 것이지, 수익과 비용의 대응이 아니라고 볼 때 비영리조직이 수익과 비용을 대응할 필요가 없어 감가상각을 인식할 필요가 없다는 것은 설득력이 없다는 주장도 있어 감가상각 여부에 대해서는 재고의 여지가 있다.

㉥ 외화자산 및 외화부채의 환산 등(특례규칙 第35조)

외화자산 및 외화부채는 대차대조표 기준일 현재 한국은행이 고시한 환율로 환산하여야 한다. 이러한 환산 과정에서 발생하는 환산차액은 외화환산손실 또는 외화환산이익의 과목으로 운영계산서에 계상한다.

또한 외화자산 및 외화부채의 회수 또는 상환으로 인하여 발생하는 장부가액과 실제 회수액 또는 실제 상환액과의 차액은 외환차익 또는 외환차손의 과목으로 운영계산서에 계상한다.

5) 결산 및 감사

(1) 결산

① 결산의 의의 및 기능

결산이란 한 회계기간(사업연도)의 기말에 장부를 마감하고 계정의 기록을 계산 · 정리하여 기말의 재정상태를 명백히 하고, 그 기간의 수익합계와 비용합계를 비교하여 경영성과인 순손익을 계산하기 위하여 행하는 회계상의 절차다. 대학의 결산은 매 회계연도가 종료하는 시점을 기준으로 한 회계연도에 있어서 대학의 재정활동 전반에 대한 수입과 지출의 실적을 확정적 계수로 표시하는 행위이며, 학기단위 등 중간기간의 결산도 가능하다. 결산은 예산의 이 · 전용, 예비비 지출사유, 명시이월, 사고이월 등 예산집행에 관련된 제반 자료를 검토하여 대학 예산집행의 타당성, 합리성을 평가하는 등 대학재정 운영에 대한 사후적 통제 기능을 담당한다. 또한 장래의 예산편성 및 심의의 참고자료로 활용하여 미래 재정계획 수립의 합리화를 도모할 수 있다.

② 결산 절차

결산 절차는 결산예비절차, 결산본절차, 재무제표(결산보고서)의 작성 등 3단계로 구분된다.

㉠ 결산예비절차

회계기간이 종료될 때 분개장에서 원장으로의 전기가 모두 끝나게 되면 결산이 시작되는데, 이때 결산을 용이하게 하기 위하여 준비하는 준비 단계가 결산예비절차다. 결산예비절차는 시산표를 작성하고, 재고조사표의 작성과 결산 정리사항을 반영한 정리분개와 기장을 하는 것이다. 이 절차는 계산의 정확성과 내용의 정확성 검증을 주목적으로 한다.

㉡ 결산본절차

결산본절차는 결산예비절차에 대하는 것으로서, 결산 시에 재고조사표에 따른 원장의 제 계정 정리기입, 총계정원장의 제 계정을 마감하고 보조 제 장부의 마감을 수행하는 절차다. 재무제표의 작성을 위한 본격적인 결산 절차다.

㉢ 재무제표의 작성

사립대학의 경우 특례규칙에 의거하여 자금계산서, 대차대조표, 운영계산서를 재무제표로 작성하여야 한다. 결산결과물로 산출된 재무제표는 대학의 이해관계자들에게 대학의 자금운용내역, 재정상태와 운영성과 등에 대한 정보를 전달하는 기능을 한다.

㉣ 결산서류 및 제출시기

특례규칙 제39조(결산의 내용)에 따른 결산서류는 다음과 같다.

- 자금계산서
- 대차대조표 및 대차대조표 부속명세서
- 운영계산서 및 운영계산서 부속명세서
- 합계잔액시산표
- 결산 부속서류

대차대조표 부속명세서에는 현금 및 예금명세서, 수표수불명세서, 선급금명세서, 가지급금명세서, 선급법인세명세서, 받을어음명세서, 투자와 기타 자산명세서, 투자유가증권명세서, 고정자산명세서, 단기

(장기)차입금명세서, 미지급금명세서, 가수금명세서, 지급어음명세서, 어음수불명세서, 차관(외화장기차입금)명세서, 학교채명세서, 기본금명세서 등이 포함된다. 운영계산서의 부속명세서에는 등록금명세서, 전입금명세서, 예비비사용액명세서 등이 포함된다. 결산 부속서류는 이사회 회의록 사본, 예산 · 결산자문위원회 회의록, 감사보고서, 합산재무제표와 기타 결산과 관련하여 필요한 서류로 구성된다.

이사장 및 학교의 장은 매 회계연도 종료 후 50일 이내에 결산서를 이사회에 제출하여야 한다. 이를 위해 이사회는 매 회계연도 종료 후 2월 이내에 결산을 심의 · 확정하여야 한다. 또한 이사장 또는 학교의 장은 심의 · 확정된 법인회계 및 학교회계 결산을 공개하여야 하며, 이 경우 감사보고서를 매 회계연도 종료 후 3월 이내에 당해 학교의 홈페이지에 1년간 공개하여야 한다. 이사장은 모든 결산서류와 합산재무제표를 매 회계연도 종료 후 3월 이내에 교육과학기술부장관에게 제출하여야 한다.

(2) 감사

① 감사의 의의와 목적

감사란 "중립적 위치에 있는 제3자가 어떤 조직이나 개인이 수행하고 있거나 수행한 업무를 조사 · 판단하여 그 업무가 올바른 방향으로 수행되도록 통제 · 조정하는 일 또는 특정 경제실체의 회계활동 및 결과에 대한 피감사인의 주장과 미리 설정된 일정 기준과의 일치 정도를 확인하기 위하여 이들 주장에 관한 증거를 객관적으로 수립하고 평가하며, 그 결과를 이해관계자인 이용자에게 전달하는 체계적인 과정"이라고 정의된다. 또한 감사란 법령이나 계약 등에 의거하여 임명된 감사인이 어떤 조직체의 운영 · 활동이나 회계 등 부여된 감사범위에서 설정된 판단 기준 하에 독립적으로 제반 정보 · 자료 · 기록 등을 수집 · 평가 ·

확인 · 분석하고, 증거에 의거하여 입증된 조사 결과를 보고 · 처리하는 체계적인 처리 과정이라고 정의하기도 한다.

현실에 있어 감사란 감사대상 기관과 그 소속직원들이 수행하는 제반 활동의 합법성 혹은 적정성을 객관적으로 검사 혹은 조사하는 행위를 말한다. 이러한 감사는 재무적 성격의 활동과 비재무적 성격의 활동 모두를 대상으로 한다. 이와 같이 어떤 행정활동의 합법성 혹은 적정성을 객관적으로 검사하는 것을 전통적 감사라고 부르고 있다. 전통적 감사에 대비되는 개념의 현대적 감사는 성과감사라고도 하며, 능률성과 효과성에 중점을 둔 감사로서 회계의 적정성과 행정활등의 합법성 여부만을 결정하는 것으로는 충분하지 않다는 인식에 입각하여 발전한 것이다.

감사는 감사된 사항, 즉 감사대상 기관의 운영상태 및 그에 관한 보고서가 확립된 기준에 합치되는 정도를 결정함을 목적으로 한다. 즉, 감사는 기준(혹은 표준)과 상태(혹은 감사대상 사안) 사이의 합치성 혹은 불합치를 검토한다. 따라서 감사의 구체적인 목적은 모든 경영 또는 행정활동이 본래 의도하였던 대로 수행되었느냐, 그렇지 못했느냐를 찾아내는 데 있으므로 감사는 본질적으로 규범적 성격을 띠고 있다. 이러한 논리를 사업의 성과에 적용해 보면, 감사는 사업의 성과를 기존의 규범에 비추어 판단 혹은 검증한다. 이러한 검토 결과에 따른 조치에 의해 감사대상 기관과 사안의 운영상 하자에 대한 시정 등이 가능하게 된다.

② 감사의 유형 및 방법

감사는 주체에 따라 내부감사와 외부감사로 분류할 수 있다. 내부감사는 자체감사라고도 불리는 것으로, 감사의 주체가 피감사기관 내에 속한 사람이다. 외부감사는 독립감사라고도 하는데, 이것은 감사의 주체가 피감사기관 외부에 속하는 독립적인 제3자인 것을 뜻한다. 기업의 경우 재무제표에 대해 독립적인 공인회계사에 의해 감사를 받는 것이 대표적인 예다. 감사 방법에 따라 감사는 서면감사와 실지감사로 분류할 수 있다. 서면감사는 지상감사 혹은 서류감사라고도 하며, 피감사기관이나 그 소속원으로부터 업무 상황을 서면으로 제출받아 실시하는 감사다. 실지감사는 현장감사라고도 하며, 감사인이 피감사기관에 출장하여 실시하는 감사다. 또한 감사는 감사 내용에 따라 재무 · 합법성감사, 경제 · 능률성감사, 효과성감사로 분류할 수 있다. 재무 · 합법성감사는 대체로 전통적 감사라고 불리는 것으로, 피감사기관과 그 소속원이 수행한 제반 활동의 적정성을 검토하고, 이러한 활동들이 그것을 규제하는 법률이나 규칙, 규정 및 예산 등에 합치되게 이루어졌는지의 여부를 검사하는 것이다. 경제 · 능률성감사란 실적감사의 한 요소로서 운영감사 혹은 관리감사로도 불린다. 이것은 피감사기관이 그의 재원(직원, 재산, 공간 등)을 경제적 · 능률적으로 관리 · 이용하고 있는지의 여부를 결정하는 것을 말한다. 효과성감사란 실적감사의 한 요소로서 사업감사라고도 불린다. 이것은 피감사기관이 수행하는 제 사업이나 활동의 성과나 편익과 그러한 사업이나 활동이 미리 설정된 목표를 달성하고 있는지의 여부를 검토하는 것이다. 감사의 범위에 따라 포괄적 감사와 선별적 감사로 분류할 수 있다. 포괄적 감사란 감사대상에 대하여 재무 · 합법성감사, 경제 · 능률성감사, 효과성감사를 모두 실시하는 감사를 말한다. 선별적 감사란 감사대상에 대하여 앞서 언급한 세 가지 감사 중 하나 혹은 두 가지의 감사만을 실시하는 것을 뜻한다.

③ 대학재정 운영에 대한 감사

사립대학의 재정운영에 대한 감사는 내부감사와 외부감사에 의해 이루어진다. 대학의 재정에 대한 감사는 감사 내용 측면으로 볼 때 재무 · 합법성감사가 중심이며, 경제 · 능률성감사 또는 효과성감사의 측면은 크게 강조되지 않고 있다.

사립대학의 재정운영에 대한 감사는 사립학교법과 사학기관재무회계규칙에 근거를 두고 있다. 사립학교법 제19조 제4항은 내부감사의 책임자인 감사의 직무에 학교법인의 재산 상황과 회계를 감사하는 일과, 학교법인의 재산 상황과 회계 또는 이사회의 운영과 그 업무에 관한 사항을 감사한 결과, 부정 또는 불비한 점이 있음을 발견한 때 이를 이사회와 감독청에 보고하는 일을 포함하고 있다. 한편, 재무회계규칙 제41조는 다음과 같은 감사 관련 규정을 두고 있다. 법인의 감사는 당해 법인과 학교에 대하여 법 제19조 제4항의 규정에 의한 감사를 매년 1회 이상 실시하여야 한다. 법인의 이사장은 학교의 장과 수입원 및 지출원이 사망하거나 경질된 때에는 그 관장에 속하는 수입, 지출, 재산, 물품 및 현금 등의 관리 상황을 감사로 하여금 감사하게 하여야 한다. 이 경우의 감사에는 전임자가 입회하여야 하며, 전임자가 입회할 수 없는 경우에는 그 전임자가 정한 대리인이나 법인의 이사장이 관계직원 중에서 선정한 입회인을 감사에 입회하게 하여야 한다. 감사는 감사를 한 때는 감사보고서를 작성하여 당해 법인의 이사장에게 보고하여야 하며, 특히 필요하다고 인정되는 사항은 관할청에 보고하여야 한다. 감사보고서에는 감사와 피감사자 또는 입회인이 각각 기명 · 날인하여야 한다.

대학의 재정운영에 대한 외부감사는 사립학교법 제31조에 근거를 두고 있다. 사립학교법 제31조 제4항은 "관할청은 학교법인이 결산서를 제출할 때에 당해 학교법인의 감사 전원이 서명 · 날인한 감사보고서를 첨부하게 하여야 하며, 학교법인으로부터 독립된 공인회계사 또는 회계법인의 감사증명서를 첨부하게 할 수 있다."고 규정하며, 시행령 제14조 제3항에서 감사증명서를 첨부하여야 할 학교법인의 대상범위, 실시시기 등에 관하여 필요한 사항을 정하고 있다. 사립학교법 시행령에 따라 외부감사인의 감사증명서를 제출하여야 할 학교법인은 다음과 같다.

- 당해 회계연도의 입학정원이 2,000명 이상인 대학 또는 산업대학을 설치 · 경영하는 학교법인(각급 학교를 설치 · 경영하는 학교법인에 있어서는 전문대학 이하 각급 학교의 교비회계에 대한 결산의 경우를 제외한다)
- 당해 회계연도의 입학정원이 2,000명 미만인 대학 또는 산업대학을 설치 · 경영하는 학교법인으로서 회계부정, 결산서의 허위작성, 기타 현저히 부당한 회계처리로 학교법인의 회계질서를 문란하게 하여 교육과학기술부장관이 특별히 감사증명서를 제출하도록 할 필요가 있다고 인정하는 학교법인(각급 학교를 설치 · 경영하는 학교법인에 있어서는 전문대학 이하 각급 학교의 교비회계에 대한 결산의 경우를 제외한다)

사립대학 감사보고서의 감사증명서에 첨부되는 외부감사인의 감사보고서 사례는 다음과 같다.

감 사 보 고 서

학교법인 수로학원 이사장 귀하

우리는 사립학교법 제19조 제4항 및 사학기관재무회계규칙 제41조의 규정에 의하여 학교법인 수로학원의 회계연도 이사회 운영과 그 업무에 관한 사항 및 2009년 2월 28일 현재의 대차대조표와 동일로 종료되는 회계연도의 자금계산서, 운영계산서 및 각 부속명세서를 감사하였습니다. 감사를 실시함에 있어 우리는 일반적인 감사 기준을 준용하였습니다.

우리의 의견으로는 (다음 사항을 제외하고는) 학교법인 수로학원의 이사회 운영과 그 업무에 관한 사항은 적절하며 별첨 재무제표는 사학기관재무회계규칙에 대한 특례규칙에 따라 학교법인 수로학원의 2009년 2월 28일 현재의 재무상태와 동일로 종료되는 자금수지 및 운영성과의 내용을 적정하게 표시하고 있습니다.

2009년 04월 10일

학교법인 수로학원

감사 홍 길 동 ㊞
감사 장 길 산 ㊞

피감사자(입회인)

직명 법인사무국장
성명 임 꺽 정 ㊞

외부감사인의 감사보고서

학교법인 계백학원 이사장 귀하 2009년 04월 10일

본 감사인은 첨부된 학교법인 계백학원의 일반업무회계 및 동 법인이 설립한 계백대학교 교비회계의 2009년 2월 28일과 2008년 2월 28일 현재의 대차대조표와, 동일로 종료되는 양 회계연도의 운영계산서와 자금계산서 그리고 2009년 2월 28일과 2008년 2월 28일 현재의 그 합산대차대조표와, 동일로 종료되는 양 회계연도의 합산운영계산서와 합산자금계산서를 감사하였습니다. 이 재무제표를 작성할 책임은 학교법인의 경영자에게 있으며, 본 감사인의 책임은 감사를 실시하고 이를 근거로 이 재무제표에 대하여 의견을 표명하는 데 있습니다.

본 감사인은 대한민국의 회계감사 기준을 준용하여 감사를 실시하였습니다. 이 기준은 본 감사인이 재무제표가 중대하게 왜곡 표시되지 아니하였다는 것을 합리적으로 확신하도록 감사를 계획하고 실시할 것을 요구하고 있습니다. 감사는 재무제표상의 금액과 공시 내용을 뒷받침하는 감사증거에 대하여 실사의 방법을 적용하여 검증하는 것을 포함하고 있습니다. 본 감사인이 실시한 감사가 감사의견 표명을 위한 합리적인 근거를 제공하고 있다고 본 감사인은 믿습니다.

첨부된 재무제표에 대한 주석에서 설명하고 있는 바와 같이 사학기관재무회계규칙 및 동 규칙에 대한 특례규칙에서 정한 회계처리 방법은 발생주의에 따라 수익비용을 인식하지 아니하고 유형고정자산에 대한 감가상각을 계상하지 아니하는 등 기업회계기준상의 회계처리 방법과 상이합니다.

본 감사인의 의견으로는 학교법인 계백학원의 일반업무회계와 동 법인이 설립한 계백대학교의 교비회계에 속하는 각각의 재무제표와 그 합산재무제표는 2009년 2월 28일과 2008년 2월 28일 현재의 재무상태와 동일로 종료되는 양 회계연도의 운영성과 그리고 자금수지 내용을 사학기관재무회계규칙 및 동 규칙에 대한 특례규칙에 따라 중요성의 관점에서 적정하게 표시하고 있습니다.

신 라 회 계 법 인
대표이사 김 유 신

6) 결산의 공개

대학은 교육연구 수행을 위한 기관이며 비영리를 목적으로 하므로 비록 사립대학이라 하더라도 공공성을 가지고 있다. 따라서 사립대학 운영의 공공성 확보와 사회적 공신력 제고를 위한 예 · 결산에 대한 공개의 필요성이 오래전부터 주장되어 왔다. 1996년 이전에도 재정운영의 투명성을 신고하기 위해 몇몇 대학은 자발적으로 예 · 결산내역 등을 일간지 등에 공개한 바 있었으나, 동년 특례규칙의 개정으로 예 · 결산의 공시가 의무화되어 자금예산서 및 자금계산서를 공고하여 자원의 유입과 유출에 관한 정보는 물론 사학기관 운영의 효율성에 관한 정보를 이해관계자에게 전달하도록 규정하였다. 특례규칙 제42조 제3항에서는 결산의 내용을 공개하도록 의무화하고 공개의 범위와 방법은 교육과학기술부장관이 따로 정하도록 하고 있다. 공시의 방법으로 처음에는 외부공인회계사의 회계감사를 거쳐 일간지 혹은 대학신문 및 홈페이지에 공개토록 함으로써 사학의 신뢰성 및 공정성을 확보할 수 있도록 하였는데, 이후 공시 측면은 더욱 강화되었다. 특히, 2005년 9월 특례규칙은 예 · 결산서 완전공개를 목표로 재차 개정되었는데, 이를 바탕으로 교육과학기술부는 사립대학 회계정보 시스템을 구축하여 2005년 말부터 운영하고 있다. 공개되는 정보는 2005년 자금예산서, 2004년 자금계산서 · 대차대조표 · 운영계산서, 등록금, 통계자료 등이며, 사학진흥재단 홈페이지를 통해 운영되고 있다. 이 시스템의 다음과 같은 메뉴를 통해 재정정보의 접근이 가능하다.

〈사립대학 회계정보 시스템〉

- **요약재무**: 예 · 결산의 '관' 항목을 연도 · 회계 · 타대학 비교 등 금액과 그래프 공개
- **등록금**: 연도 · 계열 · 학년별 등록금 평균액을 공개
- **종합재무**: 감사보고서와 예 · 결산 DB 자료를 회계별로 '관' '항' '목'까지 공개
- **기본재산**: 연도별 교육용 · 수익용 기본재산, 학교운영경비 부담내역, 수익사업체 현황 등 공개
- **결산경영분석**: 연도별 전체평균지수표, 지표비교표, 레이더차트 공개(개별대학 미공개)
  ※ 결산서를 기준으로 한 결산경영분석지표는 '결산경영분석심의위원회' 등의 심의를 거쳐 지표신뢰성 확보 후 공개 결정 예정
- **통계**: 연도별 지표통계, 등록금, 예 · 결산, 기본재산의 전체 통계자료 공개
- **정보마당**: 공시 알리미, 학교 현황, 법령정보 공개

4. 주요 계정과목 및 회계처리[5]

1) 자금계산서 · 운영계산서의 계정과목

(1) 등록금수입

① 등록금수입은 크게 입학금, 수업료, 기성회비로 구분한다. 입학금은 신입생 및 편입생, 재입학생으로부터 받는 입학금을, 수업료는 1년 이상 교육과정 등의 학부, 대학원 학생으로부터 받는 수업료로 계절학기 수업료를 포함한다. 등록금수입은 사학의 가장 중요한 수입재원이므로 자금예산서 제출 시 반드시 등록금명세서(별지 제1의 4호 서식)를 제출하여야 한다.

5) 이 부분은 『사립대학의 경영과 회계』(이동규, 2001) 제7장(pp. 184-263)의 내용 중에서 발췌 · 요약한 것임.

〈회계처리 사례〉

등록금 수납 시(1학기 경우)-결산일 전

(차) 예금	×××	(대) 등록금 선수금	×××

학기 개시일의 대체분개

(차) 등록금 선수금	×××	(대) 입학금	×××
학비감면	×××	수업료	×××
장학금	×××	기성회비	×××

※ 분납의 경우 분납금액에 대한 (등록금)미수금 계정을 설정하여야 함.

② 수강료수입은 특별강좌, 평생교육강좌 등의 개설에 따른 단기교육수강료로 교육기간이 1년 미만인 수입을 의미하며, 중등교원연수원 교육수입, 어학원 수강생의 수강료수입, 전산교육 특강료수입 등도 포함한다.

(2) 전입 및 기부수입

① 경상비전입금은 법인으로부터 인건비, 관리운영비, 연구 · 학생경비 등의 경상비용으로 받는 전입금을 의미하며, 법인회계의 경상비 전출금과 일치되어야 한다. 특히, 특정한 시설(토지, 건물 등)의 취득 또는 각종 기금 적립 등의 용도로 전입되는 자산전입금과는 구분하여야 한다.

〈회계처리 사례〉

학교법인으로부터 자금 송금을 받을 시

(차) 예금	×××	(대) 경상비전입금	×××

학교법인이 학교의 경상비용을 대납하고 그 증빙과 함께 통보하였을 경우

(차) 관련비용과목	×××	(대) 경상비전입금	×××

② 법정부담전입금은 교직원의 후생복리를 위하여 법인으로부터 연금, 의료보험료 등 의무부담금으로 받는 전입금을 의미하며, 법인회계의 법정부담전출금과 일치되어야 한다. 또한 학교회계에서 연금 및 의료보험료 납부 시에는 교원법정부담금과 직원법정부담금 과목으로 계상하므로 이들을 합산한 금액과 일치하여야 한다.

③ 자산전입금은 법인으로부터 특정한 시설(토지, 건축물 등)의 취득 또는 각종 기금 적립 등과 같이 자본(자산)적 지출용으로 받는 전입금을 의미하며, 법인회계의 자산전출금과 일치하여야 한다. 특히, 학교의 인건비, 관리운영비 등의 경상비용에 충당할 목적으로 전입되는 경상비 전입금과는 그 용도에 의해 구분된다.

④ 특별회계전입금은 연구소 등 특별회계단위로부터 학교나 법인으로 전입되는 금액이다.

⑤ 교내전입금은 분교를 설치하여 별도의 회계조직을 운영할 경우 본교와 분교 간의 전입 · 전출금을 의미하며, 특별회계전입금, 전출금과 구분된다. 이는 단순한 자금의 대차가 아닌 운영수지에 영향을 주는 경우를 의미한다(교내전출금과 대응).

⑥ 수익사업전입금은 법인이 수익사업회계로부터 받는 전입금이다.

⑦ 기부금수입은 일반기부금인 기증자가 기부금의 용도를 지정하지 아니한 기부금과 지정기부금인 장학금, 체육기금, 연구기금, 건축기금 등 기부금의 용도를 지정한 기부금(단, 연구와 관련한 용역 혹은 기부금은 연구기부금 과목에서 처리)이다.

〈회계처리 사례〉

기증자가 기부금을 납부하였을 때

(차) 예금 ×××	(대) 일반기부금 ××× (지정기부금)

⑧ 국고보조금수입은 교육과학기술부에서 사학의 규모, 각종 교육지표 등 평가지표에 따라 지원하는 국고보조금으로 일정률의 대응투자를 유도하며, 시설 확충과 도서관 정보화 및 도서 확보, 기타 대학의 다양화·특성화 등 자구노력 지원을 위한 국고보조금을 의미한다.

〈회계처리 사례〉

교육과학기술부에서 통보한 국고보조금이 입금될 시

(차) 예금 ×××	(대) 시설, 설비보조 ××× 도서관보조 자구노력 지원 (다양화, 특성화)

(3) 교육부대수입

① 입시수수료수입은 입학원서대수입, 수험료수입 등을 포함하며 입시홍보비, 출제경비, 인쇄비, 사무용품비 등 입시경비와 입학시험 관리 담당교직원에게 지급하는 입시수당에 충당한다.

② 증명료는 재학증명서, 졸업증명서 등 각종 증명을 발급하고 받는

수수료수입이며, 대여료 및 사용료수입은 강당, 교실, 기계 · 기구 등 학교시설물을 대여하고 받는 이용료와 복사기, 학교버스 등 학교시설의 이용자로부터 받는 사용료수입을 의미한다.

③ 기타 교육부대수입으로 논문심사수입은 학생 논문지도에 따른 심사료수입으로 논문심사료와 대응한다. 실습수입은 실험실습 등의 결과로 인한 부산물의 매각 수입 또는 실험용역수입을 계상하며, 기타 교육부대수입은 정보화 교육수업 등 교육부대사업에 의한 수입을 계상한다.

(4) 교육외수입

① 예금이자수입은 각종 예금이자수입(수익용 기본재산인 예금이자수입을 포함한다)을 계상하되, 선급법인세 공제 전 이자총액을 계상한다.

② 기타 교육외수입은 연구간접비, 위약금, 보험금수입 등의 잡수입을 계상하며 실무적으로 불용품매각수입, 교내신문, 방송사의 광고료수입, 출판부 운영수입 등 교육외수입을 잡수입으로 처리한다.

③ 투자와 기타 자산수입은 채권, 주식 등의 투자유가증권 매각액이다(장부가액이 아님).

〈회계처리 사례〉

투자유가증권의 매각 시(평가충당금이 없는 경우)

(차)	예금	×××	(대) 투자유가증권	×××
	투자유가증권처분손실	×××	투자유가증권처분이익	×××
	(손실 발생 시)		(이익 발생 시)	

투자유가증권 매각 시(평가충당금이 설정되어 있는 경우)

(차)	예금	×××	(대) 투자유가증권	×××
	투자유가증권평가충당금	×××	투자유가증권처분이익	×××
	투자유가증권처분손실	×××	(이익 발생 시)	
	(손실 발생 시)			

④ 고정자산매각수입은 유형고정자산을 매각하여 입금한 금액을 의미하며, 각종 자산의 장부가액이 아닌 매각금액을 표시한다. 이러한 자산은 매각 시 장부가액과 차액이 발생하며 이는 고정자산처분이익, 고정자산처분손실계정에서 처리된다.

〈회계처리 사례〉

학교에서의 토지, 건물 매각 시(수익 발생 시)

(차)	예금	×××	(대) 토지(혹은 건물)	×××
	법인	×××	운영차액대체	×××
			고정자산처분이익	×××

(5) 유동부채입금 · 고정부채입금

① 단기차입금은 상환기간이 1년 미만인 차입금의 차입이다.

② 장기차입금은 상환기간이 1년 이상인 차입금의 차입이다(외화장기 차입금을 포함).

〈회계처리 사례〉

장기차입금의 차입 시

(차) 예금 ××× (대) 장기차입금 ×××

③ 학교채 매각은 교육과학기술부의 승인에 따라 학부형 및 학생에게 매각한 학교채수입이다.

〈회계처리 사례〉

학교채를 발행하여 매각 시

(차) 예금 ××× (대) 학교채 ×××

(6) 보수

① 교원급여는 급여지급규정에 의거하여 매월 정액으로 지급되는 본봉과 인건비성 연구비를 의미하며, 교원상여금은 상여금지급규정에 의거하여 교원에게 지급되는 금액으로 기성회 연구보조비를 포함한다. 교원제수당은 초과강의료, 정근수당, 보직수당, 식대보조비, 학생지도수당 등 교원에게 지급되는 각종 수당이다.

〈회계처리 사례〉

교원급여 지급 시(상여금 포함)

(차) 교원급여	×××	(대) 예금	×××
교원상여금		일반예수금	×××
교원제수당		제세예수금	×××

② 교원법정부담금, 직원법정부담금은 교직원에 대한 연금부담금 및 의료보험부담금 등 법인의 의무부담금으로 지출되는 금액이다.

〈회계처리 사례〉

연금 및 의료보험료를 납부할 때에는 법인에서 전입된 법정부담금과 급여에서 공제한 본인부담금(일반예수금)을 합하여 지출한다.

(차) 교원법정부담금	×××	(대) 예금	×××
(직원법정부담금)			
일반예수금	×××		

③ 교원퇴직금, 직원퇴직금은 사립학교교원연금법에 의한 퇴직급여 외의 퇴직금으로 연금법 시행 이전부터 근무한 교직원의 퇴직금과 명예퇴직금 등을 계상하며, 퇴직금을 매년 일정액씩 적립하여 기금화한 경우 퇴직기금과 퇴직적립금계정에서 처리한다.

〈회계처리 사례〉

퇴직금을 직접 지급할 때

차변	금액	대변	금액
(차) 교원퇴직금	×××	(대) 예금	×××

퇴직금을 적립 기금화할 때

차변	금액	대변	금액
(차) 교원기금	×××	(대) 예금	×××
제적립금대체액	×××	퇴직적립금	×××

퇴직기금에서 인출하여 지급할 때

차변	금액	대변	금액
(차) 예금	×××	(대) 퇴직기금	×××
퇴직적립금	×××	운영차액대체	×××
교원퇴직금 (직원퇴직금)	×××	예금	×××

(7) 관리운영비

① 시설관리비에는 건축물관리비, 장비관리비, 시설용역비 등이 있다. 건축물관리비는 방수, 도장, 전기, 상하수도 배관, 냉 · 난방기 배관 등 건축물의 보수 · 유지관리와 관련된 도급공사 및 자재구입경비 등이다. 장비관리비는 승강기 유지보수, 통신시설 유지보수, 냉 · 난방기, 실습기자재, 전산기기, 공구, 비품 등의 수선 및 유지비로서 장기보수계약에 의한 지급액을 포함한다. 시설용역비는 청소, 경비 등 시설용역에 대한 비용으로 청소용역, 경비용역, 안전진단용역비 등의 지출액이다.

② 보험료는 건축물, 시설물, 동산 등에 대한 재해보험료, 건물재해공제, 차량보험료 등이다.

③ 리스, 임차료는 토지, 건물, 기계기구 등의 리스료 및 임차료 등의

지급액으로 사유재산점용료, S/W 임차료, 건물임차료, 기계기구리스료, 통학·통근버스임차료, 복사기 등의 지출경비다.

④ 일반관리비에는 여비교통비, 차량유지비, 소모품비 등이 있다. 여비교통비는 교직원의 국내외 출장여비 및 교통비로서 교원의 학회참석출장, 일반업무출장, 교직원의 해외연수경비보조금, 시내교통비 등의 지출금액이다. 차량유지비는 차량의 유지에 소요되는 유류비, 수리비, 통행료, 차량검사수수료 등이다(다만, 보험료는 보험료에, 자동차세는 제세공과금에 각각 계상, 차량 구입 시에 소요되는 부대비용은 차량운반구계정에 계상한다). 소모품비는 일반소모품 등의 구입비용(복사용지, 프린트용지, 간행물 구독료 등 제반 사무용품비)으로 전산소모품, 도난방지 시스템, 감응테이프 및 도서정리용 소모품, 청소용품비, 증명자동발급 소모품비 등을 포함한다.

⑤ 제세공과금은 법인 및 학교가 부담하여야 할 제세·공과금, 각종 협회비 등이다.

⑥ 운영비에는 복리후생비, 교육훈련비, 업무추진비 등이 있다. 복리후생비는 교직원의 복리후생을 위하여 지출하는 현물 식사대(급여 시 지급하는 식대수당 제외)와 피복, 개인장구 등 각종 복리후생비로 야간근무자의 야식대보조금, 야근식대, 특근식대 등의 지출금액이다. 교육훈련비는 교직원의 교육훈련에 지출하는 비용으로 직원연수경비, 기사교육훈련비, 사서 및 전산직교육비, 직원 직무교육비, 각종 연수회 참석경비 등이다. 업무추진비는 업무추진에 특별히 소요되는 비용으로 경조금, 찬조금, 격려금 및 업무추진과 관련하여 지급하는 금액이다.

(8) 연구 · 학생경비

① 연구비는 교원에게 지급되는 교내학술연구지원금, 부설연구소지원금, 학술활동연구장려금, 외부기관용역연구비, 교원해외연수경비, 저서발간경비지원액 등의 지출금액이며, 연구관리비는 교원연구업적집, 지원편람발간비, 논문집발간비, 국제학술교류경비, 교재개발비, 각종 평가연구추진경비 등의 지출금액이다.

〈회계처리 사례〉

교내연구비 지급 시

차변	금액	대변	금액
(차) 연구비	×××	(대) 예금	×××

외부용역연구비 지급 시(연구간접비 공제 후 지급)

차변	금액	대변	금액
(차) 연구비	×××	(대) 예금	×××
		잡수입(연구간접비)	×××

연구관리비 지급 시

차변	금액	대변	금액
(차) 연구관리비	×××	(대) 예금	×××

② 학생경비에는 장학금, 학비감면, 실험실습비 등이 있다. 장학금은 학생에게 지급하는 각종 장학금으로 지정기부금으로 입금되어 지급되는 대외장학금과 국가유공자자녀장학금, 교비에서 지급하는 체육특기자장학금, 근로학생에게 지급하는 근로장학금, 장학기금 재원에서 지급하는 학생복지장학금, 기타 특별장학금의 지출금액이다.

〈회계처리 사례〉

외부장학금이 기탁되어 지급되는 장학금 및 일반교비 장학금 지급 시

(차) 장학금	×××	(대) 제예금	×××

장학기금에서 인출하여 지급하는 장학금

(차) 예금	×××	(대) 장학기금	×××
장학적립금	×××	운영차액대체	×××
장학금	×××	예금	×××

국가유공자자녀장학금(학교수업료 및 입학금에 관한 규칙 제3조 제3항) (국가보훈처에서 장학보조금 입금 시)

(차) 예금	×××	(대) 기타보조금	×××
(장학금 지급 시)			
(차) 장학금	×××	(대) 예금	×××

학비감면은 등록금감면액이다(상대과목 등록금수입에는 총액을 계상한다). 등록금(학교수업료 및 입학금에 관한 규칙 제3조 제3항 규정에 의거하여 등록학생의 10% 이상에 해당하는 수업료 및 입학금을 감면하게 되어 있다)은 학비감면금액을 공제하고 수납한다.

〈회계처리 사례〉

등록금 수납 시

(차) 예금	×××	(대) 입학금	×××
학비감면	×××	수업료	×××
		(기성회비)	

실험실습비는 실험실습교육에 지출하는 각종 비용(실험실습기자재구입비는 기계·기구매입비에 계상한다)으로 실험실습재료비, 시약, 초자류

현장견학경비, 채집경비, 교육실습경비 등의 지출금액이다.

〈회계처리 사례〉

실험실습재료 구입 시

(차) 경상비전입금 ××× (대) 예금 ×××

③ 학생지원비는 교내신문 발행, 교내방송, 대학지 발간, 학생 서클(동아리) 보조 및 학생행사 보조 등 학생지원 및 복지를 위하여 지출하는 각종 비용으로 학과학술활동지원비, 고시원 등의 운영비, 학생활동업무지원비 등의 지출금액을 포함한다.

④ 입시관리비는 입시수당(입학시험관리 담당교직원의 수당), 입시경비(입학시험에 소요되는 소모품비, 수수료, 인쇄비, 광고료, 임차료, 식사비 등의 비용)를 포함한다.

(9) 교육외비용

① 지급이자는 차입금, 차관 등의 이자지급액으로 금융기관 장기차입금의 이자, IBRD 차관이자, OECF 차관이자, 사학진흥재단차입금이자 등의 지급금액이다.

〈회계처리 사례〉

장기차입금 원금 및 이자상환 시

(차) 장기차입금 ××× (대) 예금 ×××

지급이자 ×××

② 기타 교육외비용은 예측하지 못한 교육외비용으로 과년도 등록금 반환액을 포함한다.

(10) 전출금

① 특별회계전출금은 특별회계로 전출하는 금액으로 지방대학특성화사업 등 특별회계기관으로의 전출금이다.

〈회계처리 사례〉

특별회계로 전출 시

(차) 특별회계전출금 ××× (대) 예금 ×××

② 교내전출금은 특별회계를 제외한 교내 타회계조직(분교 등)에의 전출금액이다(교내전입금과 대응).

〈회계처리 사례〉

전출금 송금 시

(차) 교내전출금 ××× (대) 예금 ×××

(11) 투자와 기타 자산지출

① 투자자산지출은 채권, 주식 등 투자유가증권의 매입대금이다.

〈회계처리 사례〉

투자유가증권 매입 시

(차) 투자유가증권 ××× (대) 예금 ×××

② 출자금지출은 수익사업 및 수익을 목적으로 출자하는 금액, 부속병원투자지출은 부속병원에 기본금(출자금)으로 투자하는 금액이다.

③ 특정 기금 적립은 연구, 건축, 장학, 퇴직금 및 기타 기금으로 별도로 적립하는 금액이다.

〈회계처리 사례〉

○○기금 적립 시

(차) ○○기금	×××	(대) 예금	×××
제적립금대체액	×××	○○기금적립금	×××

⑿ 고정자산매입지출

① 유형고정자산매입지출은 유형고정자산의 매입대금과 부대비용으로 지출하는 금액이다.

〈회계처리 사례〉

토지, 건물 매입 시(학교회계)

(차)	토지(건물)	×××	(대) 예금	×××
	법인대체액	×××	법인	×××

② 건설가계정은 건축물 등의 건설기간 중 공사비, 설계비, 인허가비 등의 지급액이다(완공 후 해당 과목으로 대체한다).

〈회계처리 사례〉

건축비 지급 시

(차)	건설가계정	×××	(대) 예금	×××
	기타기본금대체액	×××	기타기본금	×××

건축 완료 후 본계정 대체 시

(차)	건물	×××	(대) 건설가계정	×××
	기타기본금	×××	운영차액대체	×××
	법인대체액	×××	법인	×××

③ 무형고정자산취득비는 특허권, 광업권 등과 같은 권리자산의 취득대금이다. 연구개발의 결과물을 특허 등록하고 이를 위해 투입한 개발비, 등록비 등을 산업재산권(특허권, 실용신안권, 의장권, 상표권 등)으로 계상한다.

(13) 유동부채상환

① 단기차입금상환은 단기차입금의 실제 상환액이다(장부가액이 아님).

⑫ 장기차입금상환은 장기차입금의 실제 상환액이다(외화차입금의 경우 상환차손익을 포함한 금액으로 하되 장부가액이 아님).

⑬ 학교채상환은 학교채의 상환액이다.

⒁ 고유목적사업준비금전입액과 환입액

고유목적사업준비금전입액은 학교법인의 수익사업회계에서 발생한 수익과 고유목적사업(대학)에서 발생한 수익사업 수입을 고유목적사업에 지출하기 위하여 고유목적사업준비금을 손금으로 계상한 금액이다. 고유목적사업준비금환입액은 학교법인이 손금에 산입한 고유목적사업준비금을 설정한 사업연도 이후 5년 이내에 고유목적사업 또는 지정기부금에 사용하고 남은 잔액은 그 5년이 되는 날이 속하는 사업연도의 소득금액 계산 시 이를 익금에 산입하도록 한 금액이며, 1997년 1월 1일 고유목적사업준비금을 손금에 산입한 비영리법인이 해산하거나 고유목적사업 전부를 폐지한 때에는 5년이 경과하기 전이라도 당해 사유가 발생한 날이 속하는 사업연도의 소득금액 계산 시 준비금 전액을 익금에 산입하도록 한 금액이다.

〈회계처리 사례〉

고유목적사업준비금을 손금 계상 시

(차) 고유목적사업준비금 전입액 ××× (대) 고유목적사업준비금 ×××

실제 고유목적사업에 충당 시

(차) 고유목적사업준비금 ××× (대) 예금 ×××

고유목적사업에 충당하지 못하고 환입 시

(차) 고유목적사업준비금 ××× (대) 고유목적사업준비금 환입액 ×××

2) 대차대조표의 계정과목

(1) 유동자산

① 현금은 자금출납부에서 관리 · 보관하는 현금이다(일반업무부서의 소액현금전도액 포함).

② 예금은 금융기관에 예치된 각종 예금이다(특정 기금은 특정기금계정에서 처리).

③ 미수금은 일반적인 거래의 미수채권으로 학교회계에서는 등록금 미수금(분할납부 경우) 및 학교시설의 이용에 따른 전화료, 전기료 등의 부담액에 대한 미수금이 발생한다.

④ 가지급금은 액수나 과목이 확정되지 않은 각종 비용의 선지급액(소액현금은 현금에 계상)으로 미결산계정으로서 결산 시에는 지출된 내역에 따라 구체적인 계정과목으로 대체한다.

⑤ 단기대여금은 상환기간이 1년 미만인 타회계조직 등에 대한 일시적 대여금이다.

⑥ 선급금은 물품 및 용역구입비용 등의 선지급액으로 외국산 실습기자재의 B/L 대금이나 구매계약의 계약 내용에 따라 지급되는 금액 등이다.

⑦ 선급법인세는 예금이자 등에 대한 금융기관의 원천징수세액 중 차후 환급되는 법인세다.

〈회계처리 사례〉

예금이자 발생 시

(차) 예금	×××	(대) 수입이자	×××
선급법인세	×××	법인	×××

법인세를 환급받았을 시

(차) 예금	×××	(대) 선급법인세	×××

(2) 투자와 기타 자산

설치학교(법인회계의 경우만 해당)는 다음을 말한다.

- 대학회계에 투입되어 있는 법인 일반회계의 투자액
- 전문대학회계에 투입되어 있는 법인 일반회계의 투자액
- 초 · 중 · 고교에 투입되어 있는 법인 일반회계의 투자액
- 부속병원에 투입되어 있는 법인회계의 투자액

① 투자자산은 투자목적으로 소유하는 주식, 사채 및 국 · 공채 등의 투자유가증권, 출자금 등이다.

② 특정 기금은 다음을 말한다.

- 연구기금: 연구장려 등을 위하여 별도로 예치한 자금 등
- 건축기금: 건축비용 충당을 위하여 별도로 예치한 자금 등
- 장학기금: 장학금 지급을 위하여 별도로 예치한 자금 등
- 퇴직기금: 퇴직금 지급을 위하여 별도로 예치한 자금 등
- 기타 기금: 기타 목적을 위하여 별도로 예치한 자금 등

〈회계처리 사례〉

기금의 적립 시

(차)	OO기금	×××	(대) 예금	×××
	제적립금대체액	×××	적립금	×××

기금의 인출 시

(차)	예금	×××	(대) OO기금	×××
	OO적립금	×××	운영차액대체	×××

기금의 목적에 사용할 시(예: 연구비 집행 시)

(차)	연구비	×××	(대) 예금	×××

③ 기타 자산은 다음을 말한다.

- 전신전화보증금: 특정한 전신 또는 전화를 사용하기 위하여 지급하는 보증금
- 임차보증금: 부동산 등의 임차보증금

④ 장기대여금은 상환기간이 1년 이상인 각종 대여금이다.

(3) 고정자산

① 유형고정자산에는 토지, 건물, 구축물 등이 있다. 토지는 대지, 임야, 전답, 잡종지 등의 토지가액으로 토지의 매입대가 외에 소개료, 매립비, 정지비, 불용건물제거비, 소유권이전 등기비, 취득세 등이 포함된다. 건물은 건물 및 냉난방 · 조명 및 기타 건물부속설비 등의 금액으로, 취득을 위해 소요되는 제 경비는 건물과목에 포함된다. 그러나 건설하여 취득하는 경우에는 건설가계정과목으로 처리하였다가 등기완료 후 건물계정으로 대체한다. 수선비 등 어떤 지출이 당해 고정자산의 내용연수를 연장시키거나 가치를 실

질적으로 증가시키는 경우에는 자본적 지출로서 건물의 증가로 처리하며, 당해 고정자산의 원상을 회복시키거나 능률유지를 위한 지출인 경우는 수익적 지출로서 비용으로 처리한다. 구축물은 저수지, 정원설비, 굴뚝, 각종 토목설비 또는 공작물 등으로 교내 도로조성비, 운동장, 로얄박스 등의 구축비용을 포함한다.

② 건설가계정은 건축물 공사기간 중의 공사비, 설계비, 인허가비, 설계용역비 등의 지급액이다(완공 후 해당 고정자산의 과목으로 대체한다). 기업회계기준의 건설중인자산과 동일하다.

③ 무형고정자산은 특허권, 실용신안권, 상표권, 광업권, 어업권 등 각종 무형고정자산을 말한다.

(4) 유동부채

① 단기차입금은 상환기간이 1년 미만인 차입금 등이다.

② 예수금은 다음을 말한다.

- 일반예수금: 급여지급 시 공제하는 연금, 의료보험 등 일시적 예수액
- 제세예수금: 갑근세, 원천징수액 등 일시적인 각종 세금 예수금 (연구비, 특강료 등의 지급 시 기타 소득공제분 포함)
- 특별회계예수금: 특별회계로부터 예수한 금액
- 기타 예수금: 기타 일시 예수금

③ 선수금은 다음을 말한다.

- 등록금선수금: 해당 회계연도 개시 전에 수납한 등록금 등
- 학교채선수금: 학교채 청약금(미발행금액)

• 기타 선수금: 일반적인 업무와 관련한 상기 과목 외의 선수금

④ 기타 유동부채는 일반적 거래에서 발생한 미지급채무 및 비용이다.

(5) 고정부채

① 장기차입금은 상환기간이 1년을 초과하는 차입금(의화장기차입금을 포함한다), 금융기관 · 사학진흥재단 · 대학교육협의회 등으로부터의 1년 이상 장기차입계약에 의한 차입금이다.

② 차관은 각종 차관의 미상환 잔액이다.

③ 임대보증금은 부동산 등을 임대하고 받는 보증금이다.

④ 장기미지급금은 지급기한이 1년을 초과하는 미지급금이다.

⑤ 투자유가증권평가충당금은 투자유가증권을 평가한 결과 발생한 평가손실의 누계액이다(투자유가증권에서 차감하는 형식으로 표시).

⑥ 학교채는 학교채 미상환액이다.

(6) 기본금

① 설립자기본금은 학교의 설립 시 출연한 금액과 매 회계연도 유형고정자산 증가액(취득 또는 수증) 중 토지 및 건축물 금액에 상당하는 대체액을 포함한 금액으로 법인회계에서만 발생한다.

② 법인기본금은 토지 및 건축물에 상당하는 기본금이다(설치학교, 토

지, 건물 및 구축물과 대응).

③ 기타 기본금은 고정자산에 상당하는 기본금이다(토지 및 건축물을 제외한 유 · 무형고정자산과 대응).

④ 기본금 중 적립금은 재평가적립금, 연구적립금, 건축적립금, 운영차액 등으로 구성된다.

⑤ 재평가적립금은 자산재평가로 인한 평가차익에 대응된 회계상의 적립금이다.

〈회계처리 사례〉

토지의 재평가 시(평가증액분)

(차)	토지	×××	(대) 재평가적립금	×××
	법인대체액	×××	법인	×××

⑥ 연구적립금, 건축적립금, 장학적립금, 퇴직적립금, 기타 적립금 등은 각각의 기금에 대응된 대체액으로 특정 목적에 사용하기 위하여 자금의 지출로 계상하여 적립한 각종 적립금을 말한다.

⑦ 운영차액은 이월운영차액과 당기운영차액으로 구성된다. 이월운영차액은 전기대차대조표상의 운영차액으로 당기운영차액과 합산하여 차기이월운영차액이 되며, 당기운영차액은 당기의 운영수지계산의 결과로 나타난 금액이다. 운영계산서상의 당기운영차액과 대차대조표상의 당기운영차액은 반드시 일치하여야 한다.

제8장
국립대학의 예산 과정

1. 들어가는 말

국립대학에는 다양한 법령에 따라 국가일반회계, 국유재산관리특별회계법에 의하여 설치된 국유재산특별회계, 산업교육진흥 및 산학협력촉진에 관한 법률에 근거한 산학협력단회계, 국립대학기성회규약에 의하여 설치된 기성회회계, 소비자생활협동조합법에 근거한 생활협동조합회계, 공익법인의 설립 · 운영에 관한 법률의 적용을 받는 국립대학발전기금재단회계, 공개강좌운영경비 등의 회계와 기금, 경비가 설치 · 운영되고 있다.

국립대학의 복잡한 회계체제는 재정을 분리 · 운영하려는 뚜렷한 목적으로 발전된 것이라기보다는 학교 운영에 필요한 재원을 확보하여 운영하기 위한 다양한 요구를 충족하기 위해 생겨난 역사적 산물이다. 즉, 국가에서 지원하는 예산이 부족했기 때문에 기성회비를 징수하게 되었고, 학교발전기금을 조성하고 관리할 수 있는 법적 근거가 없기 때문에 민법상의 재단법인을 설립하여 운영하게 된 것이다. 구내대점이나 식당을 국립대학이 직접 운영할 경우 모든 세입과 세출을 국가일반회계에 편성하여야 하는데, 현실적으로 어려움이 따르기 때문에 조합이라는 기구를 만들어 관리하게 된 것이다.

이 장에서는 국립대학 예산회계의 근간을 이루고 있는 국가일반회계에 의한 대학예산 과정을 이해하기 위한 전제로서 정부예산회계제도를 개략적으로 살펴본 후 국립대학 예산회계제도의 세부사항을 알아보고자 한다.

2. 정부예산회계제도의 이해

1) 새로운 정부예산편성제도

(1) 국가재정운용계획 수립

예산과 정책의 연계 부족, 국가 비전과 발전 전략의 효과적인 재정지원 미흡과 재정건전성 유지의 어려움 등 단년도 위주의 예산편성 한계를 극복하기 위해 중장기적 시각에서 5개년간의 중기재정계획인 국가재정운용계획을 2005년 예산편성부터 수립 · 시행하고 있다.

국가재정운용계획에는 향후 재정운용 여건, 세출 · 세입정책 및 재정시스템 혁신 등에 대한 재정운용 기본 방향 및 분야별 정책 방향과 재정투자계획 등이 포함되어 있으며, 계획에 반영된 분야별 투자규모는 부처별 지출한도로 활용되고 있다.

5년단위로 수립되는 국가재정운용계획은 경제 · 사회여건 변화 등을 반영하여 매년 연동 · 보완하고 있다.

(2) 총액배분 · 자율편성제도

2005년 예산편성부터 개별사업 검토 중심의 예산편성과 예산 투입에 치중한 재정운용으로는 국가 우선순위에 입각한 거시적 재원분석과 사업의 성과관리가 어렵다는 점을 고려하여 부처별로 재원을 배분하고 부처가 배분된 지출한도 내에서 예산을 편성하도록 하는 총액배분 · 자율편성제도를 도입하여 시행하고 있다.

(3) 성과관리제도

2005년부터 병행 · 시행되고 있는 성과관리제도는 재정사업의 목표와 성과지표를 설정하고 지표에 의한 평가 결과를 재정 운영에 반영하는 제도로, 일정 재정사업을 통해 달성하고자 하는 성과목표를 사전에 설정하고, 성과목표의 달성 여부를 측정할 수 있는 계량화된 성과지표를 개발하여 성과목표와 사업 시행 결과를 지표에 의해 비교 · 평가하여 그 결과를 재정 운영에 환류하고 있다.

2) 정부예산 과정

예산 과정은 행정부의 예산안 편성 및 국회 제출, 국회의 예산안 심의 · 확정, 각 부처의 집행을 거쳐 국회의 결산 승인으로 종료되며 이러한 일련의 연속적인 순환 과정은 매 회계연도마다 반복적으로 이루어진

‖ 표 8-1 ‖ 예산 및 결산 순기

예산 순기		결산 순기	
사업계획서 제출 (각 부처→기획재정부)	1월 말	결산보고서 제출 (각 부처→기획재정부)	다음연도 2월말
예산안 편성지침 통보 (기획재정부→각 부처)	4월 말	정부결산 제출 (기획재정부→감사원)	다음연도 4월 10일
예산요구서 제출 (각 부처→기획재정부)	6월 말	결산검사 보고서 송부 (감사원→기획재정부)	다음연도 5월 20일
예산안 국회 제출	10월 2일	정부결산 국회 제출	다음연도 5월 31일

다. 따라서 특정 연도를 기준으로 볼 때 그해의 예산집행은 다음 해의 예산편성, 전년도의 결산과 동시에 이루어진다.

행정부가 편성한 예산안이 국회에 제출되면 국회는 이를 심의 · 확정하여 행정부로 보내고 각 부처가 이를 집행하게 된다. 예산집행 결과인 결산은 국회의 심의가 이루어지면 종결된다.

(1) 예산편성

국가 정책은 궁극적으로 재정활동을 통해서 구현된다는 점에서, 예산편성은 단순히 사업별로 재원을 배분하는 의미를 넘어 국정목표를 구현해 나가는 중요한 수단으로 인식되어야 한다.

예산편성 과정은 적정 재정 소요와 이에 따른 재원조달 방안을 검토하는 사전준비 단계를 거쳐 각 부처가 기획재정부에 제출한 요구 내용을 사업별, 분야별로 검토하는 과정이다.

① 중기사업계획서 제출: 1월 말까지

중앙관서의 장이 재정투자 분석 및 성과평가, 정책 방향, 투자계획을 포함한 중기사업계획서를 작성하여 기획재정부장관에게 제출하면 기획재정부장관은 이를 토대로 개괄적인 재정지출 소요를 파악하여 재정규모와 예산편성의 기본 방향을 마련하게 된다.

이 과정에서 전반적인 세입여건과 재원조달 방안 등에 대한 점검을 통하여 적정 재정규모가 추산되고 예산편성의 기본 방향이 모색될 뿐만 아니라 기준단가의 책정, 예산과목 정리, 사업별 추진 실태 및 성과 분석 등 예산편성을 위한 사전준비와 재정지출의 생산성을 높이기 위한 각종 대안들이 마련된다.

② 예산안편성지침 시달: 4월 30일까지

예산안편성지침에는 다음 해의 국내외 경제 전망, 재정운용 여건, 예산편성 중점 방향, 경비별 예산편성 및 요구 지침, 예산 요구 시 제출서류 및 작성 양식 등이 포함되어 있다.

기획재정부장관은 전문가, 이해 관련 단체의 의견을 수렴하여 예산편성지침을 마련한 후 국무회의 심의와 대통령의 승인을 얻어 최종 확정하여 4월 30일까지 각 부처에 시달한다(국가재정법 제29조 제1항).

예산안편성지침은 각 중앙관서가 예산을 요구하는 준거가 되는 동시에 기획재정부가 예산을 편성하는 기본축이 된다.

③ 분야별 · 부처별 지출한도 통보

지출한도는 일반회계, 특별회계, 기금을 포함하여 설정하는데, SOC, 농어촌, 교육, 환경, 산업 · 중소기업 등 국가재정운용계획의 14개 분야로 나누어지는 분야별 지출한도, 중앙관서 내 회계 · 기금별로 주어지는 중앙관서별 지출한도, 국가재정운용계획의 중분류(예: SOC 분야-도로, 철도, 지하철, 항만, 공항, 주택, 수자원 등)로 나누어지는 중앙관서 내 부문별 지출한도로 나누어진다.

④ 예산안 요구 및 편성

각 중앙관서의 장은 예산안편성지침이 시달되면 장관 명의로 부처 내 예산요구지침을 하달하고, 각 부처 예산기관(재정기획관실)은 각 실국 및 산하기관의 예산요구서안을 취합하여 우선순위를 조정한 후 부처 세입 · 세출요구안을 최종 확정하여 5월 31일까지 기획재정부에 제출하여야 한다(국가재정법 제31조 제1항).

이 기간 중 기획재정부에서는 예산편성을 위한 사전준비가 지속적으로 이루어진다. 대형 투자사업 및 주요 재정사업 등에 대한 예산집행 실태를 점검하는 것은 물론, 예산제도 및 재정개혁을 위한 제도 개선 과제의 검토 등이 이루어진다.

예산요구서가 접수되면 기획재정부는 요구 규모를 취합하여 가용재원과 비교 · 검토한 후, 국정목표와 연계한 중점 지원 내용 등 분야별 예산편성을 위한 심의 방향을 마련하며, 기획재정부 예산실 내 각 소관 예산담당과는 6월 초부터 각 부처의 예산요구서를 토대로 부문별, 사업별로 세밀한 검토를 거쳐 예산안을 작성한다. 기획재정부 예산실 내 각 소관 예산담당과에서 작성한 예산안은 예산실 내 과장 이상이 참석하는 예산심의회에서 조정된다. 기획재정부장관은 장 · 차관협의회를 거쳐 정부예산안 편성 현황을 대통령에게 보고한다.

⑤ 정부예산안 확정 및 국회 제출

이와 같이 조정된 기획재정부의 실무안을 토대로 8월 중순부터 9월 중순 사이에 각계각층의 의견수렴과 절차적 투명성을 높이기 위해 장 · 차관 협의, 시 · 도지사 협의, 당정협의(정당설명회), 예산자문회의 등 관계기관과의 협의가 이루어지게 된다.

⑥ 정부예산안 확정 및 국회 제출

당정 협의를 거친 예산안은 국무회의의 의결과 대통령의 승인을 얻어 회계연도 개시 90일 전인 10월 2일까지 국회에 제출된다(헌법 제54조 제2항). 국회 제출 시에는 심의자료 부속 서류, 소관 예산사항별 설명서 등 국회에서 예산심의를 하는 데 필요한 일체의 자료나 통계가 수록된 소정의 법정서류가 첨부된다.

(2) 국회의 예산 심의 · 확정

국회의 예산심의는 정부예산안을 검토 · 분석 · 조사하여 국민의 세금이 최적 배분되도록 행정부를 견제 · 감시하는 기능을 한다. 입법부는 행정부 세출예산안에 대한 삭감권만 가지고 예산의 증억 또는 새로운 비목의 추가는 정부의 동의가 있어야 가능하다. 이것은 정부가 다양한 의견을 거쳐 편성한 예산안이 국회의 심의 과정에서 심하게 왜곡되는 것을 방지하기 위한 장치라고 볼 수 있다.

① 소관 상임위원회 예비심사

국회에 제출된 정부예산안은 소관 상임위원회에 회부되고 각 위원회는 소관 부처별로 예비심사를 한 후 예산결산위원회(예결위)에 회부하게 된다.

② 예결위 심사

예결위는 국회의 예산심의를 위해 국회 내에 구성되는데, 1999년까지는 전년도 결산 및 예산안이 본회의에서 의결될 때까지만 존속되는 한시조직이었으나, 2000년 2월 국회법이 개정됨에 따라 50인으로 구성된 상설화된 특별위원회로 운영되고 있다.

예결위 활동은 통상 국정감사가 종료되는 10월 중순 이후에 본격화되나, 예결위가 구성되는 9월 초부터 의원별로 예산 및 결산에 관한 각종 자료를 행정부에 요구하여 이를 검토하고 예결위에서 대정부 질의와 부처별 심사를 통해서 이를 반영한다.

예결위는 예산안에 대한 제안설명과 전문위원 검토보고를 들은 후 종합 정책질의를 통해 예산 관련 사항뿐 아니라 정책에 대한 종합적인 질의 · 응답이 이루어지고, 부별 심의를 통해 부처별 예산 세부내역에 대한 구체적인 예산심의를 하고 예산안에 대한 계수조정을 위해서 예결위원 중 10명 내외로 예산안조정소위를 구성한다. 예산안조정소위에서는 각 상임위의 소관 예산에 대한 예비심사 결과, 정책 질의 및 부별 심의 결과 등을 토대로 사업별 예산조정이 이루어진다. 예산안조정소위에서 조정된 예산안은 예결위 전체회의에 상정되어 의결되고 본회의에서 확정된다.

③ 예결위 전체회의 상정 및 본회의 확정

예산안조정소위에서 조정된 예산안은 예결위 전체회의에 상정되어 의결되고 본회의에서 확정된다.

다음 연도 예산집행에 차질이 없도록 준비기간을 확보하기 위해 국회는 정부가 제출한 예산안을 회계연도 개시 30일 전, 즉 12월 2일까지 의결하도록 헌법에 규정하고 있다. 만약 법정기일 내에 국회가 예산을 의결하지 못할 경우 기관운영비 등 일부 경비를 전년도 예산에 준하여 집행하도록 하는 준예산제도도 헌법에 규정되어 있다.

(3) 예산집행

① 개요

예산집행은 국회에서 확정된 예산에 따라 수입을 조달하고 경비를 지출하는 재정활동을 의미한다. 정부는 세출예산을 집행함에 있어서 국회에서 의결된 대로 그 목적과 금액의 한도 내에서 지출하는 것이 원칙이다. 다만, 예산편성과 집행 시의 재정여건 변화에 보다 능동적으로 대처해 나가기 위해 일정 조건 하에서 타용도로 사용할 수 있는 예외를 인정하고 있다(국가재정법 제46조 및 제47조).

예산이 확정되면 회계연도 개시 전에 분기별 예산배정계획과 자금배정계획이 국무회의 심의와 대통령 승인을 받아서 확정된다. 예산배정은 공사 발주 등의 지출원인행위를 가능하게 하므로 배정시기를 조정하여 경기를 조절하는 역할도 한다.

한편, 1월 중순에 세출예산집행지침을 작성 · 시달하여 구체적인 경비별 집행원칙과 기준을 제시하고 있으며 이는 감사원의 예산집행 감사에 있어 준거가 된다.

예산집행과 관련하여 국회에서 의결한 규모를 초과하는 세입 · 세출예산의 법적 성격에 대한 논란이 제기된다. 세입예산은 세입을 확정한 것이라기보다는 추계의 성격을 갖고 있을 뿐만 아니라, 조세의 경우는 국회에서 별도 의결한 개별세법에 따라 징수되므로 국가채무와 연관되지 않는 한 예산에 계상된 규모 이상의 세입이 발생하더라도 추가경정예산을 편성할 필요는 없다.

반면 세출예산은 항별로 사용 가능한 상한금액을 국회에서 의결한 것이므로 이체, 이용, 전용과 같이 예산회계법 또는 예산총칙에서 정한 사항 이외의 변경은 추가경정예산을 편성해 국회의 의결을 받아야 한다.

또한 예산을 집행함에 있어서 원칙적으로 국회에서 의결한 예산이 정한 목적 외로 각 부처 간, 각 장, 관, 항 간에 상호 사용할 수 없다. 그러나 사업계획이나 여건변화에 따른 예산집행의 신축성을 확보하기 위해 예산의 이용, 전용 등 몇 가지 예외적인 제도가 국가재정법에서 인정되고 있다.

다음으로는 세출업무 중 지출사무처리에 대해 자세하게 알아본다.

② 지출사무처리

㉠ 지출원인행위

지출원인행위라 함은 세출예산, 계속비 또는 국고채무부담행위에 의하여 국가의 지출의 원인이 되는 계약 또는 기타의 행위를 하는 것을 말한다(재무관사무처리규칙 제3조).

지출원인행위의 대종은 계약이라 할 수 있으나 계약 이외에도 보조금 교부결정 등이 있다. 지출의 원인이 계약일 때에는 그 계약을 체결한 상대방의 반대급부의 이행을 확인하여 일정한 금액을 지출할 것을 결정하는 행위를 말하고, 지출의 원인이 행정처분 또는 관리행위 등일 때에는 그 처분 또는 행위의 결과에 따라 일정한 금액을 지출할 것을 결정하는 행위를 말한다.

- 지출원인행위부의 정리 구분: 재무관은 지출원인행위를 한 때에는 지출원인행위의 시기 및 금액을 지출원인행위부에 정리하여야 한다(국고금관리법 시행규칙 제39조).
- 지출원인행위의 변경 통지: 재무관은 법령 또는 계약에 의하여 지출원인행위를 변경한 때에는 변경된 사항을 지출관에게 통지하여야 한다. 계정과목 등이 잘못 기재되어 이를 변경한 경우에도 또한 같다(국고금관리법 시행규칙 제41조).
- 지출원인행위 시의 준수사항: 지출원인행위를 할 때 점검하여야 하는 사항은 다음과 같다.

① 회계연도 소속 구분

② 세출예산 과목해소 적용

③ 임의로 과목 간의 이용, 전용 금지

④ 법령, 조례, 규칙 및 예산배정액 범위 내에서 하여야 한다.

⑤ 상급관청의 허가, 승인 또는 의회의 의결을 요하는 것으로서 그 결정이 없을 때에는 집행하지 못한다.

⑥ 전부 또는 일부를 부담금, 보조금, 기부금 또는 특정 수입에 의하는 것은 해당 수입이 확정되지 아니한 때에는 집행하지 못한다.

⑦ 실수입이 세입예산에 비하여 감소되었거나 심히 감소될 우려가 있을 때에는 절약 또는 축소하여 집행하여야 한다.

- 지출원인행위의 제한: 지출원인행위는 각 중앙관서의 장이 법령 또는

배정된 예산의 금액범위 내에서 하여야 한다(국고금관리법 제20조). 다음 연도에 걸친 지출원인행위는 원칙적으로 할 수 없다. 다만, 이의 예외적인 경우로 명시이월비(국가재정법 제24조)와 계속비(국가재정법 제23조 제1항)가 있다. 계속비는 총액의 범위 내에서 지출원인행위가 가능하나 지출은 연부액의 제한을 받는다.

ⓛ 지출

세출예산 및 기금운용계획에 따라 국고에서 현금이 지급되는 것을 말한다. 지출사무의 관리기관은 각 중앙관서의 장이나 실제의 지출기관으로 그 임무를 부여받은 지출관과 출납기관의 두 가지가 있다.

- 지출관(지출원): 재무관(경리관)으로부터 지출원인행위 관계서류의 송부를 받고 지출을 명하는 명령기관이다.
- 출납기관: 지출관(지출원)의 지출요구에 따라 국고금의 지급을 행하는 집행기관이며, 출납기관은 원칙적으로 한국은행(금고)이나, 예외적으로 관서운영경비 출납공무원이 관서운영경비를 지급할 수 있다.
- 지출기관과 출납기관의 분립: 재무관(경리관), 지출관(지출원), 출납공무원은 그 직무를 상호 겸할 수 없다. 다만, 기금의 경우에는 정원의 과소로 불가피한 경우 지출관(지출원)과 출납공무원을 겸하게 할 수 있다.
- 지출 방법: 지출관(지출원)은 지출에 앞서 다음 사항을 확인하여야 한다.

> ① 지출원인행위부의 기재사항의 확인
> ② 경비의 금액산정의 적부
> ③ 예산배정액과 지출한도액의 초과 여부
> ④ 소속연도와 세출예산 과목의 적합 여부
> ⑤ 지출하여야 할 시기의 도래 여부
> ⑥ 법령, 조례, 규칙 또는 계약, 기타 정당한 사유로 당해 기관의 채권자인지의 여부(하도급 승인, 채권압류 및 전부명령 확인)
> ⑦ 시효 완성, 기타 필요한 관계서류의 정비 여부
> - 시세, 국세납세증명
> - 검수사항 확인(사양대로 검수되었는가?, 계약금액 조정사유, 검수시기, 지체상금 관련 여부 확인)

지출 결정을 할 때에는 지출의 내용을 표시하는 서류는 물론 증빙서나 참고서류까지 첨부하여 지출결의서를 작성한 후 현금의 지급을 대신하여 국고이체지급이나 그 지방자치단체의 금고에 대하여 지급명령을 발한다.

- **지출결의서**: 지출관(지출원)이 국가의 채무를 조사 · 결정하여 지출의 의사를 표시하는 서류로서 지출관이 지출할 때에는 재무관(경리관)으로부터 지출원인행위 관계서류를 받고 결의서에 그 지출요지를 명확히 한다.

㉢ 지출의 특례

지출관이 세출예산에서 경비를 지출할 때에는 ① 정당한 채권자에게 지출할 것, ② 당해 회계연도 개시 후에 지출할 것, ③ 당해 연도의 예산에서 지출할 것, ④ 확정채무가 존재하고 그 이행기가 도래한 때 행하여야 한다는 지출의 원칙에 따라야 한다. 이러한 제 원칙을 철저히 관철할 때에는 회계운영상 불편이 많을 것이므로 예외적으로 관서운영경비, 선급, 개산급, 과년도지출 등의 특례를 인정하고 있다.

- 관서운영경비(국고금관리법 제24조): 관서운영경비제도는 정당한 채권자에 대한 지출의 예외로서 관서의 운영에 필요한 경비를 지출관이 관서운영경비 출납공무원에게 사전에 교부하고 관서운영경비 출납공무원으로 하여금 필요한 자금을 그때그때 지급하게 하는 것이다. 이 제도는 일상경비, 도급경비, 국실개산급을 통폐합한 것이며 지출 시에는 원칙적으로 정부구매카드를 이용하여 지출하여야 한다.

  정부구매카드는 일반신용카드와 사용 방법 및 사용대금 결제 절차에 있어서 크게 다르지 않으나, 카드를 예산과목별로 발급하여 카드별 사용한도가 자금이 교부될 때마다 예산과목별 지급한도로 제한 · 조정될 수 있도록 하였고, 카드회사의 정보 시스템과 국가재정정보 시스템을 연계하여 카드 사용내역이 즉시 파악될 수 있도록 하였다. 정부구매카드는 정부회계에도 일반기업 이상으로 자금관리의 투명성과 효율성을 제고하기 위하여 도입되었다.

① 관서운영경비의 범위

국고금관리법 시행령 제31조에서는 관서운영경비의 범위를 ① 외국에서 지급하는 경비, ② 관서운영비, 특수활동비, 업무추진비 등, ③ 여비, ④ 비정규직보수, ⑤ 기타 업무 수행상 계좌이체 등의 지급 방식을 채택할 경우 업무 수행에 지장을 가져올 수 있는 경비로 열거하고 있다.

② 자금교부의 제한(국고금관리법 시행령 제32조)

관서운영경비에 대하여는 매 1월분의 범위 안의 금액을 예정하여 교부하여야 한다. 다만, 외국에서 지급하는 경비, 교통이나 통신이 불편한 지방에서 지급하는 경비 또는 지급장소가 일정하지 아니한 경비는 사무의 필요에 따라 3월분의 범위 안의 금액을 교부할 수 있다.

③ 회계연도 개시 전의 관서운영경비의 교부(국고금관리법 제25조)

회계연도가 개시되기 전, 즉 1월 1일 이전에 당해 연도의 관서운영경비를 관서운영경비 출납공무원에게 교부하게 하는 것으로 대상 관서운영경비는 다음과 같다.

- 관서운영비, 특수활동비 및 업무추진비 중 기획재정부령이 정하는 금액 이하의 경비(건당 500만 원)
- 외국에 있는 채권자가 외국에서 지급받고자 하는 경비(재외공관의 경비 포함)
- 여비
- 비정규직 보수

④ 관서운영경비의 예치

관서운영경비는 금융기관에 국고예금으로 예치하여 관리하며 국고예금은 관서운영경비의 지급을 위하여 금융기관에 개설된 보통예금의 일종이다(국고관리법 제24조 제4항).

⑤ 관서운영경비의 지급 방법

관서운영경비는 정부구매카드에 의하여 지급하여야 한다. 다만, 채권자가 희망하는 경우와 정부구매카드로 지급할 수 없는 경우에는 계좌이체의 방법으로 지급할 수 있다.

예외적으로 여비 등 특정한 경비에 대하여 현금으로 지급할 수 있으나, 현금에 의한 지급은 투명성이 낮은 만큼 불가피한 경우에 한하여 제한적으로 운용되어야 한다.

- 선급(국고관리법 제26조): 선급은 확정된 채무에 대해 상대방이 그 책임을 이행하기 전에 또는 지급할 시기가 도래하기 전에 대금의 일부 또는 전부를 지급하는 것을 말한다.

1. 외국에서 직접 구입하는 기계, 도서, 표본 또는 실험용 재료의 대가
2. 정기간행물의 구입경비
3. 토지 또는 건물의 임대료와 용선료
4. 운임
5. 봉급기준일에 전출, 출장, 비상출동 또는 기동훈련에 참가하거나 휴가 중인 사병에게 지급하는 급여
6. 국가기관, 지방자치단체 및 「정부투자기관관리기본법」에 의한 정부투자기관(이하 '국가기관 등' 이라 한다)에 지급하는 경비
7. 외국에서 연구 또는 조사에 종사하는 자에 대하여 지급하는 경비
8. 교통이 불편한 장소에서 근무하는 자 또는 선박 승무원에게 지급하는 급여
9. 국고금의 지급사무를 금융기관에 위탁하는 경우의 당해 국고금
10. 업무 등의 위탁(제8호의2의 경우를 포함한다)에 필요한 경비
11. 보조금, 부담금 및 교부금
12. 사례금
13. 국제연합기구에 지급하는 경비
14. 국가가 매수하거나 수용하는 토지 또는 그 토지상에 있는 물건의 대금, 보상금 또는 이전료
15. 계약금액이 3천만 원 이상인 공사 또는 제조와 계약금액이 5백만 원 이상인 용역에 있어서 계약금액의 100분의 70을 초과하지 아니하는 금액
16. 정부가 초청한 외국인에게 국내에서 지급하는 경비
17. 조달청에서 지급하는 「조달사업에 관한 법률」 제2조 제1호의 규정에 의한 조달물자대금
18. 재해구호 및 복구에 소요되는 경비

- 개산급(국고금관리법 제26조): 채무는 존재하나 지급할 금액이 미확정된 경우 개략금액으로 채무이행기 도래 이전에 지급하고 사업실적에 의하여 채무액을 확정 정산한다.
- 지난 연도 지출(국고금관리법 제28조): 회계연도독립의 원칙에 예외가 되는 사항으로 지난 연도에 속하는 채무확정액으로 채권자의 청구가 없거나 기타의 사유로 출납폐쇄기한 내에 지출하지 못한 경우에 현년도의 세출예산에서 지출할 수 있다. 그러나 지난 연도 지출을 하기로 결정한 연도의 예산에서 지출하여야 하며 이를 다음 연도에 이월할 수 없으며 그 경비 소속연도의 매항 금액 중 불용으로 된 금액을 초과할 수 없도록 제한되어 있다.

㉣ 지출금의 반납

지출된 금액이 반납되는 경우에는 각각 지출한 과목에 반납하여야 하는데, 회계연도 말일까지 반납하여야 하며 출납이 완결된 연도에 속하는 지출금이 반납되는 경우에는 현년도의 수입에 편입하여야 한다.

한국은행 및 국고대리점은 지출금의 반납자로부터 당해 회계연도 소속의 반납금을 수납한 때에는 국가재정정보 시스템을 이용하여 수납내역을 지출관에게 통지하여야 한다. 다만, 회계연도를 경과하여 수납한 때에는 이를 다음 회계연도 수입금으로 영수한 후 수입징수관에게 이를 통지하여야 한다(국고금관리법 시행규칙 제106조).

㉤ 지급명령

지출관이 지출하고자 할 때에는 한국은행에서 채권자의 금융기관 예금계좌 등으로 이체하여야 한다. 한국은행은 지출관으로부터 수신한 국고금입금요구서 및 국고금대체입금요구서에 따라 채권자거래 금융기관을 통하여 채권자계좌로 이체하여 지급하거나 한국은행 내의 국고계정 간 대체정리하는 방식으로 지출하게 된다.

- 지급명령의 종류
  - 통상지급명령: 금고에서 직접 채권자에게 현금을 지급할 때
  - 송금지급명령: 채권자의 주소(계좌)에 송금(입금)하여 지급할 때
  - 집합지급명령: 송금지급명령과 같이 채권자의 주소가 원격하여 그 주소(계좌)에 송금(입금) 지급하는 것이나, 동일한 지출과목에서 2인 이상의 채권자에게 지급명령을 1매로 하여 송금 지급하는 것을 말한다. 이에는 반드시 금액 성명표를 첨부하여야 한다.
- 대체지급명령: 원천(특별)징수액과 제세공과금을 납부할 때 대체지급하여야 하며 지출관(지출원)이 대가를 지급하는 경우 건별 금액이 10만 원 이상일 때 금융기관의 예금계좌 또는 통신관서 우편대체계좌에 입금시켜야 한다.
- 대가의 지급기한: 검사를 완료한 후 청구를 받은 날로부터 14일 이내 지급(물품 및 준공대금)하여야 하며 기성 부문 또는 기납 부문의 대가는 7일 이내에 대가를 확정하여 지급하여야 한다(국가계약법 시행령 제58조).

(4) 결산

① 의의 및 성격

결산은 1회계연도 내에서의 세입예산과 세출예산의 모든 수입과 지출을 확정적 계수로 표시하는 행위다. 예산은 예정적 계수이고 결산은 수입 · 지출의 확정적 계수로서 예산과 결산은 총액과 내용이 일치해야 하지만 완전히 일치하는 일은 거의 없다. 즉, 세입예산액은 추정액으로 실제의 징수액이 추정액과 일치되지 않고 세출은 예산의 이월, 예비비 사용, 이용 및 전용, 불용액 등으로 인한 불일치가 생긴다.

형식적 측면에서의 결산은 예산에 의거하여 행동한 정부(지방자치단체, 학교 등 기관)의 사후적 재정보고서 작성 과정 또는 보고서 자체이며,

범위로 볼 때 광의의 결산은 세입 · 세출의 결산, 계속비의 결산, 국가채무에 관한 결산의 총칭이며, 협의의 결산은 세입 · 세출의 결산만을 의미한다.

결산은 예산주기의 마무리 과정이다. 편성 · 심의 · 집행을 거친 예산은 결산의 승인을 받음으로써 주기가 마무리되는데, 결산의 승인은 예산집행에 대한 최종 승인으로 재정민주주의의 실현이며, 그 결과 예산집행이 정당한 경우 정부의 예산집행 책임을 해제하는 법적 효과를 지닌다.

결산은 과정이자 산물이다. 결산은 1회계연도 내의 세입 및 세출의 실적을 예산과 대비하는 과정일 뿐 아니라 세입 · 세출의 실적을 일정한 형식에 따라 계산 정리한 기록으로서의 산물이다. 과정으로서의 결산은 출납정리, 장부마감, 회계검사, 결산보고서의 작성 및 제출, 결산심의 등이며, 산물로서의 결산은 예산의 집행실적을 보여 주는 최종 보고서로서 계수의 확정과 동시에 국민에게 보고 및 공개를 의미한다. 또한 결산은 정보산출 과정이다. 결산은 회계검사 과정을 통해 예산집행의 적법성뿐 아니라 경제성, 효율성, 효과성 평가를 통해 재정정보를 산출하는 과정이며 그 결과는 다음 예산편성 및 심의 과정에 환류된다.

결산은 통제 및 환류 과정이다. 결산심사의 결과는 다음 연도 예산편성 및 예산심의에 반영된다는 점에서 환류 기능을 수행하며 환류 기능으로 결산의 중요성이 부각된다.

결산은 정치적 성격을 가진다. 예산이 정부의 재정활동에 관한 권한을 부여하거나 제한하는 등의 법적 성격을 가지는 데 비해, 결산은 위법 또는 부당한 지출이 지적되어도 그것을 무효로 하거나 취소하는 법적 효력이 없고, 예산집행상의 위법 · 부당한 사실이 있을 때는 감사원 및 국회(지방의회 또는 학교운영위원회 등)가 집행부에 정치적 · 도의적 책임을 추궁한다는 점에서 정치적 성격을 가진다고 볼 수 있다. 그 결과, 예산에 비해 결산심사가 형식화되는 경향이 나타나기도 한다.

② 결산의 절차(국가재정법 제58조, 제60조, 제61조)

중앙관서의 장은 매 회계연도마다 그 소관에 속하는 세입·세출의 결산보고서, 계속비결산보고서 및 국가의 채무에 관한 결산서를 작성하여 다음 연도 2월 말일까지 기획재정부장관에게 제출하여야 한다. 기획재정부장관은 동 보고서를 기초로 하여 세입·세출결산서를 작성하여 국무회의의 심의를 거쳐 대통령의 승인을 얻어야 한다

기획재정부장관은 세입·세출결산에 각 중앙관서의 세입세출결산보고서, 계속비결산보고서 및 국가의 채무에 관한 계산서를 첨부하여 이를 다음 연도 4월 10일까지 기획재정부장관 및 감사원에 제출하여야 한다.

③ 감사원의 결산검사

국가의 세입·세출에 대한 결산검사는 직무상 독립의 지위를 가진 감사원이 행한다. 감사원은 기획재정부장관으로부터 제출된 정부결산에 대하여 검사확인을 한다. 이때 감사원은 매월 또는 분기별로 각종 계산증명책임자로부터 제출된 계산서 등 계산증명서류와 회계검사 결과 적출된 위법부당사항 등을 근거로 결산검사확인액표를 작성하고, 이를 한국은행에서 제출된 국고출납계산서 및 각종 증명서류와 정부결산액을 상호 대사하여 부합 여부를 검사하고 결산을 확인한다.

감사원은 세입·세출결산서 등을 검사하고 그 보고서를 다음 연도 5월 20일까지 기획재정부장관에게 송부한다.

④ 국회 제출과 심사

정부는 감사원의 검사를 거친 세입·세출결산 등 정부결산서를 5월 31일까지 국회에 제출하여야 하고 예비비 지출에 대해서는 국회의 승인을 얻어야 한다. 국회가 세입·세출결산을 심사하고 예비비 지출을 승

인하면 정부결산 절차가 종료된다.

⑤ 결산서의 구조 및 내용

각 중앙관서의 장은 국가재정법 제58조의 규정에 따른 세입·세출결산보고서를 다음 체계에 따라 작성한다.

표 8-2 결산보고서 작성 요령(예시)

구분	주요 내용(목차)
제1장 세입·세출 결산개요	1. 일반 현황 2. ○○○○회계연도 주요 정책목표 3. 결산 현황
제2장 세입·세출 결산보고서	1. 세입결산보고서 2. 세출결산보고서 3. 한국은행 월계대사표와의 차액명세서
제3장 결산 첨부서류	1. 계속비결산보고서 2. 명시이월비집행실적보고서 3. 사고이월명세서 4. 수입대체경비세입·세출결산보고서 5. 수입금마련지출세입·세출결산보고서 6. 총액계상사업 세부사업 집행실적보고서 7. 현물출자집행실적보고서 8. 재정증권발행 및 한국은행일시차입금운용보고서 9. 특별교부금배정명세서 10. 지방자치단체보조금집행실적보고서
제4장 프로그램 결산	1. 연차별 결산총괄표 2. 당년도 결산총괄표 3. 프로그램별 집행명세서
별첨	결산부표

㉠ 결산개요

당해 연도 결산 내용을 총괄적으로 분석 · 평가하되, 정책 방향과 예산집행 내용에 대한 분석 · 평가로 구분하여 작성한다. 당해 연도 정책 방향에는 당해 연도 중에 추진한 역점시책에 대한 주요 내용과 추진 방향 등을 기술한다. 그리고 예산집행 내용에 대한 분석은 예산집행 내용을 체계적이고 종합적으로 이해할 수 있도록 기술한다.

㉡ 세입 · 세출결산보고서

국가재정법 제58조 제3항 및 동법 시행령 제27조의 규정에 따라 세입 · 세출보고서는 다음 사항을 명백히 하여 작성한다.

표 8-3 결산보고서 작성 요령

세입	세출
• 세입예산액	• 세출예산액
• 이체 등 증감액	• 전년도 이월액
• 세입예산현액	• 예비비사용액
• 징수결정액	• 전용 및 이용, 이체증감액
• 수납액	• 수입대체경비 초과지출액
• 불납결손액	• 세출예산현액
• 미수납액	• 지출액
• 예산현액과 수납액과의 차	• 다음 연도 이월액
	• 불용액

㉢ 프로그램 결산

중앙관서의 장은 해당 소관의 일반회계, 특별회계, 기금의 집행명세를 취합하여 프로그램 총괄표를 작성하고 과거 실적과 당해 연도 실적을 제시하고 주요 성과 결과를 제시한다.

3) 정부회계제도

(1) 정부회계의 의의

회계(accounting)란 금전의 관점에서 전체적 또는 부분적으로 재정적 성질을 가진 업무를 기록 · 분류 · 요약 · 처리하고 그 결과를 평가하는 기술을 의미한다.

정부회계는 정보의 재정관리를 위하여 정부가 주체가 되어 이루어지는 회계로서 예산과 밀접한 관련을 맺는 회계를 말한다. 오늘날 행정 기능이 확대 · 강화됨에 따라 국가의 제반 기능을 수행하기 위하여 필요로 하는 재원의 획득, 예산의 효과적 운영 및 회계경리의 중요성이 더욱 증대되었다. 특히, 회계사무의 처리에 있어서는 그 수입 · 지출원인행위 · 지출 등이 모두 법령에 근거하여야 하며 그 행위에 있어서 일체의 재량권이 허용되지 않는다.

(2) 정부회계의 범위와 종류

정부회계의 범위에는 중앙정부와 지방정부회계만 포함된다. 중앙정부의 특별회계 중 기업특별회계는 기업예산회계법의 적용을 받기 때문에 정부회계의 범위에서 제외된다. 또한 기금과 정부투자기관, 지방공기업 등도 기업회계원리가 적용되기 때문에 정부회계의 범위에서 제외된다.

우리나라 정부회계는 정부 형태에 따라 중앙정부회계, 지방자치단체회계, 공기업회계로 구분되고 경리목적에 따라 일반회계, 특별회계, 기금으로 구분된다. 또한 정부회계는 관리하는 재산의 종류에 따라 현금회계, 물품회계, 재산회계, 채권회계 등으로 구분할 수 있다. 이들 회계는 각각 예산회계법, 물품관리법, 국유재산법, 국가채권관리법의 적용을 받는다. 일반적으로 협의의 정부회계는 예산회계법에 의한 현금회계만을 의미한다.

(3) 현행 정부예산의 회계 기준과 회계제도

재정적 거래에 대한 기록과 정리는 부기를 이용하여 이루어진다. 부기는 그 방법에 따라 단식부기와 복식부기로 구분되는데, 대부분의 나라에서는 현금주의 정부회계의 경우에도 복식부기를 채택하고 있으나 우리나라는 단식부기를 사용하고 있다. 또한 정부회계는 현금의 유입과 유출을 기준으로 손익을 인식하는 현금주의 회계 방식을 택하고 있는데, 현금주의 회계는 회계처리의 간결성과 객관성을 확보할 수 있는 장점이 있는 반면, 현금의 수지를 수반하지 않은 거래에 있어서는 손익을 인식하지 못함으로써 기간별 성과 측정이 왜곡될 수 있는 문제점이 있다. 중앙정부 일반회계는 예산회계법의 규정에 의해 단식부기 및 현금주의 기준을 적용하여 회계처리를 하고 있는 반면, 기업특별회계는 원칙적으로 독립채산제를 채택하고 있으며 회계관리도 발생주의에 의한 복식부기를 택하고 있다.

현재 단식부기에 의한 현금주의회계원칙이 적용되고 있는 일반회계의 경우 작성되는 결산 관련 회계보고서는 세입 · 세출결산, 채권현재액총계산서, 물품증감과 현재액총계산서, 국유재산증감 및 현재액총계산서 등이 있다. 이에 비해 복식부기에 의한 발생주의회계원칙이 적용되고 있는 기업특별회계의 경우에는 대차대조표, 손익계산서, 이익잉여금처분계산서, 현금흐름표 및 기타 부속서류 등이 작성되어야 한다.

정부는 단식부기와 현금주의 회계의 문제점을 개선하기 위하여 복식부기와 발생주의 회계를 도입하여 재무제표를 공시하는 방향으로 회계제도의 개혁을 추진하여 2009년도부터 도입하고 있다.

4) 예산회계 관련 법규 주요 내용

예산회계 관련 법규의 주요 내용을 요약하면 다음과 같다.

(1) 국가재정법, 동법 시행령

국가의 예산과 회계 및 이에 관련되는 기본적 사항을 규정하고 있는데, 구체적인 내용은 예산, 결산, 기금, 재정 건전화, 보칙 등으로 구성된다.

(2) 국고금관리법, 동법 시행령, 동법 시행규칙

법령 또는 계약 등에 의하여 국가의 세입으로 납입된 모든 현금과 현금과 동일한 가치를 가지는 것을 의미하는 국고금의 관리에 관한 필요한 사항을 정하여 국고금을 효율적이고 투명하게 관리하도록 한다.

① 국고금관리법
총칙, 수입, 지출, 자금관리, 보칙 등으로 규정

② 국고금관리법 시행령
총칙, 출납정리기한, 수입, 선사용자금의 운용, 자금관리, 한국은행 등의 국고 취급, 출납공무원, 장부 · 보고서의 작성 및 제출, 보칙 등으로 규정

③ 국고금관리법 시행규칙
총칙, 수입, 선사용자금, 지출, 상계, 재정증권의 발행 및 국고여유자금의 이체, 한국은행, 출납공무원, 보칙 등으로 규정

(3) 국가를 당사자로 하는 계약에 관한 법률, 동법 시행령, 동법 시행규칙

① 국가를 당사자로 하는 계약에 관한 법률
계약의 원칙, 계약사무의 위임 · 위탁, 계약의 방법, 입찰, 계약, 검사, 대가지급 등에 관하여 규정

② 국가를 당사자로 하는 계약에 관한 법률 시행령
총칙, 추정가격 및 예정가격, 계약의 방법, 입찰 및 낙찰 절차, 계

약의 체결 및 이행, 대형공사 계약, 보고 및 기타 사항에 관하여 규정

③ 국가를 당사자로 하는 계약에 관한 법률 시행규칙

총칙, 예정가격, 계약의 방법, 입찰 및 낙찰 절차, 계약의 체결 및 이행, 대형공사 계약, 공사자재의 관급 사항에 관하여 규정

(4) 보조금의 예산 및 관리에 관한 법률, 조달사업에 관한 법률, 수입인지에 관한 법률, 회계관계직원 등의 책임에 관한 법률, 공무원보수규정, 공무원여비규정

(5) 회계경리의 서식에 관한 규칙, 회계관계공무원직인규칙, 학교수업료 및 입학금에 관한 규칙, 정부보관금취급규칙

(6) 국가보증채무규정, 정부유가증권취급규정, 외자구매계약규정, 교육부회계관계공무원재정보증규정

(7) 국립대학(교)비국고회계관리규정

(8) 산업교육진흥 및 산학협력촉진에 관한 법률, 산업교육진흥 및 산학협력촉진에 관한 법률 시행령, 산학협력단회계처리규칙

(9) 회계예규, 회계통첩, 고시

(10) 각종 지침: 예산편성지침, 세출예산집행지침, 기성회계편성 및 집행지침

3. 국립대학 예산에 대한 이해

1) 개요

(1) 예산 관련 조직

예산 관련 조직과 기구 및 담당업무는 학칙과 사무분장규정 등을 통해 알 수 있다. 국립대학의 예산 관련 조직은 대체로 기획실과 사무국이다. 기획실은 예산 관련 대학발전계획 및 학사운영에 관한 종합발전계획을 수립한다. 기획실의 업무는 대학운영에 대한 평가, 대학발전을 위한 기획, 발전기금관리 및 재정위원회 관련 업무 등이다.

사무국은 예산업무와 직접적으로 관련이 있는 예산과, 경리과, 관재과 등을 두고 있는데, 예산과가 예산편성 업무를 주로 담당한다. 예산과는 예산운용에 관한 기본 계획의 수립, 예산편성 및 운용, 예산운용 평가, 학생납입금 책정 등을 담당한다. 예산과에서 예산을 편성할 때 일반회계예산은 교육과학기술부의 지침에 따라 편성하므로 자율성이 제한되어 있는 반면, 기성회계예산은 자체적으로 결정 · 집행하므로 실제 세입을 추계하고 세출예산을 편성할 때 예산기관으로서의 역할을 하게 된다. 경리과는 예산과 관련하여 세입의 징수, 세출예산의 집행, 세출예산 지출 및 지출한도액 통지, 세입 · 세출결산, 세입 · 세출 외 현금출납 및 유가증권 취급, 수입대체경비 출납, 기여금 및 각종 대부상환금 징수 및 불입, 회계직 공무원의 임면, 기성회회계예산 집행 및 결산 등의 업무를 관장한다. 관재과는 국유재산의 취득 · 보존 및 처분, 국유재산의 사용 · 수익 · 허가 · 교환 · 대부 · 양여, 관리전환 및 관리위임 업무, 물품의 조달 및 처분, 물품 수급 · 관리계획, 취득보관 및 출납, 물품의 관리전환 · 사용전환 및 재물조사, 교육차관의 원리금 상환, 교육차관 기자재의 구매 업무 · 수입허가신청 · 통관임수 및 사후관리, 국유재산 및 물품회계관리직 공무원의 임면 등의 업무를 관장한다. 시설과에는 각종 신 · 증축 등의 기본 계획 수립과 신 · 증축공사 등의 회계사무를 처리한다.

예산과 관련하여 단과대학 및 대학원에서는 교무부학장, 학생부학장, 행정실장 등이 예산업무를 담당한다. 교무부학장은 실험실습비 예산편성 및 지출원인행위 관리업무를, 학생부학장은 학생수혜경비 예산편성 및 집행업무를 담당한다. 학장은 실험실습비 물품구입 청구와 물품운영관 직무를, 단과대학 행정실장은 물품관리, 예산요구, 기성회 사무, 현금출납, 국고지출원인행위, 국유재산관리, 시설물 유지보수 등의 업무를 담당한다.

예산결정과 관련한 심의자문기구는 학장회, 평의원회, 기획위원회, 재정위원회가 있다. 학장회는 총장, 부총장, 학(원)장, 교무처장, 학생처장, 연구처장, 기획실장, 사무국장, 중앙도서관장 등으로 구성되며 의장은 총장이 된다. 학장회는 총장이 소집한다. 학장회는 학교의 중요사항을 종합 · 심의하며 실질적으로 주요 결정은 학장회에서 이루어지는데, 연구비 · 장학금 등 제 보조금의 지급에 관한 사항 등 예산 관련 사항을 포함한다. 평의원회는 대학발전과 교육에 관한 중요사항을 심의 · 의결하기 위하여 설치된 기구로서 학내외 인사로 구성된다. 예산과 관련하여 평의원회는 대학의 중장기 발전계획에 관한 사항, 예산운영의 기본계획에 관한 사항 등을 심의 · 의결한다. 기획위원회는 학교의 발전계획에 관한 주요 사항을 심의하는데, 중장기교육 및 연구계획에 관한 사항, 제도 개선에 관한 사항, 중장기 시설계획 및 활용에 관한 사항이 포함된다. 학교 운영에 필요한 재원의 확보와 재정운용에 관한 중요사항을 심의하기 위하여 설치된 재정위원회는 통상 위원장은 부총장이 되고 부위원장은 기획실장이 되며 다음과 같은 사항을 심의한다.

- 중장기 재정운용계획의 수립
- 재원확보를 위한 활동
- 재원별 재정운용에 관한 지침과 기준 작성
- 주요 사업에 관한 우선순위 심의
- 재정운용에 관한 심사분석 및 평가
- 기타 재정운용에 관하여 필요한 사항

(2) 예산 구성

국립대학에는 국가일반회계, 국유재산특별회계 등 다양한 회계와 기금, 경비가 운영되고 있다.

2) 일반회계 예산편성의 이해

교육과학기술부 재정기획관실은 정부예산편성지침이 시달되면 이를 토대로 국립대학 예산편성지침을 정하여 시달함과 동시에 예산편성을 개시하게 된다. 2007년도 예산편성지침을 기준으로 국립대학 예산편성과 관련된 사항을 알아본다.

(1) 개요

총액배분 · 자율편성(top-down)제도의 취지에 따라 개별학교의 책임과 권한 하에 예산을 편성하도록 하는 것을 기본 방침으로 정하고, 사업의 우선순위 재검토 및 자체 구조조정 노력을 강화하며, 자구노력 등 우수기관에 대해 인센티브를 부여할 것을 천명하고 있다.

세입과 관련하여 국고금관리법 제5조의 규정에 따라 법령이 정하는 바에 의하여 국고로 징수 또는 수납하여야 할 수입을 누락 또는 축소 계상함이 없이 세입예산에 반영하도록 하고, 세외수입 및 자체수입의 증대방안 강구를 강조하면서 보유자산의 효율적인 활용 및 수익성 제고,

수수료 현실화를 요구하고 있다.

세출과 관련하여 기본사업비 예산배분 기준 공개로 예산편성을 내실화하고, 예산배분의 투명성을 제고하며, 예산편성의 효율적 운용을 강화한다. 공공요금과 시간강사료에 대해 국고와 기성회계에서 5 : 5 분담으로 대학의 책무성을 강화하는 등 예산절감 노력 및 자구노력을 강화한다.

(2) 세입예산편성지침

세입예산 편성 시에는 입학금 및 수업료의 산정, 수입대체경비의 운영, 국유재산 매각수입의 편성 방향 및 기타 수입금의 관리 등에 대한 지침이 시달된다. 세입예산 편성 시 강조되는 것은 정확한 세원의 포착과 수입금의 증대 등 세원확보 노력이다. 이를 위해 입학금 및 수업료의 산정 방식, 국유재산 매각수입의 산정 방식이 통보되고 입학금 및 수업료, 수입대체경비 등을 제외한 기타 수입에 대해서는 최근 3년간의 당해 수입금 평균 결산액 및 평균 수납률 등 특수요인과 주요 변수를 반영하여 계상하도록 하여 정확한 세입의 추계를 요구한다. 동시에 교육인적자원부(현 교육과학기술부)에서 마련한 '국립학교수입금처리제도개선방안'을 준용하여 수입금을 확충하기 위한 노력을 할 것을 요구한다.

(3) 세출예산편성지침

세출예산 편성 시의 주요 항목은 인건비, 기본사업비 및 시설예산사업비다.

국립대학은 타국가기관과 달리 비국고회계제도를 관리 · 운영하면서 기관 운영에 관한 지원경비를 세출예산으로 편성할 수 있어, 국고회계와 기성회계의 통합재원을 고려하여 운영비(공공요금, 시간강사료 등) 예산을 편성하여야 한다. 즉, 공공요금과 시간강사료는 국고와 기성회계에서 각각 5 : 5 분담을 원칙으로 하고 있으며 학교기업, 소비조합, 간접연구비 등에서도 공공요금 부족액 확보 차원에서 일정액을 공공요금으로 편입하도록 하고 있다.

대학 자체 수입금 사업에 대해서는 사업기본비용(cost), 국고세입분을 제외한 수입액은 대학 공공요금으로 충당하도록 하고 입시 관련 수입대체경비 중 10~20% 수준을 공공요금으로 편성하여야 한다. 또한 외부지원사업비, 연구비 등에 대하여 간접경비를 징수하여 학교기본운영비로 충당하여야 한다.

국립학교 시설 확충, 대학 특성화 지원, 전문대학 특성화 지원, 지방대학 혁신역량 강화, 대학구조개혁 지원, 연구비 등 항목별 예산편성 방향은 다음과 같다.

① 인건비

인건비는 예산편성연도 4월 보수지급일 현재 현원 및 보수표를 기준으로 예산을 편성한다.

② 기본사업비

기본사업비를 편성할 때 공공요금과 시간강사료에 대해서는 국고와 기성회계에서 각각 5 : 5 분담을 원칙으로 하여 대학의 책무성을 요구하고 있다.

당시 교육인적자원부(현 교육과학기술부)는 2007년도 예산편성지침에서 기본사업비를 다음과 같은 기준을 편성한다고 규정하고 있다.

대학운영비는 교당경비, 학생 수에 따른 지원금, 교직원 수에 따른 지원금, 건물면적을 고려한 지원금, 운영성 경비, 교당경비를 합하여 배분된다. 지원항목별 산정 기준은 다음과 같다.

- 교당경비
  - -학교규모별 일정액 배분
- 학생 수 지원
  - -학생 수(현원)에 계열별 가중치를 적용하여 일률 배분
  - -방송대는 별도 기준으로 배분
- 교직원 수 지원
  - -교직원 수(현원)에 따라 일률 배분
- 건물면적(㎡) 지원
  - -건물면적에 따라 일률 배분
- 운영성 경비
  - -과운영비, 월정직책급, 시간강사료 등의 일정액을 배분

기관중점운영비는 학교별 요구에 대해 별도의 사정을 통해 지원액을 결정하며 학교의 자구노력에 대한 인센티브를 지원하게 된다. 인센티브는 자체 세입증대를 위한 자구노력 실적을 감안한 인센티브, 교수충원 이행실적에 대한 보전적 인센티브 그리고 교육부 본부 사업부서의 평가결과를 반영한 교육정책 이행실적 인센티브가 있다.

③ 시설비 예산편성지침

당시 교육인적자원부 국립대학 예산편성지침에 따른 2007년 시설비 예산편성 기본 방향은 다음과 같다.

• 시설종합기본계획(master plan) 및 재정여건을 감안하여 2007년 시설비 편성
  - 시설사업 5개년 투자계획과 연계하여 2007년 시설비 편성
  - 시설사업은 많은 재원을 수반하므로 무리한 시설사업 확대 억제
  - BTL 사업 추진 대학은 2~3년 후 발생하는 임대료 상환액을 자체 반영하여야 함
• 시설비 총액배분자율편성제(top-down) 지속 추진
  - 교육부는 기관별 총액을 배분하고 대학은 사업별 자율예산 편성
• 진행 중인 계속사업을 완공 위주로 집중 투자
  - 수년에 걸친 건축공사로 인한 비효율을 개선하기 위하여 2~3년 내에 조기 완공할 수 있도록 계획성 있는 재정투자 필요
• 신규사업 억제
  - 신규사업은 억제하되 재정투자 여건, 교육환경, 대응투자 등을 고려하여 최소화
• 노후시설 보수비 확대 및 대응투자액에 따른 차등 지원
  - 노후건물의 리모델링 및 보수 등 지원 확대
  - 기성회계 등 자체 시설비 투자실적 등의 차등화
• BTL 사업
  - BTL 추진은 임대료 상환에 따른 재원계획을 사전에 검토 · 수립
  - 학생기숙사사업에 한하며 수용률 25% 이내로 조정
  - 임대료 상환액은 해당 대학 재정운용 범위 내에 자체 부담

    임대료 상환액의 대학 자체 부담비율(국고 외 기성회비 등 부담액)

    서울소재: 30%, 광역시소재: 25%, 기타: 20%
  - BTL 사업 제외 대학

    진행 중인 기숙사를 포함하여 학생수용률 25% 초과 대학

최근 신입생 등록률이 85% 미만으로 저조하거나 등록률이 급격하게 하락하고 있는 대학
진행 중인 잔여사업비가 과다하여 재정투자계획상 임대료 상환능력이 부족한 대학
기타 BTL 사업 추진이 부적절한 경우
- 사업 규모
총사업비 = (설계비 + 시설비 + 감리비 + 시설부대비 + 비품비)
시설비 및 비품비: 면적 해당 기준단가
현장여건에 따른 옥외 부대시설 공사비와 설계보상비(필요시) 등은 실소요액 최소 반영

3) 국립대학 예산운영의 문제점과 개선 방향

(1) 국립대학 예산운영의 문제점

① 투자 우선순위의 왜곡

국고일반회계, 기성회회계, 생활협동조합회계, 산학협력단회계, 대학발전기금 등은 대학의 교육과 연구활동을 지원하기 위한 회계라는 점에서 본질적으로 큰 차이점이 없다. 그럼에도 불구하고 회계 간의 칸막이로 인하여 분리 · 운영되어 국립대학 전체로 보면 투자의 우선순위가 왜곡되는 결과를 가져온다.

도서구입비를 예로 들어 보자. 교육과학기술부나 기획재정부에서는 건물 신축은 국가에서 지원하므로 도서구입비는 기성회회계에서 부담해야 한다고 주장한다. 대학 내 기성회이사회에서는 기성회비는 학부모나 학생의 부담금이므로 학생들의 복지 등에 사용되어야 하고 도서구입비와 같은 중요한 예산은 국가에서 지원되어야 한다고 주장한다. 도서

구입을 담당하고 있는 부서에서는 연구비에서 일정 부분을 도서구입비로 책정해야 한다고 주장하지만 연구비를 관리하고 있는 부서의 우선순위에서 밀려날 수 있다.

여러 개의 회계, 기금으로 인한 칸막이식 재정 운영이 국립대학의 투자 우선순위를 왜곡시키고 있다고 할 수 있다.

② 재정집행의 비효율성과 투명성 결여

국가일반회계, 기성회회계, 산학협력단회계는 각각의 설치 근거가 되는 법령이나 규약이 다르다. 따라서 예산편성 기준이나 집행 기준이 달라진다. 같은 물품을 구입하더라도 어느 회계에서 집행되는가에 따라서 적용되는 법규와 지침이 다르다. 공개강좌운영경비는 별다른 지침 없이 자체적으로 운영되고 있다.

국고일반회계의 예산집행 기준은 상대적으로 엄격하다. 그러나 기성회회계는 정부나 법령과는 관계없는 일종의 임의회계이기 때문에 집행의 자율성이 많다. 감사에서 문제가 될 수 있는 소지가 있는 것은 국가일반회계에서는 집행하지 않고 기성회회계에서 집행하고, 기성회회계에서조차 집행하는 것이 부담스러울 때는 다른 경비에서 집행하는 것이 관행처럼 되어 있다. 교육과학기술부나 감사원에서 기성회회계 집행의 세부적인 문제점을 발견하더라도 지적할 수 있는 법적인 근거가 없기 때문에 국가일반회계에 적용되는 엄격한 잣대를 기성회회계에 적용하는 것에는 한계가 있다.

분리된 회계와 경비, 각각의 회계와 경비마다 달리 적용되는 지침은 재정의 비효율적인 집행을 증가시키고 투명성을 떨어뜨리는 요인이 되고 있다.

③ 교육연구활동 지원 미흡

현행의 국립대학 재정운영 구조로는 교육과 연구활동 지원이라는 국립대학 재정운영의 본래 목적을 달성하기 어렵다. 모 사립대학은 학교재정 중 경상운영비와 시설비를 절약한 경비로 신규교수를 채용했다고 한다. 그러나 국립대학에서는 이러한 일이 일어나기 어렵게 되어 있다. 다른 부문의 경비를 절약해도 신규교수 채용에 투자하거나 시간강사의 처우를 개선하기 어렵게 되어 있기 때문에 구태여 지침을 어겨 가면서 절약할 필요성을 느끼지 못한다.

대학의 모든 자원을 활용하여 교육과 연구지원활동에 전력을 다해도 학생들과 교수들은 부족함을 느낄 수 있다. 그러나 국립대학에서는 가용한 재원을 모으고 투자 우선순위에 입각한 교육과 연구지원활동을 하려고 해도 법령과 지침이 상이하기 때문에 시도조차 하기 어렵다. 적극적으로 교육과 연구지원활동을 하기보다는 지침에 위반되지 않게 재정을 집행하는 데 주력하는 경향을 보이게 된다.

④ 최고경영자와 재정운영

회계나 기금의 법적인 책임자와 관리자가 누구인가를 보면 국립대학 재정 구조의 문제점이 보다 명확해진다. 국가일반회계와 국유재산관리특별회계의 관리자는 기획재정부장관이다. 산학협력단회계의 관리자는 산학협력단장이며 기성회회계는 기성회이사회에서 실질적인 결정을 한다. 수입대체경비는 소속 중앙관서의 장이 실질적인 책임을 지고 있고 생활협동조합회계는 생활협동조합이사회에서 관리한다. 대학발전기금은 별도의 재단법인으로 운영된다.

국립대학 총장은 대학기관 운영의 최고경영자다. 최고경영자가 대학을 발전시키기 위해 필요한 수단 중의 하나는 재정이다. 그럼에도 불구하고 우리나라 국립대학 총장은 재정에 관한 한 법적인 권리와 책임에서 소외되어 있다고 할 수 있다. 장학제도를 대폭 확대하거나 새로운 프로그램을 시행하려고 해도 이를 뒷받침할 수 있는 재정 운용의 폭이 거의 닫혀 있다. 우리나라 국립대학의 발전계획이 실질적인 추진계획이 되지 못하고 추상적인 도상계획에 그치는 것도 복잡한 재정 구조와 무관하지 않다.

(2) 개선방안: 국립대학 특별회계제도와 대학회계제도

국립대학의 재정운영 구조를 개선하고자 하는 시도는 오래전부터 있어 왔다. 1989년에는 국립대학 특별회계제도 도입 논의가 있었고, 2001년 국·공립 초·중·고등학교에 학교예산회계제도가 도입된 이후에는 국립대학에도 그와 유사한 대학회계제도를 도입하자는 논의가 있었다. 일본이 국립대학을 법인화하는 개혁을 하자, 우리나라의 국립대학도 법인화하자는 논의가 일고 있다. 여기서는 국립대학 특별회계제도와 대학회계제도에 대해 살펴보고자 한다.

① 특별회계와 대학회계의 개념

국립대학 특별회계제도는 전국의 모든 국립대학 또는 법령이 정하는 국립대학을 하나의 특별회계로 관리하는 것을 말한다. 정부회계는 일반회계와 특별회계로 구분되는데, 국립대학 특별회계라는 별도의 정부특별회계를 신설하여 운영하게 된다.

대학회계제도는 획일적으로 모든 국립대학의 재정을 하나로 통합하는 것이 아니라 개별 국립대학마다 회계를 설치하여 단위 국립대학이 자체적으로 회계를 관리하자는 것이다.

② 예산편성

국립대학 특별회계는 정부회계이므로 기획재정부장관 또는 교육과학기술부장관이 예산편성권자가 된다. 대학회계는 개별 국립대학의 총(학)장이 예산편성권자가 된다.

국립대학 특별회계에 편성되는 예산의 범위는 국고에서 지원되는 지원금에, 지금까지 국립대학이 자체적으로 운영하여 오던 기성회비와 각종 수입금이 포함된다. 모든 국립대학의 예산을 일정한 기준을 가지고 편성해야 하기 때문에 생활협동조합회계처럼 대학마다 운영 방법이 다른 경비는 별도로 관리될 개연성이 많다.

대학회계는 국고에서 지원되는 지원금과 자체적으로 운영하여 오던 기성회회계 등을 통합하여 편성할 수 있다. 생활협동조합회계도 필요에 따라 대학회계에 포함하여 편성할 수 있다.

국립대학 특별회계의 경우 이론적으로는 국립대학이 자체적으로 관리하여 오던 경비들을 통합하여 국가특별회계로 편성할 수 있지만 실제로 모든 경비를 국고로 납부하여 운영하기는 어렵다. 국립대학에서 국가회계 이외의 회계와 경비를 운영하게 된 배경에는 '모든 수입은 국고로 납부하여야 한다.' 는 등 국가회계의 경직된 규정이 문제가 되었기 때문이다.

국립대학의 경우 수업료를 자율적으로 책정할 수 있는데, 국립대학 특별회계로 모든 국립대학의 예산을 편성하면서 수업료를 자율화하는 것은 기술적으로 어렵다. 수업료가 자율화되어 있는 상태에서 국립대학 특별회계를 편성할 경우 정부는 개별 국립대학에 내년도 수업료 인상분을 어느 정도 수준에서 올릴 것인지를 공문으로 제시받아야 정부예산을 편성할 수 있다.

국립대학 수업료를 어느 수준에서 인상할 것인가에 대해서는 정부 부처마다, 부서마다 이해관계가 다르다. 어느 특정 국립대학이 수업료를 대폭 인상하겠다고 할 경우 물가관리부서에서는 인상 자제를 요청할 수밖에 없다. 예산담당부서에서는 해당 대학이 수업료를 많이 올리니까

국고지원금을 그만큼 줄이겠다는 안을 내놓을 수 있다. 반대로, 학생들의 반발을 고려하여 수업료를 인상하지 않겠다는 대학에 대해서는 자구노력이 미흡하다는 것을 이유로 국고지원을 줄일 수 있다.

③ 예산심의 · 의결

국립대학 특별회계는 국회에서 예산을 심의 · 의결한다. 대학회계의 경우 국가에서 지원하는 경비는 국회의 심의 · 의결을 통하여 확정되고 국가에서 지원하는 이외의 경비는 대학평의회, 대학이사회, 대학재정위원회 등과 같은 대학 의사결정기구에서 심의 · 의결하게 된다.

국립대학 특별회계의 경우 지금까지 국립대학에서 자율적으로 운영하여 오던 수업료나 기성회비 등도 포함하게 된다. 여기서 문제가 발생할 수 있다. 수업료는 현재에도 국립대학이 자율적으로 결정한다. 개별 국립대학이 희망한 수업료 인상금액을 국립대학 특별회계에 편성하여 심의할 경우 국회에서는 이것을 심의하여 조정할 수 있게 된다. 국회의 심의 · 의결권은 헌법이 보장하고 있는 권리다. 따라서 교육과학기술부장관이나 기획재정부장관이 개별 국립대학이 희망한 수업료나 기성회비 인상액을 기준으로 예산을 편성하였더라도 국회에서 심의를 통하여 조정 · 의결할 수 있으므로 개별 국립대학의 수업료 자율책정 권한은 형식화될 개연성이 많다.

④ 예산집행

국립대학 특별회계를 통하여 확정된 예산을 집행하기 위한 기준은 정부에서 정하게 된다. 대학회계를 통하여 확정된 예산을 집행하기 위한 기준은 국립대학에만 적용되는 기준을 적용하거나 자체적으로 정할 수 있다.

국립대학 특별회계를 통하여 예산이 편성되고 집행되면 개별 국립대학의 특성을 고려한 집행지침을 시달하기가 어렵다. 자율성을 준다고 해도 국가가 일괄적으로 관리하는 한 그 경직성을 근본적으로 제거하기는 어렵다.

예를 들어, 시간강사료를 책정 시 국립대학 특별회계의 경우 ○,○○○원 ○○시간=○,○○○,○○○원으로 전국의 국립대학을 획일적으로 통일시킬 수밖에 없다. 예산편성은 기준이고 예산집행을 개별 국립대학이 자율적으로 집행할 수 있다는 지침이 있어도 그렇게 할 수가 없다. 모든 수입금이 국립대학 특별회계로 편입되었기 때문에 자체적으로 운영할 수 있는 재원이 없을 뿐 아니라 국회의 심의 · 의결된 강사료 단가를 개별대학에서 변경할 수 있는지의 여부가 논란이 될 것이다.

대학회계의 경우는 예상되는 수입의 범위 내에서 자체적인 우선순위와 지급 기준을 정하여 집행하기 때문에 대학 실정에 맞는 예산집행을 할 수 있다.

⑤ 결산

국립대학 특별회계의 경우는 개별 국립대학이 집행한 모든 예산을 국회에서 결산심의하게 된다. 대학회계의 경우 국가가 국립대학에 지원한 예산집행에 대해서는 국회의 결산심의를 받게 되며 대학 자체의 예산집행에 대해서는 자체 의사결정기구에 의하여 결산심사를 받게 된다.

⑥ 회계연도 문제

국립대학 특별회계의 회계연도는 다른 정부회계와 같이 1월 1일에 시작하여 12월 31일에 종료된다. 그러나 대학회계의 회계연도는 대학의 학기와 같이 3월 1일에 시작하여 이듬해 2월 말일에 종료된다.

우리나라의 경우 국가나 지방자치단체의 회계연도를 획일적으로 1월 1일부터 12월 31일까지로 정해 두고 있다. 그러나 회계연도는 회계를 관리하기 위한 기준시점을 의미하는 것으로 필요에 따라 조정할 수 있는 것이다. 외국의 경우 9월부터 회계연도가 시작되는 국가도 있고 회계연도를 1년간으로 한정하지 않고 2년으로 운영하는 국가도 있다.

대학회계제도를 도입할 경우 회계연도를 대학의 학기와 일치시키는 것이 재정운영을 원활하게 할 것으로 보인다.

제9장

일반회계 이외의 대학예산 관련 제도

1. 기성회회계제도

1) 목적

기성회회계는 학교설립자의 부담으로 미치지 못하는 긴급한 교육시설 확충이나 학교운영 등을 지원함으로써 면학 분위기를 조성하고 교육여건 개선에 기여하기 위해 기성회 회원들의 기부금을 재원으로 하는 회계다.

2) 제도연혁

(1) 후원회(1945~1953)

- 해방 이후 급격한 교육의 팽창으로 국가의 만성적 교육재정 부족 초래
- 학교별로 후원회를 조직하여 교원의 후생, 학교시설의 확충 등에 필요한 경비의 상당부분 지원

(2) 사친회(1953~1962)

- 학생의 보호 및 지위 향상, 교육환경 정비와 교육성과의 거양, 학생

생활지도 협력, 교직원의 사회적 · 경제적 생활 향상 등에 목적

(3) 기성회(1963~)

- 사친회는 잡부금 징수 등의 역기능도 있어 1962년 3월 10일 당시 문교부는 각급 학교 사친회, 후원회 해체
- 경제개발이 국가정책 최우선과제로 되어 빈약한 교육재정은 개선되지 않은 상황에서 1963년 부터 다시 대학별로 기성회 발족
- 1964년 2월 27일 학교후원회 조직 금지 지시
- 사학기관재무회계규칙에 대한 특례규칙(1981)은 기성회비를 학교회계 예산과목으로 편성토록 규정
  - 교육부는 매년 '예 · 결산지침' 등에 기성회비에 관한 사항을 포함하여 시달
  - 사립학교법에 의거, 예 · 결산서를 제출받아 사학의 재정상태를 지도 · 감독하는 등 교육부가 직 · 간접으로 관여
  - 수익자인 학생은 대학에 납부해야 하는 납부금으로 오랜 기간 동안 인정
- 회비의 산출
  - 1988년까지는 물가안정에 관한 법률(1997. 12. 13 개정 전)에 의거, 재정경제부와 협의하여 결정하였으나 1989학년도 대학등록금 자율화 조치 이후 국립대학의 기성회비와 사립대학의 등록금을 제외한 국립대학의 입학금과 수업료만을 대상으로 협의 · 결정

3) 법적 성격(회비징수 근거)

(1) 고등교육법 제11조(수업료 등)

- 학교의 설립 · 경영자는 수업료와 기타 납부금을 받을 수 있다.
- 징수 등 세부사항은 교육부령(학교수업료 및 입학금에 관한 규칙)에 규정

(2) 고등교육법 시행령 제4조(학칙)

수업료, 입학금, 기타 비용징수에 관하여 학교규칙에 기재

(3) 국립대학(교)비국고회계관리규정 제9조(예산과목)

기성회회계의 예산과목은 별표 기성회회계 세입·세출예산과목 내역표에 명시된 과목과 동 과목 해소 내용에 따른다.

※ 서울대학교기성회약관

제13조 (재정)

① 이 회의 사업 수행을 위하여 필요한 재원은 회원의 회비, 찬조금 및 기타 수입으로 충당하되 회비는 매 학기 초의 소정기일 내에 이 회에 납부한다.

② 회비는 이사회가 결정하되 회비의 감면에 관한 사항은 총장에게 위임한다.

※ 판례

〈사립대학교 재학생에게 학교법인에 대한 기성회비 납부의무가 있다고 본 사례〉(수원지법성남지원 1999. 12. 15, 99가합2733 채무부존재확인)

- 고등교육법 및 동 시행령, 학교규칙에 의하면 학교의 설립·운영자는 수업료와 기타 납부금을 받을 수 있음
- 기성회는 수십 년간 교육활동의 내실화에 많은 공헌을 하여 왔고 재학생들 및 그 보호자들도 기성회비를 학교교육의 대가로 지급하는 등록금의 일부로 인식하면서 별다른 이의 제기 없이 납부하여 와 징수관행 확립
- 기성회는 별도의 가입 절차 등에 관하여는 아무런 규정을 두고 있지 아니한 점 등을 살펴볼 때, 재학생의 보호자는 특별한 가입 절차 없이 당연히 기성회의 회원으로 가입되는 것으로 보아야 하고 기성회비의 징수권한은 대학경영자에게 위임되어 있으므로 납부의무가 있음

4) 기성회계 예산운영

기성회회계는 기성회비와 교원연구보조비 등 국고보조금, 계절학기 수강료 등 수입대체경비 등의 세입으로 세출예산을 편성하게 된다. 기성회계의 예산규모는 매년 기성회비 인상률에 따라 결정되며 일반적으로는 전년도 예산을 기준으로 수입금 범위 안에서 예산편성이 이루어진다. 기성회비의 인상률 책정은 신규 예산사업에 대한 검토와 함께 이루어지게 되며 예산편성 부서에서 기성회비 책정안을 마련한 다음 구성원의 의견수렴과 제 위원회의 심의와 기성회 이사회의 심의를 거쳐 확정된다.

기성회회계의 세입 · 세출예산 편성은 기성회비 책정과 동일한 절차에 따라 이루어지게 되나, 기관별 경상사업비 배분이나 특별사업에 대한 투자의 적정성 여부에 대한 세밀한 분석과 판단은 재정소위원회에서 주로 이루어진다. 특히, 기성회회계와 보완관계에 있는 일반회계 예산편성 내용에 따라 영향을 많이 받게 된다.

(1) 등록금 책정(예시)

① 등록금 책정안 작성: 2007년 11월
- 주요 세출예산(주요사업비 등) 추계 포함

② 학생대표 의견수렴: 2008년 1월
(교육환경개선위원회)

③ 관련 위원회 심의: 2008년 1월 중
(재정위원회, 처 · 실 · 국장회의, 학장회의, 평의원회)

④ 기성회이사회 의결: 2008년 1월 말

⑤ 등록금 책정: 2008년 1월 말
(입학금 및 수업료: 총장, 기성회비: 기성회이사회)

(2) 기성회회계 예산편성(예시)

① 주요사업비 심의: 2007년 11월

② 예산(안) 작성: 2007년 11월~2008년 1월

③ 학생대표 의견수렴: 2008년 2월

(교육환경개선위원회)

④ 관련 위원회 심의: 2008년 2월 중

(재정위원회, 처 · 실 · 국장회의, 학장회의, 평의원회)

⑤ 기성회이사회 의결: 2008년 2월 말

⑥ 예산편성: 2008년 8월 말

2. 산학협력단 예산 · 회계제도

정부는 학술지식의 실용화를 꾀하고자 2003년 5월 「산업교육진흥 및 산학협력촉진에 관한 법률」에 산학협력단에 대한 규정을 신설하였다. 동법의 제25조 제1항에서는 "대학은 학교규칙이 정하는 바에 의하여 대학에 산학협력에 관한 업무를 관장하는 조직(이하 '산학협력단' 이라 한다)을 둘 수 있다." 고 하였으며, 제2항에서는 산학협력단을 학교법인과는 별도의 법인으로 할 것을 규정하였다. 산학협력단은 다음의 업무를 수행한다.

- 산학협력계약의 체결 및 이행
- 산학협력사업과 관련한 회계의 관리
- 지적재산권의 취득 및 관리에 관한 업무
- 대학의 시설 및 운영의 지원
- 기술의 이전 및 사업화 촉진에 관한 업무
- 그 밖에 산학협력과 관련한 사항으로서 대통령령이 정하는 사항

산학협력단은 교비회계와는 별도의 회계실체가 되며 산학협력단의 재정운영에 관해서는 2003년 11월 제정된 산학협력단회계처리규칙을 따라야 한다. 산학협력단회계처리규칙의 주요 내용은 다음과 같다.

- 산학협력단 예산의 편성 · 심의 · 집행 등에 관하여 필요한 사항은 산학협력단의 정관으로 정할 수 있도록 규정함(규칙 제4조)
- 산학협력단의 회계처리원칙, 재무제표의 구성요소(대차대조표, 운영계산서, 자금계산서 등), 회계의 계정과목 및 그 내용에 관하여 규정함(규칙 제5조 내지 제8조)
- 산학협력단의 재무상태를 명확히 보고하기 위하여 대차대조표 작성을 현재의 모든 자산, 부채 및 기본금을 적정하게 표시하도록 하고 대차대조표의 구성요소(자산, 부채, 기본금), 작성 기준에 관하여 규정함(규칙 제9조 내지 제10조)
- 산학협력단의 적립금에 대한 기금의 예치 및 사용에 관하여 규정함(규칙 제 11조)
- 산학협력단의 운영성과를 명확히 보고하기 위하여 운영계산서 작성을 그 회계기간에 속하는 모든 수익과 이에 대응하는 모든 비용을 적정하게 표시하도록 하고 구성요소(수익, 비용), 작성 기준에 관하여 규정함(규칙 제12조 내지 13조)
- 산학협력단장은 산학협력단의 운영차익에서 향후 특정 용도에 사용하기 위하여 연구적립금, 장학적립금, 건축적립금, 기타 적립금 등 각종 적립금을 적립할 수 있도록 규정함(규칙 제16조 내지 제17조)
- 산학협력단의 자금 변동내역을 명확하게 보고하기 위하여 자금계산서 작성을 당해 회계기간에 속하는 자금의 수입과 지출 내용을 적정하게 표시하도록 하고 자금의 구분표시 및 작성 방법, 양식사례에 관하여 규정함(규칙 제18조 내지 제19조)

- 대차대조표에 기재하는 자산의 가액은 당해 자산의 취득원가를 기초로 하여 계상함을 원칙으로 하는 자산의 평가 기준에 관하여 규정함(규칙 제20조)
- 유가증권의 공정가액이 취득원가의 50% 이상 하락한 경우 공정가액을 대차대조표 가액으로 하는 등 유가증권의 평가에 관하여 규정함(규칙 제21조)
- 산학협력단은 토지를 제외한 유형자산은 유형자산의 내용연수 기간 동안 감가상각하도록 함(규칙 제23조)
- 대차대조표에 기재하는 부채의 가액은 산학협력단이 브담하는 채무액으로 계상함을 원칙으로 함(규칙 제24조)
- 화폐성 외화자산 및 화폐성 외화부채는 대차대조표일 현재 서울외국환중개주식회사가 고시하는 기준환율로 환산한 가액을 대차대조표 가액으로 함(규칙 제25조)
- 산업협력단의 단장은 매 회계연도 종료 후 50일 이내에 재무제표, 대차대조표에 대한 부속명세서, 운영계산서에 대한 부속명세서, 결산부속서류를 작성하여 대학의 장에게 제출하여야 하며, 대학의 장은 회계연도 종료 후 70일 이내에 결산을 심의 · 확정하도록 하고, 산학협력단장은 확정된 결산서를 매 회계연도 종료 후 3월 이내에 교육과학기술부장관에게 보고하도록 함(규칙 제27조 내지 제29조)

제10장

정부계약제도

1. 계약의 개념 및 특성

계약이란 일정한 법률효과의 발생을 목적으로 2인 이상의 당사자가 청약과 승낙이라는 상호 대립된 의사표시의 합치로서 성립하는 법률행위를 말하며, 수요기관 구매계약의 법적 효력은 입찰이라는 청약행위가 낙찰에 의하여 승낙되어 그 승낙된 사실이 낙찰자에게 통보된 후 낙찰자가 이를 접수한 순간부터 발생한다. 즉, 계약은 입찰이라는 청약행위에 대해 낙찰에 의한 승낙이 이루어지고 승낙된 사실 통보를 낙찰자가 접수하는 즉시 법적 효력이 발생한다.

정부계약은 사법상의 계약으로서 민법상의 일반원칙인 계약자유의 원칙, 신의성실의 원칙, 사정변경의 원칙 및 권리남용 금지의 원칙 등이 적용된다. 그러나 정부계약은 개인의 이익을 추구하는 일반적 계약과 달리 공공복리 추구라는 목적을 달성하기 위하여 체결되며, 이에 따라 별도의 계약 관련 법령이 제정 · 운영되고 있다. 국가계약 법령에서는 정부의 우월적 지위를 이용하여 계약상대자의 계약상의 이익을 부당하게 제한하는 특약이나 조건을 정하지 못하도록 하고, 계약당사자는 계약 내용을 신의성실의 원칙에 따라 이행하도록 하는 등의 정부계약의 원칙을 명시하고 있다(동법 제5조 및 시행령 제4조).

2. 정부계약 법령체계 및 집행기관

1) 정부계약 법령체계

국가기관 계약에는 「국가를 당사자로 하는 계약에 관한 법령」이, 지방자치단체 계약에는 「지방자치단체를 당사자로 하는 계약에 관한 법령」이, 정부투자기관 계약에는 「정부투자기관회계규칙」이 각각 기본 법령이라고 할 수 있다. 그러나 정부투자기관회계규칙은 계약 관련 일부 특례사항만 규정하고 있고 일반적으로 국가를 당사자로 하는 계약에 관한 법률을 준용하도록 하고 있다는 점에서 정부계약에 관한 실질적인 기본 법령은 국가를 당사자로 하는 계약에 관한 법률이라 할 수 있다.

기본 법령 외에 국제입찰 관련 특정 조달을 위한 국가를 당사자로 하는 계약에 관한 법률 시행령 특례규칙이 있고, 기획재정부와 행정안전부에서 정한 회계예규와 고시 및 회계통첩 등이 있으나, 이들은 법규성이 없어 위반 시 계약담당자를 제재할 수는 있으나 원칙적으로 계약상대자를 구속할 수 없다는 것이 통설이다.

이 밖에 조달청의 계약업무를 규율하는 조달사업에 관한 법령이나 건설사업기본법령, 전기공사업법령 등에 규정된 계약에 관한 별도의 규정이 있는데, 이들은 당해 분야의 계약에 관한 특별법으로 적용된다. 기타 정부계약에 관하여 관계법령 및 규정 등으로 정하지 않은 사항은 계약에 관한 일반법인 민법과 그 일반원리를 적용할 수 있다.

2) 집행기관

현행 정부계약의 집행기관은 집중형과 분산형을 혼용하고 있다. 계약은 수요기관에서 자체집행하는 것이 원칙이나, 정부조달물자 또는 일정한 시설공사 계약은 중앙조달기관인 조달청에 요청하도록 의무화하고 있다.

정부계약을 체결하고자 하는 기관의 장은 계약사무를 소속직원에게 위임하여 직접 처리하거나 국가 또는 지방자치단체의 기관이나 다른 투자기관 등의 장 또는 소속직원에게 위탁처리할 수 있다.

수요물자를 구매할 경우 수요기관의 장은 원칙적으로 수요물자의 구매 · 공급을 조달청장에게 요청하여야 한다. 그러나 다음 각호의 경우에는 수요기관의 장이 직접 구매할 수 있다.

- 천재지변이나 긴급한 행사 등에 필요한 물자 구매의 경우
- 국방목적 또는 국가 비밀행위에 필요한 물자 구매의 경우
- 조달청장으로부터 수요기관의 장이 구매위임받은 경우
- 기타 수요기관에서 직접 구매함이 적합하다고 인정되는 경우 등

또한 품명당 7천만 원 미만의 내자 구매, 건당 10만 불 미만의 외자 구매, 음 · 식료품, 동 · 식물류, 화약 · 무기류, 차량용 유류 등의 수요물자의 경우에도 수요기관에서 자체조달할 수 있다(수요물자구매업무처리규정 제6조).

한편, 시설공사계약의 경우 국가기관은 추정가격이 30억 원(전기 및 정보통신은 3억 원) 이상인 공사, 지방자치단체는 법정 PQ 대상 공사, 대안 또는 일괄입찰 대상 공사, 기타 기관은 다른 법령에서 조달청장에게 요청하도록 정한 공사의 경우에는 조달청에 계약을 요청하여야 하지만 다음 각호의 경우에는 수요기관이 직접 계약할 수 있다.

- 천재지변이나 긴급한 행사, 기타 이에 준하는 경우
- 재해 및 사고의 긴급 복구공사를 하는 경우
- 국방목적 관련 및 국가기관의 행위를 비밀로 하여야 하는 경우
- 특수공사로서 조달청장과 미리 협의한 경우

3. 계약의 종류

1) 계약목적물에 따른 분류

공사계약은 건설산업기본법령에 따른 건설공사, 전기공사업법령에 따른 전기공사, 정보통신공사업법령에 따른 정보통신공사, 소방설비공사업법령에 따른 소방공사가 있다.

물품의 제조는 수요기관에서 별도 작성한 규격서에 의해 주문제작된 물품을 구입하는 것을 말하고 구매는 이미 완성되어 있는 물품을 들여오는 것을 뜻한다.

한편, 용역계약은 설계 및 감리용역(건설기술관리법), 학술연구용역, 청소용역, 시설관리용역(엔지니어링기술진흥법령) 등을 포함한다.

2) 계약체결 형태에 따른 분류

(1) 확정계약과 개산계약(법 제23조, 영 제70조)

계약은 계약의 내용과 계약금액의 확정 여부에 따라 확정계약과 개산계약으로 구분된다. 확정계약은 예정가격을 미리 작성하고 낙찰자를 결정, 계약을 체결하는 확정계약이 통상적이며 원칙이다. 개산계약은 미리 예정가격을 정할 수 없을 때 개산가격을 정하여 계약을 체결하는 것으로서 개발시제품의 제조계약, 시험 · 조사 · 연구 용역계약 등은 개

산계약으로 체결할 수 있다.

(2) **총액계약과 단가계약**(법 제22조)

계약은 당해 계약목적물 전체에 대하여 총액으로 계약을 체결하는 것이 원칙이나, 일정한 기간 계속하여 제조 · 수리 · 가공 · 공급 · 사용 등의 계약을 할 필요가 있을 때 당해 연도 예산의 범위 안에서 단가에 대해 체결할 수 있는데, 이것을 단가계약이라고 한다.

(3) **장기계속계약, 단년도계약, 계속비계약**(법 제21조, 영 제69조)

계약은 회계연도 독립의 원칙에 따라 동일 회계연도 내에 이행이 완료되도록 체결해야 하지만, 다음과 같은 경우 예외적으로 회계연도를 넘어서 장기계속계약 및 계속비계약을 체결하여 사업의 효과를 높일 수 있다.

① 장기계속계약은 임차 · 운송 · 전기 · 가스 · 수도의 공급, 기타 그 성질상 수년간 계속하여 존속할 필요가 있거나 그 이행에 수년을 요하는 경우 체결하는 계약으로서, 공사의 경우에는 주로 사업의 규모, 내용 등이 설계서 등에 의하여 확정되었으나, 예산의 일괄확보의 어려움 등이 있을 때 활용되는 제도다.

② 장기계속공사 및 장기물품제조 등 계약에 있어서 그 이행에 수년을 요하며, 설계서 또는 규격서 등에 의하여 전체의 사업 내용이 확정된 공사 또는 제조는 낙찰 등에 의하여 결정된 총공사금액을 부기하고 당해 연도 예산의 범위 안에서 제1차 공사에 대하여 계약을 미리 체결하여 제2차 공사 이후의 계약을 총공사, 총제조 등의 연차별 공사에 관한 사항을 명백히 하여 계약을 체결할 수 있다.

③ 계속비예산으로 집행하는 공사에 있어서는 총공사와 연차별 공사에 관한 사항을 명백히 하여 계약을 체결할 수 있다.

(4) **단독계약과 공동도급계약**(법 제25조, 영 제72조)

계약은 일반적으로 계약의 상대방을 1인으로 하는 단독계약 방법을 택한다. 그러나 각 중앙관서의 장 또는 계약담당 공무원은 공사, 제조, 기타의 계약에 있어 필요하다고 인정할 때에는 계약상대자를 2인 이상으로 하는 공동계약을 체결할 수 있다. 공동도급제도는 시공능력공시액, 시공실적, 기술보유, 면허 등에서 상대적으로 대기업에 비해 열위에 있는 중소기업체의 수주 기회 확대 및 기술습득을 지원하기 위해 도입된 제도다.

※ **지역의무공동도급제도**: 지역경제 활성화를 위해 당해 지역에서 발주하는 공사에 대해서는 그 지역 업체 1개 이상은 반드시 구성원이 되어야 한다(50억 원 미만 공사에 한하여 적용).

(5) **종합계약**(법 제24조, 영 제71조)

동일 장소에서 다른 중앙관서, 지방자치단체 또는 정부투자기관이 관련되는 공사 등에 대하여 관련 기관과 공동으로 체결하는 계약이다.

(6) **회계연도 내의 계약과 회계연도 개시 전의 계약**(법 제20조, 영 제67조)

계약은 회계연도 개시 후에 체결하는 것이 원칙이나 임차, 운송, 보관 · 전기 · 가스 · 수도의 공급, 기타 그 성질상 중단할 수 없는 계약에 있어서는 회계연도 개시 전에 당해 연도의 확정된 예산범위 안에서 미리 계약을 체결할 수 있으며 효력은 당해 회계연도 개시 이후에 발생된다.

3) 계약체결 방법에 따른 분류

(1) **일반경쟁입찰에 의한 계약**(법 제7조, 영 제10조)

정부계약은 일반경쟁입찰에 부치는 것이 원칙이다. 다만, 일반경쟁입찰에 의한 계약은 입찰참가 기회를 확대하는 이점이 있는 반면 부적격 업체의 응찰로 경쟁과열 및 부실공사 우려가 있다.

(2) 제한경쟁입찰에 의한 계약(영 제21~22조)

시공능력공시액, 실적, 기술보유 상황 등 일정한 기준에 의하여 제한함으로써 불성실하고 능력이 없는 자를 입찰에 참가하지 못하도록 하여 공개성, 공정성 및 경제성을 유지시키려는 계약 방법이다.

(3) 지명경쟁입찰에 의한 계약(영 제23~24조)

계약의 성질 또는 목적에 비추어 특수한 설비, 기술, 자재 · 물품 또는 실적이 있는 자가 아니면 계약목적을 달성하기 곤란한 경우 등에 특정 다수인을 지명하여 지명된 자들로 하여금 경쟁을 시켜 계약상대자를 결정하는 방법이다.

(4) 수의계약(영 제26~29조)

계약담당 공무원이 특정인을 선정하여 계약을 체결하며 자본과 신용 및 기술, 경험 등이 풍부한 계약상대자를 선택할 수 있는 장점이 있다.

(5) 기타 계약

① 희망수량경쟁입찰에 의한 계약(영 제17조)

다량의 물품을 일시에 매각하거나 제조 · 구매할 때 매각의 경우에는 예정가격 이상의 단가로 입찰한 자 중에서 최고가격의 입찰자부터 순차적으로, 제조 · 구매의 경우에는 예정가격 이하의 단가입찰자 중 최저가격의 입찰자부터 순차로 낙찰자를 결정하는 제도다.

② 2단계 경쟁입찰 등에 의한 계약(영 제18조)

㉠ **2단계 경쟁입찰**

먼저 규격 또는 기술입찰을 개찰하여 적격자로 확정된 자에 한하여 가격입찰에 참가할 수 있는 자격을 부여한다.

㉡ **분리동시입찰**

규격, 가격 또는 기술, 가격입찰을 동시에 실시하여 먼저 규격 또는 기술입찰을 개찰한 결과, 적격자로 확정된 자의 가격입찰을 개찰한다.

③ 협상에 의한 계약(영 제43조)

고시금액 이상의 물품이나 용역계약에 있어 긴급성, 국가안보 등의 이유로 제안서를 제출받아 평가 후 협상 절차를 통해 계약을 체결하며 각 중앙관서의 장이 필요한 기준 및 절차를 제정 · 운용한다.

4. 계약제도의 내용(계약의 일반적 절차)

계약업무는 계약 방법을 결정하는 준비 단계, 입찰공고에서 현품설명, 입찰등록 예정가격조서 작성, 입찰, 개찰 및 낙찰선언으로 이어지는 일련의 입찰 절차 그리고 마지막으로 계약체결에서 계약의 이행 및 검사와 검수, 대가의 지급까지의 계약이행 절차로 크게 구분된다. 다음에서는 이러한 계약을 업무 절차별로 알아보고자 한다.

1) 계약 방법 결정

경쟁입찰(일반, 제한, 지명), 수의계약, 기타 등

2) 입찰공고

입찰 방법에 의하여 경쟁에 부치고자 할 때에는 입찰에 관한 사항을 지정, 정보처리장치를 이용하여 공고하거나 통지하여야 하며 필요한 경우에는 일간신문 등에 게재하는 방법을 병행할 수 있다(국계령 제33조 제1항).

입찰공고는 입찰서 제출마감일 전일부터 기산하여 10일 전에 하는 것이 원칙이지만 긴급을 요하는 입찰공고 및 재공고입찰의 경우에는 입찰서 제출마감일 전일부터 기산하여 5일 전까지 공고할 수 있다.

3) 공고 내용

입찰공고에는 다음과 같은 사항을 명시하여야 한다.

- 입찰에 부치는 사항
- 입찰 또는 개찰의 일시와 장소
- 공사입찰의 경우는 현장설명장소, 일시, 참가자격 및 참가의무 여부에 관한 사항
- 입찰참가자의 자격에 관한 사항
- 입찰보증금과 국고귀속에 관한 사항
- 낙찰자 결정 방법
- 계약의 착수일 및 완료일
- 입찰무효에 관한 사항
- 전자입찰의 경우 입찰서 제출에 관한 내용
- 공동계약을 허용하는 경우 공동계약이 가능하다는 뜻
- 기타 입찰에 관하여 필요한 사항

4) 입찰참가 신청

국가를 당사자로 하는 계약에 관한 법률 시행령 제12조 및 동법 시행규칙 제14조에 의한 자격요건을 갖춘 자에게 입찰참가자격이 주어진다. 입찰참가자격의 기준일은 입찰참가등록 마감일이 원칙이며 현장설명참가 의무화 공사의 경우는 현장설명일이 기준이 된다.

입찰보증금은 입찰참가신청 마감일(입찰일 전일)까지 입찰참가신청서와 함께 납부하되, 입찰금액의 100분의 5 이상이어야 한다. 다만, 전자입찰의 경우 입찰보증금 납부 확약 내용이 포함된 전자입찰서로 갈음하므로 입찰보증금은 면제된다.

5) 추정가격과 예정가격

추정가격(영 제2조 제1호, 제7호)은 법 제4조의 규정에 의한 국제입찰 대상 여부를 판단하는 기준으로 삼기 위하여 계약담당공무원이 예산에 계상된 금액 등을 기준으로 하여 예정가격이 결정되기 전에 국계령 제7조 각호의 규정에 의하여 산정된 가격으로 부가가치세(VAT)를 제외하며 공사계약의 경우 관급자재 부분은 제외한다.

예정가격은 계약담당공무원의 낙찰자 또는 계약금액의 결정 기준으로 삼기 위하여 입찰 또는 계약체결 전에 미리 작성 · 비치하여 두는 가격으로, 예정가격 작성은 의무사항이나 턴키 공사, 추정가격 1억 원 이하인 공사, 추정가격 3천만 원 미만인 물품 등을 수의계약에 의하고자 할 경우 등에는 생략이 가능하다. 예정가격 작성 절차는 다음과 같다.

- 예정가격기초조사서 작성: 예정가격기초조사서는 입찰일시, 소요예산, 조사금액, 납품기한 및 계약 방법 등을 기재하여 예정가격조서 작성에 도움이 될 수 있도록 함

- 기초조사 기준: 거래실례가격, 견적 및 원가계산에 의한 금액 등을 적용한 사실을 간략히 기재
- 가격조사표: 2개 업체 이상 업체별로 조사된 가격, 원가계산에 의한 가격, 감정가격 등을 기재하고 최저금액을 별도란에 기재하여 예정가격 결정에 반영될 수 있도록 함
- 예정가격조서: 계약담당공무원이 총액계약일 때에는 총액에 대하여, 단가계약일 때에는 단가를 기재하고 날인함으로써 예정가격을 결정함

한편, 당해 예산이 부족하게 되는 등 불가피한 사유가 있을 때에는 조정 내용을 예정가격조서에 명시하고 그 가격을 조정할 수 있다.

6) 입찰

입찰과 재공고입찰(국계령 제20조) 시 전자입찰의 경우는 국가종합전자조달 시스템(G2B)을 이용하여 제출하여야 하며 입찰서 제출기간 중에는 24시간 제출이 가능하다.

재입찰은 최초에 부친 입찰에 유찰된 경우 다시 공고 절차를 가지지 않고 같은 장소에서 재차 입찰에 부치는 제도로 처음 입찰에 참가하지 않아도 재입찰에 참가할 수 있다. 재공고 입찰은 입찰자나 낙찰자가 없는 경우 또는 낙찰자가 계약을 체결하지 않는 경우 다시 공고하여 입찰에 부치는 제도로서 재공고 입찰 시에도 추가 등록이 가능하며, 입찰에 참여했던 업체는 종전 서류로 대체가 가능하다.

7) 낙찰

낙찰자는 다음과 같은 기준으로 결정한다.

(1) 세입의 원인이 되는 경쟁입찰

최고가격의 입찰자를 낙찰자로 결정한다. 단, 입찰가격 및 수량 등을 고려하여 시행령으로 기준을 정한 경우에는 예외다.

(2) 국고의 부담이 되는 경쟁입찰

충분한 계약능력이 있다고 인정되는 자로서 최저가격으로 입찰한 자 또는 입찰공고, 입찰설명서에 명기된 평가 기준에 따라 국가에 가장 유리하게 입찰한 자, 기타 계약의 성질, 규모 등을 감안하여 시행령으로 특별히 기준을 정한 경우에는 그 기준에 가장 적합하게 입찰한 자를 낙찰자로 한다(국계법 제10조).

(3) 동일가격으로 입찰한 자가 2인 이상인 때

즉시 추첨에 의하여 낙찰자를 결정한다. 단, 국계령 제18조에 의한 2단계 경쟁입찰인 경우 규격 또는 기술우위자를 낙찰자로 결정한다(국계령 제47조).

낙찰 방법은 적격심사낙찰제, 최저가낙찰제가 있는데, 최저가낙찰제는 2억 원 미만의 물품구매 · 제조 시 적용한다. 그리고 희망수량경쟁입찰, 유사물품의 복수경쟁입찰, 2단계 경쟁입찰, 협상에 의한 입찰 등이 있다.

8) 계약의 체결

계약은 낙찰통지를 받은 후 10일 이내에 체결(물품구매입찰유의서 제17조, 공사입찰유의서 제19조)하여야 하며 낙찰자가 정당한 이유 없이 계약을 체결하지 아니한 경우에는 입찰보증금은 국고로 귀속되고 부정당업자 제재조치를 받게 된다.

장기계속공사의 경우 당해 연도 예산범위 안에서 제1차 공사에 대하여 계약을 체결하되 총공사 낙찰금액을 부기한다.

9) 계약의 성립

계약은 계약서 작성 후 계약당사자가 기명 날인함으로써 확정되며 3천만 원 이하의 계약은 계약서 작성을 생략할 수 있다. 계약문서는 계약서, 설계서, 입찰유의서, 계약일반조건, 계약특수조건, 산출내역서를 포함한다.

10) 계약이행보증

계약금액의 10% 이상의 계약보증금을 납부하여야 한다. 단, 공사계약의 경우 연대보증인 1인 이상을 입보할 수 있으며 연대보증인을 세우지 않는 경우에는 계약보증금을 2배로 납부하여야 한다. 공사이행보증서는 계약금액의 30%이며 계약보증금 납부수단은 현금 또는 보증서다.

11) 계약이행

계약담당공무원은 계약이 체결된 이후에는 계약서과 설계서 및 기타 관계서류에 의하여 스스로 이를 감독하거나 소속공무원에게 그 사무를 위임하여 필요한 감독을 하게 하여야 한다. 다만, 대통령령이 정하는 계약의 경우에는 전문기관을 따로 지정하여 필요한 감독을 하게 할 수 있다. 이때 감독을 하는 자는 감독조서를 작성하여야 한다(국계법 제13조).

계약이 이행되는 동안 부득이한 사정이 있는 경우 계약 내용을 변경할 수 있으며 계약담당공무원은 사유에 따라 적절히 계약변경 업무를 관리하여야 한다. 계약이 변경되는 경우는 물가변동으로 인한 계약금액의 조정, 설계변경으로 인한 계약금액의 조정이 있으며, 이 외에 공사기간 · 운반거리 변경 등 계약 내용의 변경으로 계약금액을 변경할 필요가 있는 경우에는 그 변경된 내용에 따라 실비를 초과하지 않는 범위 안에서 이를 조정할 수 있다(국계법 시행령 제66조).

12) 검사 및 대가 지급

계약상대자가 계약의 이행을 완료한 때에는 그 이행을 확인하기 위하여 계약담당공무원 혹은 지정받은 전문기관이 설계서, 계약서 등 관계서류에 의하여 구조 · 품질 · 수량 · 규격 · 포장상태 등이 계약 내용에 적합한가를 확인하여야 한다.

계약상대자가 공사의 준공, 물품의 공급 등 의무를 이행 · 완료한 때에 정부는 이에 대한 대가를 지급하여야 하며, 대가의 지급은 부분적인 완성에 대해 지급하는 기성대가와 계약 전체의 이행에 따른 준공대가로 구분한다. 또한 대금지급이 지연되었을 때에는 이에 대한 지연이자를 지급하여야 한다.

13) 계약이행 지체 및 해제 · 해지

지체상금은 정당한 이유 없이 계약이행을 지체한 때 산정 부과하는 금액으로 다음과 같은 기준으로 부과한다. 지체상금은 계약금액에 징수율과 지체일수를 곱한 금액이 된다. 이때 징수율은 계약목적물에 따라 다른데, 공사는 1/1000, 물품의 제조 · 구매는 1.5/1000, 수리 · 용역 · 가공 · 대여 및 기타는 2.5/1000, 군용 음 · 식료품 제조 · 구매는 3/1000, 운송 · 보관 및 양곡가공은 5/1000다.

14) 계약의 해제 · 해지

계약상대자가 정당한 이유 없이 계약상의 의무를 불이행하게 되면 계약보증금을 국고에 귀속하며 계약을 해제 · 해지한다. 다음과 같은 경우에 계약을 해제 · 해지한다.

(1) 계약담당공무원의 판단에 의하는 경우

- 시설공사계약: 정당한 이유 없이 약정한 착공기일을 경과하고도 공사에 착수하지 않는 등의 사유가 있는 경우
- 물품구매계약: 계약서상의 납품기한 내에 계약자가 계약된 구격과 품질을 가진 물품의 납품을 거부하거나 완료하지 못하는 등의 사유가 있는 경우
- 기술용역계약: 정당한 이유 없이 약정한 착수기일을 경과하그도 용역 수행에 착수하지 않는 등의 사유가 있는 경우

(2) 계약상대자의 청구에 의하는 경우

- 계약상대자는 공사계약에 있어서 설계변경에 의하여 계약금액이 40/100 이상 감소
- 공사정지기간이 공기의 50/100을 초과하였을 경우 허제 또는 해지 가능

(3) 지체상금과 계약의 해제 · 해지

- 지체상금이 계약보증금 상당액에 달할 때에는 계약을 해제 · 해지
- 계약보증금은 국고에 귀속하며 지체상금은 병과하지 않음. 단, 국가정책사업대상, 노사분규의 경우 연장 가능 계약의 이행 및 대가지급

15) 하자보수

계약이행 완료 후 일정기간 동안 계약상대자가 공사의 하자보수를

책임지며 하자담보 책임기간은 공사의 공종구분에 따라 1~10년 정도다. 하자보수보증금은 준공검사 후 대가지급 전까지 납부하여야 하며 보증금율은 계약금액의 2~10% 이하이고 계약금액이 3천만 원을 초과하지 아니한 공사의 경우에는 면제된다.

하자보수보증금은 하자보수 예산이 없거나 부족한 경우에는 직접 사용할 수 있다.

연 2회 이상 정기적으로 하자검사를 실시하며 계약담당공무원은 하자담보 책임기간의 만료일로부터 14일 이내에 따로 최종 검사 실시 완료 후 계약상대자에게 하자보수완료확인서를 발급하고 계약상대자의 책임과 의무는 하자보수완료확인서의 발급일부터 소멸한다.

5. 사립대학에 적용되는 계약규정

사립대학의 계약에 대해서는 사학기관재무회계규칙에서 정한 바에 따라 이루어진다. 이 규칙에서는 계약의 원칙(규칙 제35조)을 규정하고, 이어서 계약담당자(규칙 제36조), 계약서의 작성(규칙 제37조), 보증금(규칙 제38조), 직영공사(규칙 제39조), 검사조서의 작성(규칙 제40조)에 대해 규정하고 있다.

정부계약제도의 원칙에 입각하여 계약사무를 처리하되, 구체적인 사항은 당해 규정에 따라 처리하면 된다.

부 록

국립대학(교) 비국고회계관리규정

사학기관재무회계규칙

사학기관 재무회계규칙에 대한 특례규칙

산학협력단회계처리규칙

국립대학(교) 비국고회계관리규정

제정 1994. 2. 23. 교육부 훈령 제503호
1차 개정 2001. 6. 23. 교육인적자원부 훈령 제620호
2차 개정 2008. 7. 28. 교육과학기술부 훈령 제77호

제1조 (목적) 이 규정은 국립대학(교)의 면학분위기 조성과 교육여건의 개선을 위한 비국고회계의 합리적인 관리운영에 관한 사항을 규정함을 목적으로 한다.

제2조 (회계명) 국립대학(교) 비국고회계로 기성회회계를 둔다.

제3조 (회계연도) 기성회회계의 회계연도는 학년도에 따른다.

제4조 (회계의 주관) 기성회회계는 당해 학교의 기성회장이 주관한다.

제5조 (세입 · 세출) 기성회규약에 의한 회원의 회비 수입과 기타의 수입을 세입으로 하고, 기성회 운영비, 당해 학교의 시설 · 설비비, 교직원의 연구비 및 제 보조비, 실험실습비 · 기타 학교운영에 관한 지원경비를 세출로 한다.

제6조 (수입금의 직접사용금지) 기성회회계의 모든 수입금은 모두 기성회회계의 예산에 편입하여야 하며 이를 직접 사용하지 못한다.

제7조 (예산의 편성) 총(학)장은 기성회규약에 정하는 바에 따라 기성회 세입 · 세출 예산을 편성하여 매 회계연도 개시 전까지 기성회 이사회의 의결을 받아야 한다.

제8조 (예산 불성립 시의 예산집행) ① 회계연도 개시 전까지 예산안이 의결되지 못한 때에는 세입의 범위 안에서 전년도 예산에 준하여 지출할 수 있다.
② 제1항의 규정에 의하여 집행된 예산은 당해 연도의 예산이 성립되면 성립된

예산에 의하여 집행된 것으로 본다.

제9조 (예산과목) 기성회회계의 예산과목은 별표 기성회회계 세입 · 세출 예산과목 내역표에 명시된 과목과 동과목 해소내용에 따른다.

제10조 (회계기관) ① 총(학)장이 기성회의 예산 · 회계 사무를 위임받은 때(이하 기성회회계의 예산 · 회계에 관한 규정에서 "총(학)장"이라 함은 기성회의 예산 · 회계 사무를 위임받은 총(학)장으로 본다)에는 소속공무원 중에서 "기성회계약관"과 "기성회출납관"을 임명하여 이 규정이 정하는 바에 따라 회계업무를 집행하게 하여야 한다.

② 제1항의 규정에 의한 회계기관은 소속공무원의 관직을 지정함으로써 임명에 갈음할 수 있다.

③ 제1항의 규정에 의한 회계기관에 대하여는 필요에 따라 그 사무의 일부를 분장하는 분임기관을 둘 수 있다.

제11조 (기성회계약관) ① 기성회계약관은 기성회규약과 이사회의 의결 및 이 규정이 정하는 바에 따라 기성회의 수입 및 지출의 원인이 되는 행위를 행한다.

② 제1항의 규정에 의한 원인행위에 관한 세부사항은 가능한 범위 내에서 세입징수관사무처리규정, 재무관사무처리규정 및 계약사무처리규정을 준용한다.

제12조 (기성회출납관) ① 기성회출납관은 기성회계 약관이 행한 원인행위관계 서류에 의하여 기성회회계의 출납업무를 행한다.

② 제1항의 출납업무에 관한 세부사항은 가능한 범위 내에서 지출관사무처리규정 및 출납공무원사무처리규정을 준용한다.

제13조 (회계기관의 분립) 기성회계약관과 기성회출납관은 서로 겸할 수 없다.

제14조 (예산집행계획) 총(학)장은 예산이 성립되면 회계연도를 4기로 구분한 분기별 예산집행계획과 월별 자금계획을 수립하여야 한다.

제15조 (예산 및 자금배정) 총(학)장은 제10조의 규정에 의한 회계기관별로 매기마다 예산을 배정하고 월별 자금계획에 의거, 월별로 소요자금을 배정하여야 한다. 다만, 격지의 회계기관에 대하여는 기별 또는 월별 계획에 불구하고 일괄 배정할 수 있다.

제16조 (여유자금의 운용) 총(학)장은 제14조의 규정에 의한 월별 자금계획상의 여유자금을 여유기간에 따라 분할하여 저축성 예금으로 예치하여야 한다.

제17조 (세출예산의 전용) 총(학)장은 세출예산의 각 과목 상호 간에 과부족이 있을 때에는 기성회장의 동의를 받아 전용할 수 있다.

제18조 (예비비의 사용) ① 총(학)장은 예측할 수 없는 예산의 지출이나 예산초과 지출을 하여야 할 사유가 있을 때에는 기성회장의 동의를 받아 예비비를 사용할 수 있다.

② 제1항의 규정에 의하여 예비비사용 결정이 된 때에는 예비비과목에서 사용 결정액을 감하여 당해 세출예산과목으로 배정하여야 한다.

제19조 (예산 · 결과보고서의 제출) ① 총(학)장은 매 회계연도 개시 후 30일 이내에 전년도 결산보고서 및 당해 연도 예산성립보고서를 교육과학기술부장관에게 제출하여야 한다.

② 제1항의 규정에 의한 보고서에는 다음의 서류를 첨부하여야 한다.

1. 결산보고서

가. 세입 · 세출결산서 1부

나. 기성회 이사회 회의록 1부

다. 기성회 감사보고서 1부

라. 예비비 사용조서 1부

마. 거래 금융기관의 잔액증명서 1부

바. 기타 교육과학기술부장관이 요구하는 서류 각 1부

2. 예산성립 보고서
  가. 세입 · 세출예산서 1부
  나. 기성회 이사회 회의록 1부
  다. 기타 교육과학기술부장관이 요구하는 서류 각 1부

제20조 (세계잉여금의 처리) 기성회회계의 결산상 잉여금은 익년도 세입금으로 이월한다.

제21조 (회계경리제서식) 기성회회계에서 필요로 하는 각종 장부 및 회계서식은 회계경리에 관한 서식제정규정에 의한 서식을 사용하되 회계명칭과 회계기관명 등은 적절하게 개서하여 사용한다.

제22조 (기성회회계의 정원) 기성회회계가 부담하는 인원의 정원은 기성회장이 총(학)장의 동의를 받아 기성회 이사회의 심의를 거쳐 정한다.

제23조 (회계관계직원의 재정보증 및 변상조치) ① 기성회회계 관계직원의 재정보증은 교육과학기술부 회계관계공무원 재정보증 훈령에 의한 재정보증 절차를 준용한다.
② 기성회회계 관계직원의 변상책임은 회계관계 직원 등의 책임에 관한 법률을 준용한다.

제24조 (시설 및 물품관리) 기성회회계로 취득한 시설과 물품은 국가에 기부채납하여야 하며 기부채납 전까지는 국유재산법과 물품관리법을 준용하여 관리한다.

제25조 (관리성실) 이 규정에 명시되지 아니한 사항은 예산회계관계 제반법규의 정신에 따라 성실히 집행하여야 한다.

부칙(1994. 2. 23. 교육부훈령 제503호)
이 훈령은 공포한 날부터 시행한다. 다만, 제9조 별표의 개정규정은 1995학년도

부터 시행한다.

부칙(2001. 6. 23. 교육인적자원부훈령 제620호)

이 훈령은 발령한 날부터 시행한다.

부칙(2008. 7. 교육과학기술부훈령 제77호)

이 훈령은 발령한 날부터 시행한다.

사학기관재무회계규칙

[시행 2007.12.28] [교육과학기술부령 제920호, 2007.12.28, 일부개정]

제1장 총칙

제1조 (목적) 이 규칙은 「사립학교법」(이하 "법"이라 한다) 제32조, 제33조 및 제51조 단서의 규정에 의하여 학교법인 · 공공단체 이외의 법인(이하 "법인"이라 총칭한다)과 이들이 설치 · 경영하는 학교 및 사인이 설치 · 경영하는 학교(이하 "학교"라 총칭한다)의 재무와 회계의 운영에 관하여 필요한 사항을 규정함을 목적으로 한다. 〈개정 1987.2.6, 2005.9.27〉

제2조 (통칙) 법인과 학교의 재무와 회계에 관하여는 법과 동법 시행령(이하 "시행령"이라 한다)에 규정된 경우를 제외하고는 이 규칙에 의한다. 〈개정 1987.2.6〉

제3조 (정의) 이 규칙에서 "학교"라 함은 법 제2조 제1항에 규정한 학교를 말한다. 〈개정 1987.2.6〉

제4조 (재무와 회계운영의 기본원칙) 법인과 학교의 재무와 회계는 건전하게 운영하여야 하며 국가의 정책과 사회의 공공기관으로서의 의무와 그 설립목적에 반하여서는 아니된다.

제5조 (관할청 〈개정 2000.8.31〉) 법인과 학교의 재무와 회계에 관한 관할청은 법 제4조의 규정에 의한다. 〈개정 1982.5.28, 2000.8.31〉

제6조 (수입의 직접 사용금지) 법인과 학교의 모든 수입은 각각 세입세출예산에 편입하여야 하며, 이를 직접 사용하지 못한다. 다만, 입찰보증금 · 계약보증금 등 보관금과 잡종금의 경우에는 그러하지 아니하다. 〈개정 2000.8.31〉

제7조 (자금의 관리) ① 법인과 학교는 자금집행계획을 수립하고 그 수입된 세입금을 수개로 분할하여 사업의 진도에 따르는 자금집행시기에 만기가 되도록 법률에 의하여 금융을 업으로 하는 은행 등(이하 "금융기관"이라 한다)에 예치하여야 한다.

② 제1항에서 예치라 함은 금융기관에 예금 · 적금 또는 신탁을 하거나 금융기관이 발행 또는 지급을 보증한 어음 · 기타 채무증서를 매입하는 것을 말한다.〈개정 1982.5.28〉

[전문개정 1975.5.31]

제8조 (차입금) ① 학교법인은 그 운영상의 불가피한 사유가 있을 경우에는 확실한 상환재원이 있는 때에 한하여 당해 법인의 업무에 속하는 회계와 당해 법인이 설치 · 경영하는 학교에 속하는 회계에 충당하기 위한 일시차입 또는 장기차입을 할 수 있다. 다만, 일시차입은 그 연도 안에 상환하여야 한다.

② 제1항의 규정에 의한 차입을 하고자 할 때에는 그 학교법인의 이사장이 다음 각호의 서류를 갖추어 미리 관할청의 허가를 받아야 한다.〈개정 1987.2.6, 2000.8.31〉

1. 차입금액, 차입처 및 차입사유를 기재한 서류
2. 상환방법 및 상환계획을 기재한 서류
3. 이사회 회의록사본

[전문개정 1982.5.28]

제9조 (출납폐쇄기간) 법인과 학교의 출납은 회계연도 종료 후 20일이 되는 날에 폐쇄한다.

제2장 예산과 결산

제10조 (세입 · 세출의 정의) 1회계연도의 모든 수입을 세입으로 하고 모든 지출을 세출로 한다.

제11조 (예산총계주의 원칙) 수입과 지출은 모두 예산에 편입하여야 한다.

제12조 (예산편성 요령) ① 법인의 이사장은 제4조에 규정한 취지에 따라 매 회계연도 개시 2월 이전에 그 법인과 학교의 예산편성요령을 정하여야 한다.

② 삭제 〈1999.1.29〉

제13조 삭제 〈1982.5.28〉

제14조 삭제 〈1999.1.29〉

제15조 (예산서에 첨부하여야 할 서류) ① 법인의 업무에 속하는 회계의 예산에는 다음 각호의 서류가 첨부되어야 한다. 〈개정 1976.1.7, 1982.5.28〉

1. 예산총칙
2. 수입지출예산명세서
3. 전년도 부채명세서(차입금을 포함한다)
4. 직원의 보수(수당을 포함한다) 일람표
5. 과년도 미수액 조서
6. 추정 대차대조표
7. 삭제 〈1999.1.29〉
8. 전년도 대차대조표
9. 전년도 손익계산서(제27조 단서의 규정에 의하여 단식부기에 의하는 경우에는 전년도 수지계산서)
10. 기구와 정원일람표
11. 이사회관계 회의록의 사본

② 학교의 예산에는 제1항 제1호 내지 제5호와 제10호 및 제11호의 서류와 학급편성표 및 학년별 · 학과별 학생수 조서가 첨부되어야 한다. 〈개정 1976.1.7〉

제16조 (예산편성 절차) ① 법인의 업무에 속하는 회계의 예산은 이사장이 편성하여 매 회계연도 개시 20일 전까지 이사회의 의결을 얻어야 한다.

② 학교에 속하는 회계의 예산은 당해 학교의 장이 편성하여 매 회계연도 개시 1월 전까지 당해 학교법인의 이사장에게 제출하여야 한다. 이 경우 고등학교 이하 각급학교의 학교운영지원비에 관한 예산편성에 있어서는 당해 학교의 학부모회의 의견을 들어야 한다. 〈개정 1987.2.6, 2000.8.31〉

③ 이사장은 제2항의 규정에 의하여 제출받은 예산안을 회계연도 개시 20일 전까지 이사회의 의결을 얻어 학교의 장에게 송부하여야 한다. 〈개정 1987.2.6〉

[전문개정 1982.5.28]

제17조 (준예산) ① 법인이 설치 · 경영하는 학교 및 당해 법인의 업무에 속하는 회계의 예산이나 사인이 설치 · 경영하는 학교에 속하는 회계의 예산이 회계연도 개시 전까지 확정되지 아니하는 때에는 법인이 설치 · 경영하는 학교 및 당해 법인의 경우에는 법인의 이사장이, 사인이 설치 · 경영하는 학교의 경우에는 학교의 장이 각각 관할청에 그 사유를 보고하고 법인의 업무에 속하는 회계의 예산은 법인의 이사장이, 학교에 속하는 회계의 예산은 학교의 장이 예산이 성립되는 때까지 다음의 경비를 전년도 예산에 준하여 집행할 수 있다. 〈개정 1987.2.6, 2000.8.31〉

1. 교직원의 보수
2. 학교교육에 직접 사용되는 필수적 경비
3. 학교시설의 유지관리비
4. 법률상 지급의무가 있는 경비

② 당해 연도의 예산이 확정된 때에는 제1항의 규정에 의하여 집행된 예산은 그 확정된 예산에 의하여 집행된 것으로 본다.

[전문개정 1982.5.28]

제18조 (추가경정예산) 이사장과 학교의 장은 예산확정 후 생긴 사유로 인하여 이미 성립된 예산에 변경을 가할 필요가 있는 때에는 제16조의 규정에 의한 절차에 준하여 추가경정예산을 편성할 수 있다. 다만, 회계연도 중에 용도가 지정되고 전액이 교부 또는 기탁된 경비는 추가경정예산의 성립 이전에 이를 사용할 수 있으며, 이는 동일 회계연도 내의 차기 추가경정예산에 계상하여야 한다. 〈개정 2000.8.31〉

[전문개정 1982.5.28]

제19조 (예비비) ① 법인은 예측할 수 없는 예산 외의 지출 또는 예산초과지출에 충당하기 위하여 예비비로서 상당하다고 인정되는 금액을 법인의 업무에 속하는 회계와 학교에 속하는 회계의 세출예산에 계상하여야 한다. 〈개정 2000.8.31〉

② 제1항의 예비비의 사용에 관하여는 법인에 있어서는 이사장이, 학교에 있어서는 학교의 장이 결정한다. 〈개정 1976.1.7, 1999.1.29〉

제20조 (성립된 예산의 집행금지) ① 이 규칙에 의한 절차에 따라 성립한 예산이 아니면 이를 집행하지 못한다. 〈개정 1987.2.6〉

② 추가경정예산의 절차를 밟지 아니하고는 기정예산을 초과하여 집행하지 못한다. 〈개정 1982.5.28〉

제21조 (예산의 목적 외 사용금지) ① 법인의 업무에 속하는 회계의 세출예산은 목적 외에 이를 사용하지 못한다. 〈개정 1982.5.28〉

② 학교에 속하는 회계의 세출예산은 이를 목적 외에 사용하지 못하며 교비회계에서는 다른 회계에 전출하지 못한다. 〈개정 1982.5.28〉

③ 제1항 및 제2항의 규정에 불구하고 동일 예산 관 내의 항 간 또는 목 간에 예산의 과부족이 있는 경우에는 상호 전용할 수 있다. 〈개정 2000.8.31〉

④ 법인의 이사장 또는 학교의 장이 제3항의 규정에 의하여 전용을 할 때에는 이사장은 이를 그 이사회에, 학교의 장은 이를 당해 법인의 이사장에게 각각 보고하여야 한다. 〈개정 1982.5.28, 1987.2.6, 2000.8.31〉

제22조 (세출예산의 이월 및 계속) ① 법인의 업무에 속하는 회계와 학교에 속하는 회계의 세출예산 중 경비의 성질상 당해 연도 안에 지출을 끝내지 못할 것이 예측되는 경비와 불가피한 사유로 그 연도 안에 지출하지 못한 경비는 익년도 예산에 이월 계상하고 그 사유를 명기하여 이를 사용할 수 있다.〈개정 1982.5.28〉

② 법인의 이사장과 학교의 장은 공사나 제조·기타 사업으로서 그 완성이 2년 이상을 요하는 것에 대하여는 그 소요경비의 총액과 연부액을 계속비로서 2년 이상에 걸쳐 지출할 수 있다.

제22조의2 (적립금의 적립 및 사용 등 〈개정 2007.12.28〉) ① 법인의 이사장과 학교의 장은 노후교실의 개축·증축 등을 위한 건축적립금·기타 관할청이 특히 필요하다고 인정하는 적립금(이하 "적립금"이라 한다)을 적립할 수 있다. 이 경우 적립금의 적립 및 사용계획을 사전에 관할청에 보고하여야 한다.

② 적립금은 그 상당액을 기금으로 예치하여 관리하여야 한다. 다만, 「고등교육법」 제2조 각호에 해당하는 사립학교에서는 적립금의 2분의 1 한도에서 「증권거래법」 제2조 제1항 각호에 따른 증권을 취득할 수 있다. 〈개정 2007.12.28〉

③ 적립금은 그 적립목적에 한하여 사용하여야 한다.

④ 관할청은 당해 법인과 학교의 재정상태 등을 감안하여 적립금의 적립여부·규모 및 적립기간 등에 관하여 필요한 조치를 할 수 있다.

[본조신설 2000.8.31]

제23조 (결산) ① 법인의 업무에 속하는 회계와 학교에 속하는 회계의 세입·세출의 결산은 다음 각호에 의하여 확정한다.〈개정 1982.5.28〉

1. 결산서는 매 회계연도 종료 후 40일 이내에 작성하여 당해 법인의 이사장에게 제출하여야 한다. 이 경우에 그 결산서에는 감사의 감사보고서가 첨부되어야 한다.
2. 결산은 이사회의 의결을 얻어야 한다.
3. 이사회는 매 회계연도 종료 후 55일까지 결산을 심의·확정하여야 한다.

② 법인의 업무에 속하는 회계의 세입·세출결산서는 예산과목과 동일구분에 의하여 작성된 계산서 및 그 부속서류로 한다.〈개정 1982.5.28〉

③ 학교에 속하는 회계의 세입 · 세출결산서는 예산과목과 동일구분에 의하여 작성하되 다음 각호의 사항을 명확히 하여야 한다.〈개정 1982.5.28〉

1. 수입과 지출에 있어서의 예산액 · 결산액 및 비교증감대비액
2. 불용액에 있어서는 수입총액 · 지출총액과 차인잔액(불용액)

④ 법인의 업무에 속하는 회계와 학교에 속하는 회계의 세입 · 세출결산서는 결산처분액조서 · 미수액조서 · 차입금명세서 · 채무확정액조서 및 예비사용액조서를 각각 그 부표로 작성하여야 한다.〈개정 1982.5.28〉

제24조 (예산과 결산의 제출 등 〈개정 2005.9.27〉) ① 법인이 시행령 제14조의 규정에 의하여 예산과 결산을 제출할 경우에는 그 이사장이 당해 법인과 그가 설치 · 경영하는 각급학교의 각 예산 · 결산을 함께 해당관할청(수개의 각급학교를 설치 · 경영하는 경우에는 그 각급학교의 각 해당관할청을 포함한다)에 각각 제출한다.〈개정 2000.8.31〉

② 제1항의 예산 및 결산을 시행령 제14조에 규정한 기간 안에 해당관할청에 제출하지 못한 경우에는 그 사유를 지체없이 해당관할청에 보고하여야 한다.〈개정 1976.1.7, 2000.8.31〉

③ 관할청은 제2항의 규정에 의한 보고를 받은 때에는 실지감사 또는 조사 등에 의하여 적절한 조치를 취하여야 한다.〈개정 1976.1.7, 2000.8.31〉

④ 삭제 〈2006.8.2〉

⑤ 삭제 〈2006.8.2〉

제3장 회계

제1절 총칙

제25조 (수입기관과 지출명령기관) ① 법인과 학교의 수입기관 · 지출명령기관은 각각 그 법인의 이사장과 학교의 장으로 한다.

② 제1항에서 규정한 자를 수입에 있어서는 세입징수자, 지출에 있어서는 지출

명령자라 한다.〈개정 1976.1.7〉

③ 제2항의 세입징수자 및 지출명령자는 세입징수 또는 지출명령에 관한 그 직무를 각각 소속직원에게 위임할 수 있다.〈개정 1976.1.7〉

제26조 (수입과 지출의 집행기관) ① 법인과 학교에는 그 수입과 지출의 집행기관으로 각각 수입원과 지출원을 둔다.

② 제1항의 수입원과 지출원은 각각 그 법인의 이사장과 학교의 장이 임면한다. 다만, 학교의 규모에 따라서 수입원과 지출원을 동일인으로 할 수 있다.〈개정 1976.1.7〉

제27조 (회계의 방법) 법인의 업무에 속하는 회계는 복식부기에 의하고 학교에 속하는 회계는 단식부기에 의함을 원칙으로 한다. 다만, 그 규모와 실정에 따라 법인의 업무에 속하는 회계도 단식부기에 의할 수 있다.

[전문개정 1982.5.28]

제2절 수입

제28조 (수입금 징수) ① 모든 수입은 세입징수자(제25조 제3항의 규정에 의하여 세입징수에 관한 직무의 위임을 받은 자를 포함한다. 이하 같다)가 아니면 징수하지 못한다.

② 학교의 세입징수자는 납세의무자에게 기일을 정하여 문서로써 납입의 고지를 하여야 한다. 다만, 수입원에게 즉시 납입시키는 경우에는 구술로 이를 할 수 있다.

제29조 (수입금의 수납) ① 모든 수입금의 수납은 이를 금융기관에 취급시키는 경우를 제외하고는 수입원이 아니면 수납하지 못한다.

② 수입원이 수납한 수납금은 그날에 금융기관에 예입하여야 한다.

제30조 (과년도수입과 반납금여입) ① 출납이 완결된 연도에 속하는 수입은 모두 현

년도의 세입에 편입하여야 한다.

② 지출된 세출의 반납금은 각각 그 지출된 세출의 과목에 여입할 수 있다. 그러나 출납폐쇄 후의 반납금은 현년도 수입금으로 처리하여야 한다.

제31조 (과오납의 반환) 과오납된 수입금은 수입한 세입에서 직접 반환한다.

제3절 지출

제32조 (지출의 원칙) ① 지출은 지출명령이 있는 것에 한하여 지출원이 행한다.

② 제1항의 지출명령은 예산의 범위 안에서 하여야 한다.〈개정 1976.1.7〉

제33조 (지출의 방법) ① 지출은 금융기관의 수표로써 행하거나 예금통장에 의하여 행하여야 한다. 〈개정 1982.5.28〉

② 지출원은 상용의 소액지출을 위하여 100만 원 이하의 현금을 보관할 수 있다.〈개정 1977.12.17, 1982.5.28〉

제34조 (지출의 특례) ① 지출에 있어서 선금급 및 개산급을 할 수 있는 경비의 범위는 다음과 같다.

1. 선금급을 할 수 있는 경비

가. 사례금

나. 부담금, 보조금

다. 시험, 연구 또는 조사의 수임인에 대하여 지급하는 경비

라. 정기간행물의 대가

마. 외국에서 직접 구입하는 물품비

바. 외국에서 연구 또는 조사에 종사하는 자에 대하여 지급하는 급여

사. 소속직원 중 특별한 사정이 있는 자에 대한 급여의 일부

아. 기타 경비의 성질상 선금급을 하지 아니하면 사무 또는 사업에 지장을 초래할 우려가 있는 경비

2. 개산급을 할 수 있는 경비
가. 여비 및 판공비(기관운영판공비에 한한다)
나. 소송비용
다. 국가 또는 지방자치단체의 기관 · 기타 공공단체에 대하여 지급하는 경비
라. 부담금 · 보조금

② 고등학교 이하 각급학교의 교비회계에 속하는 경비 중 도급경비로서 지급할 수 있는 경비의 범위는 다음 각호와 같다.〈신설 2000.8.31〉
1. 일반운영비
2. 여비
3. 기타 관할청이 정하는 경비

[전문개정 1982.5.28]

제4절 계약

제35조 (계약의 원칙) ① 예정가격이 「국가를 당사자로 하는 계약에 관한 법률 시행령」 제26조 제1항 제5호의 규정에 의한 금액을 초과하는 공사 · 제조 · 구매 · 용역 · 기타 계약의 체결에 있어서는 일반경쟁입찰에 의하여야 한다. 〈개정 2005.9.27〉

② 「국가를 당사자로 하는 계약에 관한 법률 시행령」 제23조 제1항 제1호 · 제6호 제9호 또는 제10호에 해당하거나 제3항의 규정에 의하여 수의계약에 의할 수 있는 경우에는 지명경쟁에 의할 수 있다.〈신설 2000.8.31, 2005.9.27〉

③ 「국가를 당사자로 하는 계약에 관한 법률 시행령」 제26조 제1항 각호의 1에 해당하는 경우에는 수의계약에 의할 수 있다.〈신설 2000.8.31, 2005.9.27〉

[전문개정 1999.1.29]

제36조 (계약담당자) ① 계약담당자는 각각 그 법인의 이사장과 학교의 장으로 한다.

② 제1항의 계약담당자는 계약규모에 따라 그 계약체결에 관한 사무를 소속직원에게 위임할 수 있다.〈개정 1976.1.7〉

③ 계약은 계약담당자(제2항의 규정에 의하여 계약체결에 관한 사무의 위임을 받은 자를 포함한다. 이하 같다)가 체결한다.〈개정 1976.1.7〉

제37조 (계약서의 작성) ① 계약금액이 「국가를 당사자로 하는 계약에 관한 법률 시행령」 제49조 제1호의 규정에 의한 금액을 초과하는 경우에는 계약서를 작성하여야 한다.〈개정 1982.5.28, 1999.1.29, 2005.9.27〉

② 제1항의 계약서에는 계약담당자가 기명날인하여야 한다.〈개정 1976.1.7〉

③ 제1항의 규정에 의한 계약서를 작성하지 아니하고 계약을 하는 경우 관련서류의 제출 · 비치에 관하여는 「국가를 당사자로 하는 계약에 관한 법률 시행규칙」 제50조의 규정을 준용한다.〈신설 2000.8.31, 2005.9.27〉

제38조 (보증금) ① 계약담당자는 경쟁입찰에 참가하고자 하는 자로 하여금 입찰보증금을 납부하게 하여야 한다. 이 경우 입찰보증금의 금액 · 납부방법 등에 관하여는 「국가를 당사자로 하는 계약에 관한 법률 시행령」 제37조 제1항 및 제2항의 규정을 준용한다. 〈개정 2005.9.27〉

② 계약담당자는 계약을 체결하고자 하는 자로 하여금 계약보증금을 납부하게 하여야 한다. 이 경우 계약보증금의 금액 · 납부방법 등에 관하여는 「국가를 당사자로 하는 계약에 관한 법률 시행령」 제50조 제1항 내지 제3항 및 제7항의 규정을 준용한다. 〈개정 2005.9.27〉

③ 계약담당자가 공사계약을 체결하고자 하는 경우에는 계약을 체결하고자 하는 자로 하여금 계약이행의 보증을 하게 하여야 한다. 이 경우 계약이행의 보증방법 등에 관하여는 「국가를 당사자로 하는 계약에 관한 법률 시행령」 제52조 제1항의 규정을 준용한다. 〈개정 2005.9.27〉

④ 제1항의 규정에 의한 입찰보증금의 전부 또는 일부의 면제에 관하여는 「국가를 당사자로 하는 계약에 관한 법률 시행령」 제37조 제3항의 규정을, 제2항의 규정에 의한 계약보증금의 전부 또는 일부의 면제에 관하여는 동법 시행령 제50조 제6항의 규정을 준용한다. 〈개정 2005.9.27〉

[전문개정 2000.8.31]

제39조 (직영공사) ① 법인과 학교의 각종공사는 그 법인의 이사장과 학교의 장의

결정에 따라 이를 직영할 수 있다.

② 제1항의 공사를 할 때는 작업일지와 자재수급부 · 노임지급명세표 등을 비치하여 정확하게 기록하고 그 집행 · 관리 및 감독은 이를 전문기술자로 하여금 담당하게 하여야 한다.〈개정 1976.1.7〉

제40조 (검사조서의 작성) ① 법인과 학교는 공사 · 제조 또는 물품구입 등의 대가를 지급할 경우에 그 대가가 「국가를 당사자로 하는 계약에 관한 법률 시행령」 제56조 제1호의 규정에 의한 금액을 초과하는 때에는 계약상대자의 계약이행을 확인하기 위하여 계약서 · 설계서 · 기타 관계서류에 의하여 이를 검사하거나 소속직원 또는 전문기관으로 하여금 필요한 검사를 하게 하여야 한다. 〈개정 2005.9.27〉

② 제1항의 규정에 의하여 검사를 하는 자는 검사조서를 작성하여야 한다. 다만, 「국가를 당사자로 하는 계약에 관한 법률 시행령」 제56조 제2호 또는 제3호에 해당하는 경우에는 검사조서의 작성을 생략할 수 있다.〈개정 2000.8.31, 2005.9.27〉

[전문개정 1999.1.29]

제5절 감사

제41조 (감사) ① 법인의 감사는 당해 법인과 학교에 대하여 법 제19조 제4항의 규정에 의한 감사를 매년 1회 이상 실시하여야 한다. 이 경우 고등학교 이하 각급학교에 속하는 학교의 세입 · 세출예산 중 학교운영지원비에 관하여는 학부모회의 의견을 들어야 한다.〈개정 2000.8.31〉

② 법인의 이사장은 학교의 장과 수입원 및 지출원이 사망하거나 경질된 때에는 그 관장에 속하는 수입 · 지출 · 물품 및 현금 등의 관리상황을 감사로 하여금 감사하게 하여야 한다.

③ 제2항의 감사에는 전임자가 입회하여야 하며 전임자가 입회할 수 없는 경우에는 그 전임자가 정한 대리인이나 법인의 이사장이 관계직원 중에서 선정한

입회인을 감사에 입회하게 하여야 한다.〈개정 1976.1.7〉

④ 감사는 제1항 내지 제3항의 규정에 의하여 감사를 한 때는 감사보고서를 작성하여 당해 법인의 이사장에게 보고하여야 하며 특히 필요하다고 인정되는 사항은 관할청에 보고하여야 한다.〈개정 2000.8.31〉

⑤ 제4항의 감사보고서에는 감사와 피감사자 또는 입회인이 각각 기명 · 날인한다.〈개정 1976.1.7〉

제4장 재산

제42조 (재산의 구분) 시행령 제5조 제2항에 규정한 법인의 보통재산은 그 사용자의 구분에 따라 이를 다음과 같이 법인용 재산과 학교용 재산으로 구분한다.

1. 법인용 재산

법인에서 직접 사용하는 일반사무용 재산

2. 학교용 재산

학교에서 직접 사용하는 일반사무용 재산과 기타 학교에 소속되는 보통재산

제43조 (재산의 관리자) 법인의 모든 재산의 관리책임자는 이사장이 된다. 다만, 학교에 속하는 교육용 기본재산과 학교용 보통재산의 운용 책임자는 학교의 장이 된다.

제44조 (등기 등의 절차) 법인이 재산을 취득한 때에는 그 법인의 이사장은 지체없이 등기 · 등록 · 기타 권리확보에 필요한 절차를 이행하여야 한다.

제45조 (증자보고) 고등학교 이하 각급학교에 속하는 학교를 설치 · 경영하는 법인이 기본재산을 매수 · 기부체납 · 신축 · 증축에 의하거나 기타의 원인에 의하여 취득한 때에는 지체없이 다음 각호의 서류를 첨부하여 관할청에 증자보고서를 제출하여야 한다.〈개정 1987.2.6, 2000.8.31〉

1. 증자재산목록

2. 등기 · 등록 · 기타 권리확보에 관한 증빙서(주권인 경우에는 명의서환 사실을 증명하는 서류)

3. 이사회 회의록사본

제46조 (소유권의 이전) 법인이 법 제28조와 시행령 제11조의 규정에 의하여 관할청의 허가를 받아 그 재산을 처분한 때에는 처분대금을 완수하지 아니하고는 당해 재산의 소유권을 이전하지 못한다.〈개정 2000.8.31〉

제5장 물품

제47조 (물품의 범위) 이 규칙에서 "물품"이라 함은 현금 · 유가증권 및 부동산 이외의 것으로서 다음 각호의 비품과 소모품을 말한다.〈개정 1987.2.6, 1999.1.29〉

1. 비품

품질 · 형상의 변동없이 비교적 장기간 사용할 수 있는 물품

2. 소모품

사용함으로써 소모되거나 파손되기 쉬운 물품과 공작물 · 기타 물품의 구성부분으로서 소모되거나 파손되기 쉬운 물품

제48조 (물품의 관리자와 출납원) ① 법인과 학교의 물품관리자는 그 법인의 이사장과 학교의 장으로 한다.

② 제1항의 물품관리자는 필요에 따라 소속직원 중에서 분임물품관리자를 지정하여 그 소관에 속하는 물품관리에 관한 사무를 위임할 수 있다.〈개정 1976.1.7〉

③ 물품관리자(전항의 분임물품관리자를 포함한다. 이하 같다)는 물품의 출납과 보관을 위하여 소속직원 중에서 물품출납원을 지정하여야 한다.

제49조 (물품의 관리의무) 물품관리자 · 물품출납원 및 물품사용자는 선량한 관리자로서의 주의와 의무를 다하여야 한다.

제50조 (물품의 관리) ① 물품관리자는 물품출납의 사유가 생겼을 때에는 그 물품출

납원에게 그 출납을 명한다.

② 물품출납원은 물품관리자의 명령이 없이는 물품을 출납하지 못한다.

③ 제2항의 출납명령은 각 해당 수급부에 결재날인함으로써 행한다.〈개정 1976.1.7〉

④ 물품관리자는 2년마다 정기적으로 학년도 말을 기준으로 재물조사를 실시하여야 한다.〈신설 2000.8.31〉

제51조 (불용품의 처리) ① 법인과 학교의 물품 중 그 사용이 불능하거나 수리하여 다시 사용할 수 없게 된 물품에 대한 불용의 결정은 각각 그 물품관리자가 한다.

② 제1항의 규정에 의한 불용품을 매각한 경우의 그 대금은 당해 법인 또는 학교의 세입예산에 편입시켜야 한다.〈개정 1976.1.7〉

제6장 장부와 서식

제52조 (법인의 사무소에 비치할 장부와 서류) ① 법 제32조의 규정에 의하여 법인의 사무소에 비치할 장부와 서류는 다음과 같다.〈개정 1987.2.6, 2000.8.31〉

1. 재산목록 및 그 권리에 관한 증빙서류
2. 대차대조표 · 손익계산서 및 그 부속서류(정규부기의 경우에 한한다)
3. 수입 · 지출총괄부
4. 법인과 학교의 예산결산서
5. 금융기관과의 거래실적 입증서류
6. 기타 이 규칙에서 정하는 서류로서 법인에 해당하는 서류

② 법인의 이사장은 그 법인의 사업체의 관리자와 학교의 장으로부터 매월 말 현재의 수입 · 지출보고서와 재산증감보고서를 받아 제1항 제3호와 제4호의 해당총괄부에 각각 그 보고사항을 기록하여 재산과 재무의 현황을 상시 파악하여야 한다.〈개정 1976.1.7〉

제53조 (학교에 비치할 장부와 서류) 학교에는 다음 각호의 장부와 서류를 비치한

다.〈개정 1987.2.6, 2000.8.31〉

1. 재산대장(교육용 재산)과 도면
2. 비품수급부와 소모품수급부
3. 징수대장
4. 수입부
5. 금전출납부와 세출내역부
6. 수입 · 지출 외 현금출납부 · 보관물수급부 및 유가증권수급부
7. 금융기관과의 거래실적 입증서류
8. 기타 이 규칙에서 정하는 서류로서 학교에 해당하는 서류

제53조의2 (증빙서류 및 장부의 보존) ① 법인의 이사장은 제52조 제1항 각호에 규정된 장부와 서류를, 학교의 장은 제53조 각호에 규정된 장부와 서류를 각각 5년간 보존하여야 한다.

② 제1항의 규정에 의한 장부 및 서류의 내용을 전산화하는 경우에는 따로 장부 및 서류를 작성 · 비치하지 아니할 수 있다. 이 경우 전산화한 사항 중 장부에 해당하는 사항은 이를 출력하여 이를 디스켓 또는 자기테이프 등과 함께 제1항의 규정에 의한 보존기간까지 보관하여야 한다.

[본조신설 2000.8.31]

제54조 (각종 서식) 이 규칙에서 정하는 법인과 학교의 각종 장부와 서류는 별지 제1호 내지 제49호 서식에 의한다. 다만, 이 규칙에 규정되지 아니한 장부와 서류의 서식은 법인과 학교에서 적합하게 작성하여 사용한다.〈개정 1987.2.6〉

제7장 보칙

제55조 (채무보증 금지) 학교는 채무에 대한 보증을 하지 못한다.

제56조 삭제 〈1999.1.29〉

제57조 (회계관계직원의 책임) 법인과 학교의 수입 · 지출 · 물품 및 재산의 수급 · 보

관 또는 관리를 담당한 직원은 선량한 관리자로서의 주의 의무를 다하지 못하여 손해를 끼쳤을 때에는 그 정도에 따라 각각 변상의 책임을 진다.

第58조 (사무의 인계인수) ① 회계관계직원이 경질된 때에는 인계자(전임자)는 발령일로부터 5일 이내에 그 사무를 인수자(후임자)에게 인계하여야 한다.
② 인계자는 예금잔고 증명을 첨부하고 인계할 장부와 증빙서류 등의 목록을 각각 3통씩 작성하여 인계인수자가 각각 연서날인한 후 각각 1통씩 보관하고 1통은 인계인수보고서에 첨부하여 법인의 이사장에게 제출하여야 한다. 이 경우 학교에 있어서는 학교의 장을 거쳐 제출하여야 한다.

第59조 (준용) 제12조 제1항 · 제16조 제2항 · 제21조 제4항 후단 제23조 제1항 제1호와 제3호 제24조 제1항 · 제41조 제2항 내지 제5항 · 제56조 제2항 및 제58조 제2항의 규정은 법인이 아닌 사립학교 경영자에게 이를 준용하되, 이 경우 이사장과 이사회는 당해 사립학교 경영자로 하며 감사는 당해 사립학교 경영자가 지정하는 자로 한다.〈개정 1982.5.28〉

第60조 (위임) 이 규칙에 규정하지 아니한 재무와 회계에 관한 사항은 법인의 이사장과 학교의 장이 정한다.〈개정 1987.2.6〉

부칙 〈제246호, 1969.7.19〉
이 영은 공포한 날로부터 시행한다.

부칙 〈제362호, 1975.5.31〉
이 영은 공포한 날로부터 시행한다.

부칙 〈제372호, 1976.1.7〉
이 영은 공포한 날로부터 시행한다. 다만, 제52조 제1항 제2호의 개정부분은 1976년 3월 1일부터 시행한다.

부칙 〈제419호, 1977.12.17〉

이 영은 공포한 날로부터 시행한다.

부칙 〈제436호, 1979.1.8〉

이 규칙은 1979년 1월 1일부터 시행한다.

부칙 〈제505호, 1982.5.28〉

이 규칙은 공포한 날로부터 시행한다.

부칙 〈제553호, 1987.2.6〉

이 규칙은 공포한 날로부터 시행한다.

부칙 〈제734호, 1999.1.29〉

이 규칙은 공포한 날로부터 시행한다.

부칙 〈제772호, 2000.8.31〉

이 규칙은 2001년 3월 1일부터 시행한다.

부칙 〈제864호, 2005.9.27〉

이 규칙은 2006년 1월 1일부터 시행한다.

부칙 〈제890호, 2006.8.2〉

이 규칙은 공포한 날로부터 시행한다.

부칙 〈제920호, 2007.12.28〉

이 규칙은 공포한 날로부터 시행한다.

사학기관재무회계규칙에 대한 특례규칙

[시행 2008.3.4] [교육과학기술부령 제1호, 2008.3.4, 타법개정]

제1장 총칙

제1조 (목적) 이 규칙은 제2조의 규정에 의한 사립학교 및 이를 설치 · 경영하는 학교법인의 특성에 맞는 예산 · 회계 및 결산에 관한 사항을 정하기 위하여 사학기관재무회계규칙에 대한 특례를 규정함을 목적으로 한다.

제2조 (적용범위 등) ① 이 규칙은 사립의 대학 · 산업대학 · 전문대학 및 이에 준하는 각종학교(이하 "학교"라 한다)와 이를 설치 · 경영하는 학교법인(이하 "법인"이라 한다)에 적용한다.〈개정 1999.1.29〉

② 학교의 교비회계(이하 "학교회계"라 한다)와 법인의 일반업무회계(이하 "법인회계"라 한다)에 관하여 이 규칙에 규정한 것을 제외하고는 사학기관재무회계규칙을 적용한다.

③ 학교의 부속병원회계는 일반적으로 인정되는 의료법인의 병원회계에 준하여 계리하고, 법인의 수익사업회계는 일반적으로 인정되는 기업회계에 준하여 계리한다.

제3조 (정의) 이 규칙에서 사용하는 용어의 정의는 다음과 같다.

1. "자금"이라 함은 현금 · 예금 · 수표 및 우편환 등을 말한다.
2. "대차대조표기준일"이라 함은 일정시점의 재무상태를 파악하기 위한 기준일을 말한다. 이 경우 대차대조표에서 기준일을 따로 정한 때를 제외하고는 회계연도의 말일을 말한다.
3. "전기말"이라 함은 전 회계연도의 말일을 말한다.
4. "기말"이라 함은 당해 회계연도의 말일을 말한다.
5. "자금수입"이라 함은 자금의 증가를 말한다.

6. "자금지출" 이라 함은 자금의 감소를 말한다.

7. "운영수익" 이라 함은 자산의 감소나 부채의 증가를 수반하지 아니하는 자산의 증가를 말한다.

8. "운영비용" 이라 함은 자산의 증가나 부채의 감소를 수반하지 아니하는 자산의 감소를 말한다.

9. "자금예산" 이라 함은 1회계연도의 모든 자금수입의 원천과 모든 자금지출의 용도를 명시한 자금수지예정계산서를 말한다.

10. "기본금" 이라 함은 총자산에서 총부채를 뺀 순자산으로서 법인 및 학교에 계속적으로 투입·운용되는 기본적 자산의 가액을 말한다.

11. "적립금" 이라 함은 재평가적립금 등 특정한 경영목적을 달성하기 위하여 예치하는 자금으로서 기금 등에 대응하는 적립액을 말한다.

제2장 예산

제4조 (예산편성요령) ① 법인의 이사장(이하 "이사장" 이라 한다)과 학교의 장은 매 회계연도 개시 2월 전까지 각각 법인회계 및 학교회계의 예산편성요령을 정하여야 한다.

② 교육과학기술부장관은 법인회계 및 학교회계의 예산편성에 관하여 특히 필요한 사항이 있는 경우에는 당해 회계연도 개시 70일 전까지 그 사항을 통보하여야 한다. 〈개정 2001.1.31, 2008.3.4〉

③ 이사장 및 학교의 장은 전년도 추정결산 등의 합리적 자료를 기초로 하여 예산을 편성하여야 한다.

제5조 (예산총계주의) 수입예산 및 지출예산은 모두 예산에 포함시켜야 하며 수입예산과 지출예산을 상계하거나 그 일부를 예산에서 제외하여서는 아니된다.

제6조 (예산의 확정 및 제출 등 〈개정 2005.9.27〉) ① 이사장은 법인회계의 예산안을 편성하여 매 회계연도 개시 50일 전까지 이사회에 제출하여야 하고, 이사회는

매 회계연도 개시 40일 전까지 이를 심의 · 확정하여야 한다.

② 이사장은 매 회계연도 개시 35일 전까지 학교전출금 등 학교회계에 관계되는 예산내역을 학교의 장에게 통지하여야 한다.

③ 학교의 장은 학교회계의 예산안을 편성하여 매 회계연도 개시 30일 전까지 이사회에 제출하여야 하고, 이사회는 매 회계연도 개시 20일 전까지 이를 심의 · 확정하여야 한다.

④ 삭제 〈2006.8.2〉

⑤ 이사장은 매 회계연도 개시 5일 이전까지 확정된 법인회계 및 학교회계의 예산을 교육과학기술부장관에게 제출하여야 한다. 〈개정 1999.1.29, 2001.1.31, 2008.3.4〉

제7조 (준예산) ① 이사장은 회계연도 개시 전까지 법인회계 및 학교회계의 예산이 확정되지 아니한 때에는 그 사유를 관할청에 보고하고, 법인회계의 예산은 이사장이, 학교회계의 예산은 학교의 장이 예산이 성립될 때까지 다음 각호의 경비를 전년도 예산에 준하여 집행할 수 있다.

1. 교원 및 직원의 보수
2. 학교시설의 유지관리비
3. 법령에 의하여 지급의무가 있는 경비
4. 기타 학교교육에 직접 사용되는 필수적 경비

② 제1항의 규정에 의하여 집행된 예산은 당해 연도의 예산이 확정되면 그 확정된 예산에 의하여 집행된 것으로 본다.

제8조 (추가경정예산) ① 이사장 및 학교의 장은 예산이 확정된 후에 발생한 사유로 인하여 이미 확정된 예산의 변경이 필요한 경우에는 추가경정예산을 편성하여 이사회에 제출할 수 있다.

② 이사장은 법인회계 또는 학교회계의 추가경정예산이 확정된 때에는 그 확정된 날부터 15일 이내에 이를 교육과학기술부장관에게 제출하여야 한다. 〈개정 1999.1.29, 2001.1.31, 2008.3.4〉

제9조 (예산의 내용) ① 예산의 내용은 예산총칙과 자금예산으로 한다

② 예산총칙에는 다음 각호의 사항을 명시하여야 한다.

1. 자금예산의 규모
2. 예산편성의 기본방침
3. 주요사업계획의 개요
4. 장기차입금의 한도액
5. 일시차입금의 한도액
6. 기타 예산집행에 관하여 필요한 사항

③ 자금예산은 별지 제1호서식의 자금예산서(추가경정자금예산의 경우에는 별지 제2호서식의 추가경정자금예산서)에 의하여 작성하되 제10조 제1항 제2호 및 동조 제2항 제3호의 규정에 의한 예산부속명세서에 의하여 목별 계산의 기초를 명백히 하여야 한다.

제10조 (예산의 부속서류) ① 법인회계의 예산부속서류는 다음 각호와 같다.

1. 이사회 회의록 사본
2. 예산부속명세서
   가. 별지 제1의1호서식에 의한 전기말추정미수금명세서
   나. 별지 제1의2호서식에 의한 전기말추정차입금명세서
   다. 기타 예산목별 명세서

② 학교회계의 예산부속서류는 다음 각호와 같다.

1. 이사회 회의록 및 예산 · 결산자문위원회의록 사본
2. 별지 제1의3호서식에 의한 학년별 · 학과별 학생수명세서
3. 예산부속명세서
   가. 별지 제1의1호서식에 의한 전기말추정미수금명세서
   나. 별지 제1의2호서식에 의한 전기말추정차입금명세서
   다. 별지 제1의4호서식에 의한 등록금명세서
   라. 별지 제1의5호서식에 의한 인건비명세서
   마. 기타 예산목별 명세서

제11조 (예산집행의 내부통제) 이사장 및 학교의 장은 예산을 편성하는 자와 집행하는 자를 분리하여 운영하고, 적정한 내부통제에 따라 예산을 집행하여야 한다.

제12조 (예산의 목적 외 사용금지) 이사장 및 학교의 장은 자금예산을 초과하여 지출하거나 자금예산이 정한 목적 외에 이를 사용할 수 없다.

제13조 (예산의 전용) ① 이사장 및 학교의 장은 동일 관 내의 항 간 또는 목 간에 예산의 과부족이 있는 경우에는 상호 전용할 수 있다. 다만, 예산총칙에서 전용을 제한한 과목 및 예산편성과정에서 삭감된 과목으로는 전용하여서는 아니된다.
② 이사장 및 학교의 장이 제1항의 규정에 의하여 예산을 전용한 경우에는 이사회에 이를 보고하여야 한다.

제14조 (예산편성의 예외) 법인의 수익사업회계 및 학교의 부속병원회계는 변동예산으로 편성할 수 있다.

제3장 회계

제1절 회계원칙 및 재무제표

제15조 (회계원칙) 이사장 및 학교의 장은 다음의 원칙에 따라 회계를 처리하고, 재무제표를 작성하여야 한다.

1. 회계처리는 복식부기원리에 따라야 한다.
2. 회계처리는 신뢰할 수 있도록 객관적인 자료와 증거에 의하여 공정하게 처리하여야 한다.
3. 재무제표의 양식 및 과목과 회계용어는 이해하기 쉽도록 표시하여야 한다.
4. 회계처리의 방법은 기간별 비교가 가능하도록 매기 계속하여 적용하고, 정당한 사유 없이 이를 변경하여서는 아니된다.
5. 회계처리 및 재무제표 작성에 있어서 과목은 그 중요성에 따라 실용적인 방

법에 의하여 결정하여야 한다.

제16조 (재무제표) ① 재무제표는 자금계산서 · 대차대조표 및 운영계산서로 한다.
② 재무제표는 이를 이용하는 자에게 충분한 회계정보를 제공할 수 있도록 필요한 부속명세서를 작성하고, 주기 및 주석을 하여야 한다.

제17조 (계정과목) ① 법인회계 및 학교회계의 계정과목 및 그 내용은 별표 1의 자금계산서계정과목명세표, 별표 2의 대차대조표계정과목명세표 및 별표 3의 운영계산서계정과목명세표로 한다.
② 별표 1 내지 별표 3에서 규정한 계정과목 외에 그 성질이나 금액이 중요한 경우에는 계정과목을 추가할 수 있다. 이 경우 계정과목의 추가는 해당 관 · 항 · 목 체계의 범위 안에서 하여야 한다.

제2절 자금계산서

제18조 (자금계산의 원칙) 이사장 및 학교의 장은 당해 회계연도의 활동에 따른 모든 자금수입예산 및 자금지출예산이 실제의 자금수입 및 자금지출의 내용과 명백하게 대비되도록 자금계산을 하여야 한다.

제19조 (자금계산서) 제18조의 규정에 의한 자금계산은 별지 제3호서식의 자금계산서에 의한다.

제20조 (자금계산의 방법) ① 자금계산은 자금수입란과 자금지출란을 구분하여 계정과목별로 계산하며, 자금수입 및 자금지출은 이를 상계하여서는 아니된다.
② 제1항의 규정에 의한 자금수입의 계산은 당해 회계연도에 실현된 자금수입을 예산항목과 미사용전기이월자금으로 구분하여 작성한다.
③ 제1항의 규정에 의한 자금지출의 계산은 당해 회계연도에 실현된 자금지출

을 예산항목과 미사용차기이월자금으로 구분하여 작성한다.

제21조 (미사용이월자금) ① 제20조 제2항의 규정에 의한 미사용전기이월자금의 계산은 전기말 대차대조표상의 유동자산금액 및 유동부채 중 예산항목을 제외한 금액과의 차이로 한다.
② 제20조 제3항의 규정에 의한 미사용차기이월자금의 계산은 당기말 대차대조표상의 유동자산금액 및 유동부채 중 예산항목을 제외한 금액과의 차이로 한다.

제3절 대차대조표

제22조 (대차대조표 작성의 원칙) 이사장 및 학교의 장은 법인 및 학교의 대차대조표 기준일 현재의 재무상태가 적정하게 파악될 수 있도록 대차대조표를 작성하여야 한다.

제23조 (대차대조표) 제22조의 규정에 의한 대차대조표의 작성은 별지 제4호서식에 의한다.

제24조 (대차대조표의 작성방법) ① 대차대조표는 자산 · 부채 및 기본금으로 구분하고, 자산은 유동자산 · 투자와 기타 자산 및 고정자산으로, 부채는 유동부채 및 고정부채로, 기본금은 출연기본금 · 적립금 및 운영차액으로 각각 구분한다.
② 기간이 1년 미만인 자산 및 부채는 이를 각각 유동자산 및 유동부채로 구분하고, 기간이 1년 이상인 자산 및 부채는 이를 각각 고정자산 및 고정부채로 구분함을 원칙으로 한다.
③ 자산 · 부채 및 기본금은 그 과목을 상계하거나 그 일부를 대차대조표에서 제외하여서는 아니된다.

제25조 (기본금의 증감) ① 이사장 및 학교의 장은 고정자산 등 기본재산이 증가한 때에는 그 증가한 자산가액만큼의 운영차액을 기본금의 증가로 대체한다.

② 이사장 및 학교의 장은 재정운영의 필요에 의하여 고정자산 등 기본재산을 매각 또는 폐기처분한 때에는 그 자산의 장부가액과 동일한 금액의 기본금을 전기이월운영차액수정으로 대체한다.

제26조 (적립금의 적립 및 사용) ① 이사장 및 학교의 장은 자금예산서 및 자금계산서의 지출란에 자금의 지출로 계상하여 연구적립금·건축적립금·장학적립금 및 퇴직적립금 등 각종 적립금을 적립할 수 있다.

② 적립금은 그 상당액을 기금으로 예치하여 관리하여야 한다.

③ 이사장 및 학교의 장은 적립금을 사용하고자 하는 때에는 자금예산서 및 자금계산서의 수입란에 당해 적립금에 대응된 각종 기금의 인출액을 인출수입으로 계상하여 사용하되, 적립목적에 한하여 사용하여야 한다.

제4절 운영계산서

제27조 (운영계산의 원칙) 이사장 및 학교의 장은 당해 회계연도의 운영수익 및 운영비용의 내용이 적정하게 파악될 수 있도록 운영계산을 하여야 한다.

제28조 (운영계산서) 제27조의 규정에 의한 운영계산은 별지 제5호서식의 운영계산서에 의한다.

제29조 (운영계산의 방법) ① 운영수익의 계산은 당해 회계연도의 운영수익을 계정과목별로 구분하여 계산한다.

② 운영비용의 계산은 당해 회계연도의 운영비용·기본금대체액 및 당기운영차액으로 구분하여 계산한다. 이 경우 운영비용은 계정과목별로 표시한다.

③ 제2항의 규정에 의한 기본금대체액은 당해 회계연도 중의 고정자산 구입 등 비운영지출에 대응한 설립자기본금대체액·법인대체액·제적립금대체액 및 기타 기본금대체액으로 표시한다.

④ 제2항의 규정에 의한 당기운영차액은 운영수익과 운영비용을 일치시키기

위한 차액을 말한다.

제5절 자산 · 부채의 평가

제30조 (자산의 평가 기준) ① 대차대조표에 표시하는 자산의 가액은 당해 자산의 취득원가를 기초로 하여 계상함을 원칙으로 한다.

② 당해 자산의 취득을 위하여 통상적으로 소요되는 가액과 비교하여 현저하게 저렴한 가액으로 취득한 자산 또는 증여받은 자산의 평가는 제1항의 규정에 불구하고 취득하거나 증여받은 때의 시가로 평가한다.

③ 제2항의 규정에 의한 시가는 「지가공시 및 토지 등의 평가에 관한 법률」에 의한 감정평가액에 의함을 원칙으로 하되, 토지의 경우에는 동법 제4조의 규정에 의한 당해 토지의 공시지가(당해 토지의 공시지가가 없는 경우에는 동법 제10조의 규정에 의하여 산정한 개별토지의 가격)에 의할 수 있다. 〈개정 2005.9.27〉

제31조 (자산재평가에 대한 특례) ① 이사장 및 학교의 장은 보유자산의 장부가액을 시가에 적합하게 하기 위하여 자산의 재평가를 할 수 있다.

② 자산의 재평가방법 및 재평가차액 등의 회계처리에 관한 사항은 「자산재평가법」의 규정을 준용하되, 토지는 제30조 제3항의 규정에 의한 공시지가 또는 개별토지의 가격에 의하여 자체적으로 평가할 수 있다. 〈개정 2005.9.27〉

제32조 (대손상각 등) 이사장 및 학교의 장은 법인회계 및 학교회계의 자산 중 회수불가능한 것으로 추정되는 부실채권이나 사용이 불가능한 고정자산이 있는 경우에는 이사회의 승인을 얻어 대손상각하거나 폐기할 수 있다.

제33조 (투자유가증권의 평가) ① 대차대조표 기준일 현재의 투자유가증권의 시가가 취득가액의 2분의 1 이하로 된 경우에는 시가로 평가하여야 한다.

② 제1항의 규정에 의하여 시가로 평가하는 경우에 발생하는 평가손실은 투자

유가증권평가충당금을 설정하여 유가증권에서 차감하는 형식으로 기재한다.

③ 제2항의 규정에 의하여 투자유가증권평가충당금을 계상한 후에 시가가 회복된 경우에는 시가가 회복된 만큼 투자유가증권충당금을 환입한다.

④ 제1항 내지 제3항의 규정은 유동자산에 속하는 유가증권의 경우에 이를 준용한다.

제34조 (감가상각) ① 법인회계 및 학교회계에 속하는 유형고정자산에 대하여는 감가상각을 하지 아니한다.

② 법인회계 및 학교회계에 속하는 무형고정자산에 대하여는 해당법률의 규정에 의한 유효기간 중에 매기 균등액을 상각한다.

제35조 (외화자산 및 외화부채의 환산 등) ① 외화자산 및 외화부채는 대차대조표 기준일 현재 한국은행이 고시한 환율로 환산한다.

② 제1항의 경우에 발생하는 환산차액은 외화환산손실 또는 외화환산이익의 과목으로 운영계산서에 계상한다.

③ 외화자산 및 외화부채의 회수 또는 상환으로 인하여 발생하는 장부가액과 실제회수액 또는 실제상환액과의 차액은 외환차익 또는 외환차손의 과목으로 운영계산서에 계상한다.

제6절 종합재무제표 등

제36조 (종합재무제표 등의 작성원칙) 종합재무제표 및 합산재무제표는 법인회계 및 학교회계를 하나의 회계단위로 하여 종합적인 자금수지 · 재무상태 및 운영수지가 적정하게 파악되도록 작성하여야 한다.

제37조 (종합재무제표 등의 구성) ① 종합재무제표는 법인 및 학교의 모든 회계를 합한 것으로 다음 각호의 서류로 구성된다.

1. 별지 제6호 서식(1)에 의한 종합자금계산서

2. 별지 제6호 서식(2)에 의한 종합대차대조표
3. 별지 제6호 서식(3)에 의한 종합운영계산서

② 합산재무제표는 법인회계 및 학교회계만을 합한 것으로 다음 각호의 서류로 구성된다.

1. 별지 제7호 서식(1)에 의한 합산자금계산서
2. 별지 제7호 서식(2)에 의한 합산대차대조표
3. 별지 제7호 서식(3)에 의한 합산운영계산서

제38조 (종합재무제표 등의 작성방법) 종합재무제표 및 합산재무제표는 법인 및 학교의 개별 재무제표를 합산한 후 내부의 수입 및 지출과 내부의 채권 및 채무를 각각 상계하여 작성한다.

제4장 결산

제39조 (결산의 내용) 결산은 다음 각호의 서류에 의한다.

1. 자금계산서
2. 대차대조표 및 대차대조표 부속명세서
3. 운영계산서 및 운영계산서 부속명세서
4. 별지 제8호 서식의 합계잔액시산표
5. 결산 부속서류

제40조 (대차대조표 부속명세서 등) ① 대차대조표의 부속명세서는 다음 각호와 같다.

1. 별지 제4의 1호 서식(가)에 의한 현금 및 예금명세서
2. 별지 제4의 1호 서식(나)에 의한 수표수불명세서
3. 별지 제4의 2호 서식에 의한 선급금명세서
4. 별지 제4의 3호 서식에 의한 가지급금명세서
5. 별지 제4의 4호 서식에 의한 선급법인세명세서
6. 별지 제4의 5호 서식에 의한 받을어음명세서

7. 별지 제4의 6호 서식(가)에 의한 투자와 기타 자산명세서
8. 별지 제4의 6호 서식(나)에 의한 투자유가증권명세서
9. 별지 제4의 7호 서식에 의한 고정자산명세서
10. 별지 제4의 8호 서식에 의한 단기(장기)차입금명세서
11. 별지 제4의 9호 서식에 의한 미지급금명세서
12. 별지 제4의 10호 서식에 의한 가수금명세서
13. 별지 제4의 11호 서식(가)에 의한 지급어음명세서
14. 별지 제4의 11호 서식(나)에 의한 어음수불명세서
15. 별지 제4의 12호 서식에 의한 차관(외화장기차입금)명세서
16. 별지 제4의 13호 서식에 의한 학교채명세서
17. 별지 제4의 14호 서식에 의한 기본금명세서
18. 기타 필요한 명세서

② 운영계산서의 부속명세서는 다음 각호와 같다.

1. 별지 제1의 4호 서식에 의한 등록금명세서
2. 별지 제5의 1호 서식에 의한 전입금명세서
3. 별지 제5의 2호 서식에 의한 예비비사용액명세서
4. 기타 필요한 명세서

③ 이사장 및 학교의 장은 결산에 관한 상세한 정보의 제공을 위하여 제1항 및 제2항에 규정된 서류 외에 모든 계정과목에 관한 부속명세서를 작성 · 비치하여야 한다.

제41조 (결산 부속서류) 제39조 제5호의 규정에 의한 결산 부속서류는 결산과 관련한 다음 각호의 서류로 한다.

1. 이사회 회의록 사본
2. 예산 · 결산자문위원회 회의록
3. 별지 제9호 서식에 의한 감사보고서
4. 합산재무제표
5. 기타 결산과 관련하여 필요한 서류

제42조 (결산서의 작성 · 제출 등 〈개정 2005.9.27〉) ① 이사장 및 학교의 장은 매 회계연도 종료 후 50일 이내에 결산서를 이사회에 제출하여야 한다.

② 이사회는 매 회계연도 종료 후 2월 이내에 제1항의 규정에 의한 결산을 심의 · 확정하여야 한다.

③ 삭제 〈2006.8.2〉

④ 이사장은 제39조 각호의 내용 및 제37조 제2항의 합산재무제표를 매 회계연도 종료 후 3월 이내에 교육과학기술부장관에게 제출하여야 한다. 〈개정 2001.1.31, 2008.3.4〉

부칙 〈제679호, 1996.2.29〉

① (시행일) 이 규칙은 1996년 3월 1일부터 시행한다.

② (경과조치) 이 규칙 시행당시의 법인 및 학교의 1995회계연도의 결산은 종전의 규정에 의한다.

부칙 〈제735호, 1999.1.29〉

이 규칙은 공포한 날부터 시행한다. 다만, 제2조 제1항의 개정규정은 2001년 3월 1일부터 시행한다.

부칙 (교육인적자원부와 그 소속기관 직제 시행규칙) 〈제779호, 2001.1.31〉

제1조 (시행일) 이 규칙은 공포한 날부터 시행한다.

제2조 생략

제3조 (다른 법령의 개정) ① 내지 〈25〉 생략

〈26〉 사학기관재무회계규칙에 대한 특례규칙 중 다음과 같이 개정한다.

제4조 제2항, 제6조 제4항 후단 · 제5항, 제8조 제2항 및 제42조 제3항 후단 · 제4항 중 "교육부장관"을 각각 "교육인적자원부장관"으로 한다.

〈27〉 내지 〈41〉 생략

부칙 〈제865호, 2005.9.27〉

이 규칙은 2006년 1월 1일부터 시행한다.

부칙 〈제891호, 2006.8.2〉

이 규칙은 공포한 날부터 시행한다.

부칙 (교육과학기술부와 그 소속기관 직제 시행규칙) 〈제1호, 2008.3.4〉

제1조 (시행일) 이 영은 공포한 날부터 시행한다.

제2조부터 제4조까지 생략

제5조 (다른 법령의 개정) ① 부터 〈25〉까지 생략

〈26〉 사학기관재무회계규칙에 대한 특례규칙 일부를 다음과 같이 개정한다.

제4조 제2항, 제6조 제5항, 제8조 제2항 및 제42조 제4항 중 "교육인적자원부장관"을 각각 "교육과학기술부장관"으로 한다.

〈27〉부터 〈63〉까지 생략

산학협력단회계처리규칙

제정 2004. 9.24 교육인적자원부고시 제2004-7호
개정 2008. 8.1 교육과학기술부고시 제2008-110호

제1장 총칙

제1조 (목적) 이 규칙은 산업교육진흥 및 산학협력촉진에 관한 법률(이하 "법"이라 한다) 제33조 및 동법 시행령 제33조의 규정에 의하여 동법의 적용을 받는 산학협력단의 회계처리와 재무제표 작성 및 보고에 객관성과 통일성을 부여하기 위하여 필요한 사항을 정함을 목적으로 한다.

제2조 (적용범위) ① 이 규칙은 법 제25조의 규정에 의하여 고등교육법 제2조의 대학이 설립한 대학의 산학협력단의 예산·회계·결산을 보고하기 위한 재무제표를 작성하는 경우에 적용한다.

② 이 규칙에서 정하지 아니한 사항은 다음 각호의 순서에 따라 준용한다.

1. 기업회계기준
2. 사학기관재무회계규칙에 대한 특례규칙(이하 "특례규칙"이라 한다)

제3조 (정의) 이 규칙에서 사용하는 용어의 정의는 다음과 같다.

1. "자금"이라 함은 현금, 현금성 자산 및 단기금융상품을 말한다.
2. "취득원가"라 함은 자산의 구입가액 또는 제작원가와 당해 자산의 취득목적으로 사용할 수 있도록 준비하는 데 직접 지출된 모든 비용을 말한다.
3. "공정가액"이라 함은 합리적인 판단력과 거래의사가 있는 독립된 당사자 간에 거래될 수 있는 교환가격을 말한다.
4. "감가상각"이라 함은 유형자산의 취득원가를 그 자산의 내용연수 동안 체계적인 방법에 의하여 각 회계기간의 비용으로 배분하는 것을 말한다.
5. "상각"이라 함은 무형자산의 취득원가를 그 자산의 내용연수 동안 체계적인

방법에 의하여 각 회계기간의 비용으로 배분하는 것을 말한다.
6. "내용연수"라 함은 유형자산 및 무형자산의 예상사용기간을 말한다.
7. 자금계산서상의 "수입"과 "지출"은 자금의 유입과 유출을 말하며, 자금을 수반하지 아니한 회계상의 수익과 비용은 자금의 수입과 지출에 포함하지 아니한다.

제2장 예산

제4조 (예산편성요령) ① 산학협력단의 단장은 매 회계연도 개시 2월 전까지 산학협력단 회계의 예산편성요령을 정하여야 한다.
② 교육과학기술부장관은 산학협력단 회계의 예산편성에 관하여 특히 필요한 사항이 있는 경우에는 당해 회계연도 개시 70일 전까지 그 사항을 통보하여야 한다.
③ 산학협력단의 단장은 전년도 추정결산 등의 합리적 자료를 기초로 하여 예산을 편성하여야 한다.

제5조 (예산총계주의) 수입예산 및 지출예산은 모두 예산에 포함시켜야 하며 수입예산과 지출예산을 상계하거나 그 일부를 예산에서 제외하여서는 아니된다.

제6조 (예산의 확정 및 제출) ① 산학협력단의 단장은 매 회계연도 개시 40일 전까지 산학협력단의 정관에서 정한 예·결산자문기구의 자문을 거쳐 산학협력단 회계의 예산안을 학교의 장에게 제출하여야 하며, 학교의 장은 매 회계연도 개시 30일 전까지 이를 심의·확정하여야 한다.
② 산학협력단의 단장은 제1항에 의하여 심의·확정된 산학협력단의 예산을 공개하여야 하며, 공개의 범위 및 방법은 교육과학기술부장관이 정한다.
③ 산학협력단의 단장은 매 회계연도 개시 5일 이전까지 확정된 산학협력단의 예산을 학교의 장을 경유하여 교육과학기술부장관에게 제출하여야 한다.

제7조 (준예산) ① 산학협력단의 단장은 회계연도 개시 전까지 산학협력단 회계의 예산이 확정되지 아니한 때에는 그 사유를 학교의 장을 경유하여 교육과학기술부장관에게 보고하고, 산학협력단 회계의 예산이 성립될 때까지 다음 각호의 경비를 전년도 예산에 준하여 집행할 수 있다.

1. 교직원의 보수
2. 계약에 의한 학교시설의 유지관리비
3. 법령에 의하여 지급의무가 있는 경비
4. 기타 산학협력단의 업무수행에 직접 사용되는 필수적 경비

② 제1항의 규정에 의하여 집행된 예산은 당해 연도의 예산이 확정되면 그 확정된 예산에 의하여 집행된 것으로 본다.

제8조 (추가경정예산) ① 산학협력단의 단장은 예산이 확정된 후에 발생한 사유로 인하여 이미 확정된 예산의 변경이 필요한 경우에는 추가경정예산을 편성하여 학교의 장에게 제출하여야 하며, 학교의 장은 이를 심의 · 확정하여야 한다.

② 산학협력단의 단장은 산학협력단 회계의 추가경정예산이 확정된 때에는 그 확정된 날부터 15일 이내에 이를 학교의 장을 경유하여 교육과학기술부장관에게 제출하여야 한다.

제9조 (예산의 내용) ① 예산의 내용은 예산총칙과 자금예산으로 한다.

② 예산총칙에는 다음 각호의 사항을 명시하여야 한다.

1. 자금예산의 규모
2. 예산편성의 기본방침
3. 주요사업계획의 개요
4. 기타 예산집행에 관하여 필요한 사항

③ 자금예산은 별지 제1호 서식의 자금예산서(추가경정자금예산의 경우에는 별지 제2호 서식의 추가경정자금예산서)에 의하여 작성하되 제10조 제2호의 규정에 의한 예산부속명세서에 의하여 목별 계산의 기초를 명백히 하여야 한다.

제10조 (예산의 부속서류) 산학협력단 회계의 예산부속서류는 다음 각호와 같다.

1. 정관에 정한 예 · 결산자문기구 회의록 사본
2. 예산부속명세서
   가. 별지 제1의 1호 서식에 의한 전기말추정미수금명세서
   나. 기타 예산목별 명세서

제11조 (예산집행의 내부통제) 산학협력단의 단장은 산학협력단의 예산을 편성하는 자와 집행하는 자를 분리하여 운영하고, 적정한 내부통제에 따라 예산을 집행하여야 한다.

제12조 (예산의 목적 외 사용금지) 산학협력단의 단장은 산학협력단 예산을 초과하여 지출하거나 예산이 정한 목적 외에 이를 사용할 수 없다.

제13조 (예산의 전용) 산학협력단의 단장은 산학협력단 회계의 동일 관 내의 항 간 또는 목 간에 예산의 과부족이 있는 경우에는 상호 전용할 수 있다. 다만, 예산총칙에서 전용을 제한한 과목 및 예산편성과정에서 삭감된 과목으로 전용하여서는 아니된다.

제14조 (예산편성의 예외) ① 국가 또는 지방자치단체로부터 지원받은 출연 · 보조금의 집행은 국가를 당사자로 하는 계약에 관한 법률 또는 사학기관재무회계규칙 제35조 · 제37조 · 제38조 · 제40조의 규정을 준용한다.

제3장 회계

제1절 회계원칙과 재무제표

제15조 (회계원칙) 산학협력단의 회계처리는 다음 각호의 원칙에 따른다.

1. 산학협력단의 소관에 속하는 모든 수입 및 지출은 이를 산학협력단의 회계에 계상하여야 한다.

2. 회계처리 및 보고는 신뢰할 수 있도록 객관적인 자료와 증거에 의하여 공정하게 처리하여야 한다.

3. 재무제표의 양식 및 계정과목과 회계용어는 이해하기 쉽도록 간단 명료하게 표시하여야 한다.

4. 중요한 회계방침과 계정과목 및 금액에 관하여는 그 내용을 재무제표상에 충분히 표시하여야 한다.

5. 회계처리에 관한 기준 및 추정은 기간별 비교가 가능하도록 매기 계속하여 적용하고 정당한 사유 없이 이를 변경하여서는 아니된다.

6. 회계처리와 재무제표 작성에 있어서 계정과목과 금액은 그 중요성에 따라 실용적인 방법에 의하여 결정하여야 한다.

7. 회계처리는 거래의 실질과 경제적 사실을 반영할 수 있어야 한다.

제16조 (재무제표 및 부속명세서) ① 산학협력단의 재무제표는 대차대조표, 운영계산서, 자금계산서로 한다. 다만, 산학협력단장이 필요하다고 인정하는 경우에 운영차익처분계산서(또는 운영차손처리계산서)를 추가적으로 작성할 수 있다.
② 재무제표는 당해 회계연도와 직전 회계연도를 비교하는 형식으로 작성하여야 한다. 다만, 자금계산서는 예산과 결산을 비교하는 형식으로 작성하여야 한다.
③ 재무제표의 이해를 위해 필요한 명세서는 부속명세서로 작성할 수 있으며, 그 내용은 이 규칙 제38조에 의한다.

제17조 (재무제표의 계정과목) 산학협력 단회계의 계정과목 및 그 내용은 별표 1의 대차대조표 계정과목명세표, 별표 2의 운영계산서 계정과목명세표, 별표 3의 자금계산서 계정과목명세표로 한다.

제18조 (계정과목의 통합 및 구분표시) ① 별표 1 내지 별표 3의 계정과목 중 그 성질이나 금액이 중요하지 아니한 것은 유사한 계정과목에 통합하여 기재할 수 있다.
② 별표 1 내지 별표 3에서 계정과목을 정하지 아니한 것으로서 그 성질이나 금액이 중요한 경우에는 그 내용을 가장 잘 나타낼 수 있는 계정과목으로 구분하여 기재한다.

제2절 대차대조표

제19조 (대차대조표) ① 대차대조표는 산학협력단의 재무상태를 명확히 보고하기 위하여 대차대조표일 현재의 모든 자산, 부채 및 기본금을 적정하게 표시하여야 한다.

② 대차대조표의 양식은 별지 제3호 서식에 의한다.

제20조 (대차대조표 작성 기준) ① 대차대조표는 자산, 부채 및 기본금으로 구분하고, 기본금은 출연기본금, 적립금 및 운영차익으로 각각 구분한다

② 자산과 부채는 1년을 기준으로 하여 유동자산 또는 고정자산 유동부채 또는 고정부채로 구분한다. 또한 유동자산은 당좌자산과 재고자산으로 구분하고, 고정자산은 투자자산, 유형자산 및 무형자산으로 구분한다.

③ 자산, 부채 및 기본금은 총액에 의하여 기재함을 원칙으로 하고, 자산의 항목과 부채 또는 기본금의 항목을 상계함으로써 그 전부 또는 일부를 대차대조표에서 제외하여서는 아니된다.

제21조 (적립금의 적립) 산학협력단의 단장은 산학협력단의 운영차익에서 향후 특정 용도에 사용하기 위하여 다음 각호와 같이 각종 적립금을 적립할 수 있다.

1. 연구적립금
2. 건축적립금
3. 장학적립금
4. 기타 적립금

제22조 (적립금에 대한 기금의 예치 및 사용) ① 산학협력단의 단장은 특정 기금을 금융기관에 별도로 예치하여 관리하여야 하며 예치된 기금은 투자자산의 연구기금, 건축기금, 장학기금, 기타 기금 등의 과목으로 기재한다.

② 제1항의 규정에 따라 기금을 예치한 산학협력단의 단장이 기금을 사용하고자 하는 경우에는 관련 기금에서 먼저 인출하여 사용하여야 한다.

③ 적립금은 정관상의 예·결산자문기구에서 자문을 받아 적립목적에 맞게 사

용하여야 한다.

제3절 운영계산서

제23조 (운영계산서) ① 운영계산서는 산학협력단의 운영성과를 명확히 보고하기 위하여 그 회계기간에 속하는 모든 수익과 이에 대응하는 모든 비용을 적정하게 표시하여야 한다.

② 운영계산서의 양식은 별지 제4호 서식에 의한다.

제24조 (운영계산서 작성 기준) ① 모든 수익과 비용은 그것이 발생한 기간에 정당하게 배분되도록 처리하여야 하며, 수익은 동 수익이 실현된 시기를 기준으로, 비용은 동 비용이 발생한 시기를 기준으로 계상함을 원칙으로 한다. 다만, 이 규칙에서 따로 정한 경우에는 그에 따른다.

② 수익과 비용은 그 발생원천에 따라 명확히 분류하고 각 수익항목과 이에 관련되는 비용항목을 대응 표시하여야 한다.

③ 수익과 비용은 총액에 의하여 기재함을 원칙으로 하고 그 수익항목과 비용항목을 직접 상계함으로써 그 전부 또는 일부를 운영계산서에서 제외하여서는 아니된다.

④ 운영계산서는 산학협력수익, 보조금수익, 전입 및 기부금수익, 산학협력비, 국고사업비, 일반관리비, 운영외수익, 운영외비용, 당기운영차익(또는 당기운영차손)으로 구분하여 표시한다.

제25조 (운영수익의 인식) ① 산학협력단 회계의 운영수익 인식은 다음 각호의 기준에 따른다.

1. 정부출연기관 및 산업체 등으로부터 연구 및 개발을 의뢰받아 이를 수행함으로써 발생하는 수익은 동 연구 및 개발이 제공되는 기간 동안 용역제공의 진행에 따라 인식한다.

2. 계약학과 및 계약에 의한 직업교육훈련과정을 설치 및 운영하거나 산업 자

문 등의 용역을 제공함에 따라 발생한 수익은 동 용역이 제공되는 기간 동안 용역제공의 진행에 따라 인식한다.

3. 특허권 및 상표권 등과 같은 지적재산권을 이전함에 따라 발성한 수익은 잔금청산일 또는 매입자의 사용가능일 중 빠른 날에 인식한다.

4. 특허권 및 상표권 등과 같은 지적재산권을 대여 또는 사용하거 함으로써 발생한 수익은 동 지적재산권을 대여 또는 사용하는 기간 동안 용역제공의 진행에 따라 인식한다.

5. 보조금 및 기부금의 수익은 보조금, 기부금 및 기부금품을 수령한 날에 인식한다.

제4절 자금계산서

제26조 (자금계산서) ① 자금계산서는 산학협력단의 자금의 변동내역을 명확하게 보고하기 위하여 당해 회계기간에 속하는 자금의 유입과 유출에 대한 정보를 적정하게 표시하여야 한다.

② 자금계산서의 양식은 별지 제5호 서식에 의한다.

제27조 (자금계산서의 구분표시 및 작성방법) ① 자금계산서는 자금흐름을 운영활동, 투자활동 및 재무활동자금으로 구분하여 표시하고, 이 세 가지 자금활동의 순자금흐름에 기초의 자금을 가산하여 기말의 자금을 산출하는 형식으로 표시한다.

② 자금계산서상의 자금의 유입과 유출은 자금의 구성항목 간 이동을 포함하지 아니하고 기중 증가와 감소를 서로 상계하지 아니하며 각각 총액으로 기재한다.

③ 자금계산서상의 동일한 거래의 자금흐름이 두 가지 이상의 활동과 관련되는 경우에는 각 활동별 자금으로 구분하여 표시한다.

제5절 자산 · 부채의 평가

제28조 (자산의 평가 기준) ① 대차대조표에 기재하는 자산의 가액은 당해 자산의 취득원가를 기초로 하여 계상함을 원칙으로 한다.

② 교환 · 현물출자 · 증여 · 기타 무상으로 취득한 자산의 가액은 공정가액을 취득원가로 한다.

③ 당해 자산의 취득을 위하여 통상적으로 소요되는 가액과 비교하여 현저하게 저렴한 가액으로 취득한 자산의 평가는 제1항의 규정에도 불구하고 취득한 때의 공정가액으로 한다.

제29조 (유가증권의 평가) 산학협력단 회계의 유가증권 및 투자유가증권은 기업회계기준을 준용하여 평가하되 평가손익은 당기의 운영외손익으로 한다.

제30조 (재고자산의 평가) 산학협력단의 재고자산은 제조원가 또는 매입가액에 부대비용을 가산하고 이에 개별법을 적용하여 산정한 취득원가를 대차대조표 가액으로 한다.

제31조 (대손상각 등) ① 산학협력단의 단장은 회수가 불확실하여 대손이 예상되는 부실채권이 있는 경우에는 합리적이고 객관적인 기준에 따라 대손충당금을 설정하거나 대손상각할 수 있다.

② 산학협력단의 단장은 사용이 불가능하거나 기타 사유로 인하여 유 · 무형자산의 공정가액이 취득원가보다 하락한 경우에는 이를 공정가액으로 평가하거나 폐기할 수 있다.

제32조 (감가상각 등) ① 토지 및 건설 중인 자산을 제외한 유형자산은 당해 자산의 내용연수 기간 동안 정액법에 따라 감가상각하여야 한다.

② 무형자산은 취득원가를 내용연수 동안 균등하게 상각한다.

③ 제1항의 유형자산에 대한 감가상각비는 감가상각누계액의 과목으로 당해 자산에서 차감하는 형식으로 기재하고 제2항의 무형자산에 대한 상각비는 당

해 자산에서 직접 차감한다.

제33조 (부채의 평가 기준) 대차대조표에 기재하는 부채의 가액은 산학협력단이 부담하는 채무액으로 계상함을 원칙으로 한다.

제34조 (외화자산 및 외화부채의 환산) ① 화폐성 외화자산 및 화폐성 외화부채는 대차대조표일 현재의 서울외국환중개주식회사가 고시하는 기준환율 및 재정환율로 환산한 가액을 대차대조표가액으로 한다.

② 비화폐성 외화자산 및 비화폐성 외화부채는 원칙적으로 당해 자산을 취득하거나 당해 부채를 부담한 당시의 서울외국환중개주식회사가 고시하는 기준환율 및 재정환율로 환산한 가액을 대차대조표가액으로 한다.

③ 제1항의 경우에 발생하는 손익은 외화환산이익 또는 외화환산손실의 과목으로 처리하며 당기손익으로 한다.

④ 화폐성 외화자산 및 화폐성 외화부채의 회수 또는 상환으로 인하여 발생하는 손익은 외환차익 또는 외환차손의 과목으로 처리하며 당기손익으로 한다.

제35조 (회계변경과 오류수정) ① 회계정책을 변경하는 경우에는 변경된 새로운 회계정책을 소급 적용하여 그 누적효과를 전기이월운영차익 또는 전기이월운영차손에 반영한다. 다만, 회계정책의 변경에 따른 누적효과를 합리적으로 결정하기 어려운 경우에는 회계변경을 전진적으로 처리하여 그 효과가 당기와 당기 이후의 기간에 반영되도록 할 수 있다.

② 회계추정을 변경하는 경우에는 전진적으로 처리하여 그 효과를 당기와 당기 이후의 기간에 반영한다.

③ 당기에 발견한 전기 또는 그 이전기간의 오류는 당기 운영계산서의 운영외수익 또는 운영외비용에 반영하여 전기오류수정이익 또는 전기오류수정손실의 과목으로 처리한다. 다만, 전기 또는 그 이전기간에 발생한 중대한 오류의 수정은 전기이월운영차익이나 전기이월운영차손에 반영하고, 관련 계정잔액을 수정한다.

제4장 결산 및 보고

제36조 (결산서의 작성 및 제출) ① 산학협력단의 단장은 매 회계연도 종료 후 50일 이내에 다음 각호의 서류가 첨부된 결산서를 작성하여 학교의 장에게 제출하여야 한다.

1. 재무제표
2. 대차대조표 부속명세서
3. 운영계산서 부속명세서
4. 결산부속서류

② 학교의 장은 산학협력단 결산을 회계연도 종료 후 70일 이내에 심의 · 확정하여야 한다.

③ 산학협력단의 단장은 확정된 산학협력단의 결산서를 학교의 장을 경유하여 매 회계연도 종료 후 3월 이내에 교육과학기술부장관에게 보고하여야 한다.

④ 산학협력단의 단장은 제2항에 의하여 심의 · 확정된 산학협력단의 결산을 공개하여야 하며, 공개의 범위 및 방법은 교육과학기술부장관이 따로 정한다.

⑤ 제1항에 의한 학교의 재무제표 작성 기준일은 국 · 공립학교의 경우는 12월 말일, 사립학교의 경우는 2월 말일로 한다.

제37조 (감사) 학교의 장은 법 시행령 제36조의 규정에 따라 학교규칙이 정하는 바에 의하여 소속직원 또는 외부전문가 등으로 하여금 산학협력단의 재산상황 및 회계운영에 대하여 매년 1회 이상 감사하게 하여야 한다. 단, 사립학교법 시행령 제14조 제3항의 규정에 따라 외부감사인의 감사증명서를 제출해야 하는 학교의 산학협력단은 동 외부감사인의 감사증명서를 제출하여야 한다.

제38조 (부속명세서) ① 제36조 제1항 제2호의 규정에 의한 대차대조표에 대한 부속명세서는 다음 각호의 서류로 한다. 다만, 해당사항이 없는 부속명세서는 작성하지 아니한다.

1. 현금성 자산 및 단기금융상품명세서 [별지 제3의 1호 서식]
2. 유가증권명세서 [별지 제3의 2호 서식]

3. 매출채권명세서[별지 제3의 3호 서식]
4. 미수금명세서 [별지 제3의 4호 서식]
5. 선급금명세서 [별지 제3의 5호 서식]
6. 재고자산명세서[별지 제3의 6호 서식]
7. 장기금융상품 및 특정기금명세서[별지 제3의 7호 서식]
8. 투자유가증권 및 출자금명세서 [별지 제3의 8호 서식]
9. 유형자산명세서 [별지 제3의 9호 서식]
10. 무형자산명세서 [별지 제3의 10호 서식]
11. 매입채무명세서[별지 제3의 11호 서식]
12. 미지급금명세서 [별지 제3의 12호 서식]
13. 선수금명세서[별지 제3의 13호 서식]
14. 충당금명세서 [별지 제3의 14호 서식]
15. 기본금명세서 [별지 제3의 15호 서식]
16. 기타 필요한 명세서

② 제36조 제1항 제3호의 규정에 의한 운영계산서에 대한 부속명세서는 다음 각호의 서류로 한다. 다만, 해당사항이 없는 부속명세서는 작성하지 아니한다.

1. 보조금수익명세서 [별지 제4의 1호 서식]
2. 기부금수익명세서 [별지 제4의 2호 서식]
3. 지적재산권 운영 · 이전수익명세서 [별지 제4의 3호 서식]
4. 유 · 무형자산(감가)상각비 명세서 [별지 제4의 4호 서식]
5. 기타 필요한 명세서

제39조 (결산부속서류) 제36조 제1항 제4호의 규정에 의한 결산부속서류는 다음 각호의 서류로 한다.

1. 정관상의 예 · 결산자문기구회의록 사본
2. 별지 제7호 서식에 의한 감사보고서
3. 별지 제8호 서식에 의한 자금수지계산서
4. 기타 결산과 관련하여 필요한 서류

제5장 보칙

제40조 (장부 및 증빙서류의 보존) 산학협력단의 단장은 회계장부 및 증빙서류를 5년간 보존하여야 한다.

부칙

제1조 (시행일) 이 규칙은 교육과학기술부장관이 고시한 날부터 시행한다.

제2조 (일반적 적용례) 이 규칙은 이 규칙 시행일이 속하는 회계연도부터 적용한다. 다만, 대학의 장이 필요하다고 인정하는 경우 산학협력단에서 2004회계연도 종료 시까지 종전의 대학의 회계처리 규정에 의하여 처리할 수 있다.

| 참고문헌 |

교육인적자원부(2005. 11). 2006년도 교육인적자원부 소관예산안 및 기금운용계획안 개요.

교육인적자원부(2006. 5). 정부의 대학재정지원사업분석.

김영철(2001). 고등교육의 경제학. 교육재정경제학. 하우동설.

박정수 · 안종석(1996). 교육재정의 구조와 재원확충방안. 한국조세연구원.

염기성(2003). 사학기관 회계 운용 실태 및 개선방안 연구. 감사논집, 208-243, 감사원.

유현숙 외(2001). 정부 부처의 고등교육기관에 대한 재정지원 분석 및 효율화방안. 수탁연구 2001-25. 한국교육개발원.

윤정일(2004). 교육재정학원론. 세영사.

이동규(2001). 사립대학의 경영과 회계. 선학사.

이영(2005). 사회이동성 측면에서 본 양극화의 실태와 해소방안. 교육정책포럼, 제118호.

이영 · 반상진(2004). 정부의 대학재정 지원제도. 자율과 책무의 대학개혁: 제2단계의 개혁. 한국개발연구원 · 한국직업능력개발원.

이종화(2004). R&D 투자와 인적자본 확충을 통한 생산성과 성장잠재력 확대방안 기초 연구. 정책연구과제 2004-지정-39. 교육인적자원부.

장수명 외(2004). 고등교육 재정지원 성과분석 및 효율화 방안 연구. 교육정책연구과제. 교육인적자원부.

최강식(2005). 고등교육에 대한 적정재정 추정. 노동정책연구, 제5권 제1호, 75-103.

한국교육개발원(2005). 교육통계연보.

한국교육재정경제학회(2004). 학교재무관리 이론과 실제. 도서출판 하우.

Kieso, D., J. Weygandt, & T. Warfield (2003). *Fundamentals of Intermediate Accounting*. John Wiley & Sons, Inc.

OECD (2004/2005). *Education at a Glance*. Paris: OECD.

| 찾아보기 |

인 명

김윤태 78

박정수 81, 82

안종석 80, 81
유현숙 68
윤정일 20, 51
이동규 68

최강식 82

Eastmond 28

Mort 28

Pittenger 28
Psacharopoulos 18

Reusser 28
Rosenstengel 28

Weisbrod 13

내 용

5 · 31교육개혁안 84
BK21 사업 85, 92
BTL 61
HRD 사업 88
POST BK21 사업 85
R&D 사업 88

가치재 21
계약의 일반적 절차 226
고등교육재정 13, 55
고등교육투자수익률 19
공경제 12
공교육비 51
공부담 교육 51
공평성 25
교수 1인당 학생 수 76
교육경쟁력 76
교육비 51
교육비지불보증서제도 27
교육의 외부효과 79
교육재정 11, 51
교육투자수익률 82
국가경쟁력 76
국가예산의 주요 과정 38
국가장학제도 96
국가재정운용계획 35, 172
국립대학 예산 65, 196
국립대학 예산운영의 문제점 203

국립대학 특별회계제도 206
국립대학의 일반회계 66
국립대학의 재정 65
기성회회계제도 211

대학구조개혁지원사업 94
대학설립준칙주의 85
대학원대학제도 85
대학재정지원사업 88
대학진학률 75
대학회계제도 206

본예산 32

사경제 12
사교육비 51
사립대학의 재정 68
사회후생함수 26
산학협력 중심대학육성사업 85
산학협력단 215
산학협력단 예산 · 회계제도 215
산학협력사업 93
설립자부담원칙 83
성과관리제도 173
성인지보고서 38
소득재분배효과 81
수도권대학특성화사업 93
수익률 18
수익자부담원칙 83
수정예산 32
순계예산 33

양입제출의 원칙 12
양출제입의 원칙 12
예산 운영의 기본 원칙 29
예산회계 관련 법규 193
외부효과 17, 20
일반회계 31

자유성 26
재정성과관리제도 36
전문대학특성화사업 94
정부계약 219
정부예산 과정 173
정부예산회계제도 172
정부회계 192
정책지원예산 89
준예산 32
지방대학혁신역량강화사업 85, 92

총계예산 33
총액배분 · 자율편성제도 172
추가경정예산 32

통합재정 59
투자재 20
특별회계 31

파레토 최적 상태 25
포퓰러 펀딩 방식 95

학생지원사업 94
효용가능성함수 14
효율성 25

| 저자 소개 |

• 김경호

미국 퍼듀대학교 경영학박사
한국정부회계학회 회장
현) 홍익대학교 경영대학 교수, 경영대학 학장

• 김영철

미국 플로리다주립대학교 교육행정학박사
한국교육개발원 기획처장, 교육정책연구본부장
한국교육재정경제학회 회장
현) 한국교육정책연구원 원장
　　고려대학교 교육대학원 겸임교수

• 이대열

미국 오하이오대학교 교육행정학석사
미국 아이오와대학교 교육행정학박사(Ph.D.)
한양대학교 초빙교수
현) 교원소청심사위원회 상임위원

• 오석환

영국 맨체스터대학교 교육정책학박사(Ph.D.)
교육인적자원부 정책상황팀장, 평가정책팀장, BK21 · NURI 성과관리실장
현) 교육과학기술부 영어교육정책팀장

대학행정총서 3

대학재정운영 이론과 실제

2009년 9월 10일 1판 1쇄 인쇄
2009년 9월 15일 1판 1쇄 발행

지은이 • 김경호 · 김영철 · 이대열 · 오석환
펴낸이 • 김진환
펴낸곳 • (주) 학지사
121-837 서울특별시 마포구 서교동 352-29 마인드월드빌딩 5층
대표전화 • 02)330-5114　　팩스 • 02)324-2345
등록번호 • 제313-2006-000265호

홈페이지 • http://www.hakjisa.co.kr
커뮤니티 • http://cafe.naver.com/hakjisa

ISBN 978-89-6330-083-2 94370
978-89-6330-080-1(set)

정가 15,000원

본서는 교육과학기술부의 수도권대학특성화지원사업에 의하여 홍익대 산학협력단과 협력으로 출간되었습니다.